创客班主任

—— 激发学生自驱力的整理教育

王红梅 著

吉林大学出版社

图书在版编目（CIP）数据

创客班主任：激发学生自驱力的整理教育 / 王红梅
著. -- 长春：吉林大学出版社，2022.10
ISBN 978-7-5768-0977-0

Ⅰ.①创… Ⅱ.①王… Ⅲ.①小学—班主任工作—研
究 Ⅳ.① G625.1

中国版本图书馆 CIP 数据核字 (2022) 第 201687 号

书　　名：创客班主任：激发学生自驱力的整理教育
　　　　　CHUANGKE BANZHUREN：JIFA XUESHENG ZIQULI DE ZHENGLI JIAOYU

作　　者：王红梅　著
策划编辑：田茂生
责任编辑：代红梅
责任校对：周　鑫
装帧设计：姜丽莎
出版发行：吉林大学出版社
社　　址：长春市人民大街 4059 号
邮政编码：130021
发行电话：0431-89580028/29/21
网　　址：http://www.jlup.com.cn
电子邮箱：jdcbs@jlu.edu.cn
印　　刷：廊坊市博林印务有限公司
开　　本：787mm×1092mm　　1/16
印　　张：17.5
字　　数：325千字
版　　次：2022 年 10 月第 1 版
印　　次：2022 年 10 月第 1 次
书　　号：ISBN 978-7-5768-0977-0
定　　价：49.00 元

自序
教育，就是让每一个生命自由舒展

  2003 年，我从东北师范大学毕业后，有幸成为温州教育局引进的首批东师毕业生。更为幸运的是，我遇到了教育路上的启蒙恩师——浙江省特级教师白莉莉校长。当时，白校长担任温州市实验小学校长，她的治学理念和教育情怀成了滋养我快速成长的沃土。白校长曾提出"儿童中央，整理引领"的教育思想，这些年来也深深地影响着我。行走在教育路上的每个日子，我都时刻谨记白校长的教诲："在研究的状态下工作，让每一个生命自由舒展。"

  我在这本书提出的"创客班主任"，其实就是提倡用创新的教育理念保护孩子们的核心素养；用创意的教育行为尊重孩子们的成长规律；用创设的教育情境回应孩子们的身心需要。同时，通过"理心、理身、理学"的全人整理教育模式来激发孩子们的自驱力，培养孩子们成为独立自主的思考者、学习者、生活者。在不断摸索实践的过程里，浙江省特级教师林志超导师根据我的带班风格，帮助我梳理出带班方向，指导我以班本课程为载体，进一步落实这些教育理念。创客班主任的践行，也让我额外荣获了温州市市局直属学校班主任基本功大赛的一等奖。

  记得在参加"温州市名班主任"评选时，著名特级教师郑小侠老师在推荐信中说："很欣赏王红梅老师'创客'班主任的称呼，与其说是一种称呼，不如说是一种她的教育信仰。之前常听我的同班搭档李晓飞称赞她孩子的小学班主任班级管理创意不断，直到后来结识了这位充满童心、活力四射的王老师，了解了她的班本课程，果然是名副其实的'创客'。"其实，成为"创客"并不是我自己的想法有多么时髦，而是这恰恰回归了教育的本质——创造、创新、创意、创设……

2012 年，我赴海门参加朱永新老师的新教育开放周，那次活动彻底点燃了我对教育创新创造的热情，希望自己的每一个教育行为都要充满创意。后来，我设计出一系列有趣独特的班本课程，得到《中国教师报》的多期连载，这些报章也从侧面见证了我和孩子们一起擦亮生命的那些日子。

哲人卢梭曾说，世界上最无效的教育方式就是说教、发脾气、刻意感动。为了更好地读懂班里每一个孩子，尊重他们的客观成长规律。我意识到我必须在阅读上花功夫，开拓新思维新视界。在温州新教育联盟导师林日正主任的引领下，我的阅读范围扩大到心理学、哲学，甚至脑科学、管理学、设计思维等多种类型，从跨学科和多元文化的知识土壤中，汲取古今中外的思想精华。

我始终认为，一个人的阅读史就是这个人的精神史。阅读不仅打开了我的视野与格局，还让我和孩子们找到了一种更好的与世界联结的方式——那就是"自驱力"。孩子们仿佛是在旷野飞翔的鸟，没有方向感，东风来了跟着东风，西风来了又转向。只有内心拥有自驱力，才能真正找到属于自己的那片广阔天空。因此，我的班本课程也开始由关注学生的"人"，转向关注学生的"心"。

而后在参加温州市"未来教育名家"的研修时，我又幸运地遇到了导师浙江省特级教师厉佳旭老师。厉导"守护教育良心"的教育思想，更加坚定了我对学生"自驱力"的培养目标。厉导说："我们多做些与分数无关的事情，多做些在别人看来毫无意义的事情，恰恰是在守护着自己的教育良知，恰恰也证明我们在努力做着真教育。"厉导在线上和线下多次为我指导、把脉，从心出发，创新教育思维，帮助我在一间间教室里，践行让学生成为教育主角的带班理念。

时光荏苒，2017 年，我追随白校长来到她创办的新学校——温州道尔顿小学。这所学校致力于培养独立自主的学习者、生活者，这个珍贵的育人目标与我激发学生自驱力的带班理念不谋而合。在百年道尔顿制与白校长十多年"整理教育"理念的影响下，我进一步迭代优化"创客班主任"的实践模式，围绕"整理教育"的核心理念，提出"理心、理身、理学"的全人整理模式，让整理成为学生的一种生活方式，不断激发学生的自驱力。我通过契约式的班级文化、可视化的班级惯例表、零帮助的整理时段，培养学生成为独立自主的思考者；通过一日整理、一周整理、每月整理、学期综述的整理生活方式，培养学生成为独立自主的生活者；通过作业合同单、学习规划单、学习反思卡，培养学生成为独立自主的学习者。在激发学生自驱力的班级建设中，我研发的班级《特质少年成长手册》在全校予以推广，该项课题不仅荣获温州市教科规划课题一等奖，我还因此成了 2020 年《班主任》杂志的封面人物。

近二十年来，我从未离开过一线班主任的岗位，这份工作的持续深耕，让我养成了且行且思写随笔的习惯。前不久，《人民教育》公众号上刚刚发表了我的一篇随笔：《孩子，你需要的不是换位置》。在开设温州市名班主任工作室后，我也常常将大量的文字记录拿出来与学员们分享。每次分享后，学员们都表示受益匪浅，建议我将文字整理成书，分享给更多的一线班主任。就这样，我萌生了整理出书的想法，希望把我这些年的经验系统地分享给更多读者。

在梳理十几年来累积的文章时，一届届的毕业生浮现在眼前，他们是我永远的牵挂。每年孩子们回来看望我的时候，大家回忆分享的内容都离不开小学时的那些班本课程，大家倾诉着"整理、规划、反思"的生活和学习方式带给他们持续的正向力量。我想，这也正是我所追求的初心：教育不仅是对孩子们一阵子负责，更是对他们一辈子负责。

在"创客班主任"和整理教育的实践之路上，感谢一路与我教学相长的学生们，感谢信任与支持我的教育合伙人——家长们，更要感恩一路给予我指导与帮助的恩师们。感谢所有教育路上的引路人和伙伴们，是你们让我对"创客班主任"的理念一直笃定，坚信通过持续的践行，满园春花会自主舒展。

看！当"自驱力之花"绽放的那一刻，整理教育的芬芳将溢满学生的心田。

王红梅

2022 年 1 月 27 日于温州道尔顿小学

推荐序

实践是检验真理的唯一标准，成功的教育理论，当源于教育实践。

记得著名特级教师白莉莉老师，是带着"为儿童发展，打造最合适的教育"这样的信念，从温州市广场路小学校长的岗位调往温州市实验小学任校长。要营造适合儿童发展的教育，必须先充分认识到儿童是有差异的，不同的孩子一定有适合他个体发展的规律。而要让孩子找到自己的发展规律，就必须学会自省和反思，这就得从每日做自我整理入手。于是她大胆地创设了"整理课"，即在每一天的最后一节课里，让学生反思自己一天的学业、思想、情绪和活动，在老师的组织下查漏补缺、扬长补短，并做好"整理笔记"。之后，又以"整理课"的课改实践发展到"整理教学"思想，即成功的教学必然要建立在学生习惯于对学业做梳理、内省上，进而提升为不断总结自己的学习体验和成长步履。"教学"不只是"教师教"，而在于"学生学"，不断学习、不断整理、不断反思、不断进步。之后，又由"整理教学"发展为"整理教育"。即不只是学业需要整理，"立德树人"的人格发展更需要"整理"。

现在，优秀青年教师王红梅，富有创意地把整理教育思想全方位地应用于班主任工作，见效于班集体之中，确实是值得学习和弘扬的一大成果。

班级，是学校教育生态中的基本组织形式；班集体的建立，更是完成学校全部教育任务的根本保障。"班级"的出现，当始于"班级授课制"。当时鉴于盛行的"个别教学制"的低效，在 16 世纪欧洲的一些学校开始采用"按程度编班"的班级教学尝试，以提高教学效率，适应社会进步的要求。到了 17 世纪，捷克的夸美纽斯在《大教学论》（1632 年）中进一步对班级授课制做了比较全面的论述，奠定了它的理论基础。18世纪以德国赫尔巴特为代表，进一步设计并安排了班级教学，体系上逐步走向完善。在我国班级授课制最早于1862年为北京京师同文馆采用。到1901年清政府宣布废科举、兴学堂，班级授课制相继逐步在全国各地实现。于此，足见它的由来已久，又因为在学校教育体系中所占有的重要地位赋予了班主任一定的工作，"班集体"的组建和班级文化建设等，而在实现"立德树人"教育大目标中也具有重要意义。现在王红梅老师创造性地把"整理课"的经验和"整理教学"的价值，应用在班主任工作和班集体建设的策略思想之中，实质性地把"整理·内省·驱动"更广泛地实施于学生的自我教育领域和实现全面发展的目标上，确实具有更全面的育人价值和学理创新的逻辑意义。

总观全书，我们不难发现王红梅老师在班主任工作的教育实践中，发展"整理教育"思想的轨迹，可以从以下五个发展阶段中看出。

第一阶段是以"整理教育思想"为本，对"全人自主发展"做了新思考。

进入新时代，教育必须进一步优化。而教育的优质首先表现在"人的全面发展"和"全人的自主发展"上。否则，教育就不能为未来的社会发展培养更优秀的创新人才。那么面对这样的挑战，我们应当如何在教育指导上做出应对，这正是本书表述的动机和出发点所在。

第二阶段是从拓展"整理教育思想"出发，全面迁移于班级管理模式的新创建。班级管理模式关系到班主任对班级的控制理论是否科学，它又直接影响到班级生态的形成。这里的关键点在于班级是否适应学生个体发展的内在化，并同时逐步形成一种有差异的个体发展的自主观念，不再在乎他人的督促。这种积极向上的班级文化，自然会有利于班级生态的优化。

第三阶段是将"整理"的班本课程，按"班集体"形成的需要，实施了多元的新发展。王红梅老师的班本课程是基于学生自主整理的，这不仅有别于其他流于一般的班本课程，更是重点发展了学生"自我整理""反思内省"的习惯和能力。学生个体自我管理能力的提升，自然会极大地推进班级文化生态的健全形成。

第四阶段是逐步完善了以学生"自我整理""反思内省"为中心的班级管理新生态。学习需要学生自己学，班级也需要学生自己理。学生的自我管理，是从学会了"整理"开始的；班级的自己管理，也要从每个成员的"自我整理"开始。这是王红梅老师作为班主任的治班有方，也是实现以"整理教育"激发学生自理力和自驱力的核心所在。

第五阶段完全以"整理"为特色的"创客班主任"的新进阶。教育工作应当是最富创造性的，因为每个孩子的生命都是"唯一"的，世界上不会有两片完全一样的树叶，由几十个不同孩子组成的班级自然会更不同。因此，教师工作的唯一出路就不应从概念出发，而必须从每个孩子的自我出发。"整理"是每个生命基于自我的反思和调节，并由此再出发。所以它必然会适应每个生命个体，去做"最好的自己"。说到底，王红梅老师的"创客班主任"就"创"在这一点上，让学生自己教育自己，让学生自己管理班级。这说起来似乎很简单，但要身体力行地做好它，就不是易事。

我这里说的五个阶段，其实正是王红梅老师在他的著述中所列的五章的主要论证过程。我只不过做了些许提炼，梳理出了她"创客班主任"的成长轨迹而已。

我与王红梅老师不是特别熟悉，有印象的似乎只见过一面，并在白莉莉校长引荐下做过简短的交谈。但我知道她是温州道尔顿小学的青年名师，是班主任杂志的封面人物。现在她的新著出版要我评说几句，实在盛情难违。却之不恭为序，并望斧正。

周一贯

农历壬寅年立春于越中容滕斋

周一贯：中国当代语文教育家，著名特级教师。

CONTENTS 目录

第三章
创意班本课程设计，提升学生幸福力

第四章
创设自主管理样态，唤醒终身学习力

第五章
创客班主任的成长路，给予教师生长力

附录

第一章
创造"全人整理"模式，
激发学生自驱力

"真正的教育是启发寻求自我教育的教育。"

——［俄］教育家苏霍姆林斯基

成为一名"创客班主任"，首先应该回归教育的本质，也就是激发学生对生命和知识的自觉热爱，这就需要培养学生的自我管理能力。通过对"全人整理教育"的长期研究和实践，笔者认为应该着眼于整个教育过程的体验，而非仅仅局限于课堂和应试。因此，不论是建设"道尔顿教室"，开发全学段的差异化整理课，建立"非常道空中教室"，还是创新课后服务模式，都是通过"理心、理身、理学"等方法，把真正对学生一生有用的东西都教给他们，让"全人整理"在生活中如同呼吸一般自然，最终帮助学生成长为独立自主的学习者。

第一节
"全人整理"教育模式的新发展

一、"全人整理"教育的起源与基本概念

"全人整理"教育的探索始于 2002 年，由时任温州市实验小学的白莉莉校长提出的全新教育模式。其"整理课"被称为"一场静悄悄的革命"。其中的整理课研究曾先后荣获浙江省优秀课题成果一等奖，国家基础教育教学成果二等奖，在省内外甚至全国都产生了极大的影响。

2017 年，白校长创办了温州道尔顿小学，将温州市实验小学的原创性研究成果——整理课，与道尔顿教育核心实践要素"实验室""学习契约""管理图表"等相融合，将学生"理心、理身、理学"的整理能力作为学生全面发展、终身发展的基石。学校通过"全人整理"的体系，让孩子经历深刻的内在情感体验，实现人格的全面培养，鼓励学生自我实现，做最好的自己。学校把"全人整理"的理念和内容贯穿于学校教学与育人的一切活动中，培养学生一日三省，以及制订计划和反思的习惯。

在"理心"中，通过特质少年成长手册的使用，养成学生生活自理习惯、提高学生待人处事的方式。引导学生做到物有位、事有序和人有责。

在"理身"中，通过形成周期整理的生活方式，培养学生有效、有序地处理好个人和集体事务，懂得合理规划时间、整合资源。

在"理学"中，着重引导学生养成对学习物品、学习环节、学习方法、知识系统、学习资源和学习成果的认知和整合，养成自主学习、学会学习的良好习惯。

只有当教育被设计为给予儿童自由和责任，并允许儿童为了自己而独立地处理问题，儿童才能养成真诚、虚心、独立自主的学习习惯。"全人整理"教育就是希望通过"理心、理身、理学"的学校秩序简单重建，通过减少儿童学习的阻力，赋予更多的动力，使儿童学习的有用功效达到最大能量比。

二、"全人整理"教育的育人目标

自由：人类的个体生命无论从天赋或者后天发展都各不相同。为实现适合每一个生命个体的优化发展目标，"全人整理"关注每一位学生不同的学习心法和学习困惑。针对不同的学习方法和学习策略，不同的学习需要和学习兴趣，做到因势利导、不求划一。引导学生"学会选择"，独立自信地按照自己的时间安排行动，寻找完成任务的最佳途径。

合作："全人整理"既包含个体的内向封闭性，又具有群体的外向开放性。重在培养学生良好的社会适应能力，善于与他人交流协作。指导学生掌握与时俱进的信息获取和交流技能，使学生们能够进行合作性学习，拥有基于倾听、沟通和互助的综合能力。

自律："全人整理"的内容时间长短不同、地点不同、方式不同，但各种形式的整理都着重于塑造和锤炼学生的思想，指导每一位学生在个人和他人产生联系时，学会自律，自尊自爱，独立做事，为自己负责。

担当：教师为方便学生习得成长经验，尽力提供一切可以提供的条件。学生对学习中的疑难问题可以选择自主探究或寻求资源支持、导师支持、伙伴支持、活动支持。教师关注整个过程中学生的责任心、判断力和个性的发展变化，使其能够勇敢无畏地为自己的目标积极奋斗。

三、"全人整理"教育的实施路径

（一）理心——整理学生成长的特质航向

学校围绕育人总目标，根据学生发展的连续性和阶段性特点，立足校情，把核心素养细化为不同教育阶段的特质培养作为中观目标，系统设计了学生六年的特质成长目标。通过对目标进行分解，细化成师生认同的不同级段的特质微目标。再将这些特质微目标组合形成连贯的框架结构，辅以小学生喜闻乐见的故事性叙述，由此各级段制定了《特质少年成长手册》。学生人手一本，以手册目标为导向，通过每日"理心"的方式，进行成长省思，日复一日地磨炼、强化、巩固，使学生的行为习惯做到"知而信，言而行"，逐渐改变学生的固有思维，促使其形成良好的道德品质，为学生健康成长和未来发展奠定坚实的道德基础。

每天早上是全校统一的晨间整理时间，学生在老师的带领下大声朗读特质少年成长月目标。朗读的时候，要慷慨激昂，心中充满希望。它能帮助学生树立信心，激发学生的斗志。之后老师和学生一起讨论月目标的具体达成标准。这个描述标准，不仅能清楚地使学生知道自己目前处在哪个位置，到最好的行为标准还有多远的距离，更重要的是让学生明确实现"月成长目标"的具体方法是什么。讨论后，学生开始选择自己的"私人订制版成长微目标"。而针对目标的反思，等于给学生配备了一位尽责的"老师"，随时随地对他们的成长进行有效的指导，从而学会自觉地支配自己的人生。为此，每天最后一节整理课，教师会带领学生做一个"理心"活动，指导学生对自己的思想行为和学习生活进行自我监控与反思。低段的孩子们书写困难，就采用画图与文字结合的方式进行。"理心"时光还有一个重点就是分享，教师引导学生每天及时分享班级正能量的事件，树立榜样，积极营造健康向上的班风。

每到周末，我们建议父母和孩子召开一次家庭"理心"会议，共同浏览一周手册的记录。孩子和父母说说自己的进步和不足，针对不足，制定下周需要努力的目标。确定好接下来要努力的目标之后，一起探讨为实现这个目标可以采取的策略是什么，可寻求帮助的外部资源有哪些等等。

（二）理身——形成儿童的整理生活方式

"全人整理"教育中的"理身"，从实践角度来讲，这是一种教育重组方案，这种方案需要协调教与学两方面的活动。我校通过形成整理周期，将整理作为一种生活方式，引导学生在整理中学会学习，学会生活，为学生的终生学习打下良好基础。

1. 学期整理

学期初举办的"Face to Face"家校面对面活动，班主任与任课老师就每位学生的表现和上学期期末"成长综述"的情况进行整理，确定返校日"一对一""n对一"的面谈方案，为每位新生量身订制新学期的成长规划。学期中，"道尔顿制"倡导一种基于契约精神基础上的自由活动，学生在教师的指导下，根据自己的需要和能力做好学习整理规划，明确学习的内容和进度，自由地支配时间，完成学习目标。学期末，学生进行期末成长综述。通过对自己一学期的成长目标、德行表现、学业成果等内容的整理，总结个人的成长得失。

2. 一周规划

每周一的晨间整理，班主任带领学生了解学校、班级这周内的学习、活动目标及内容。学生根据自己的需要和特点，私人订制个人一周成长规划，学会规划自己一周的学习、生活，对自己负责。周末，盘点自己一周的进步和不足，制定下周需要努力的目标以及为实现这个目标可采用的策略，可寻求帮助的外部资源等。

3. 一日整理

晨间整理：每天早上第一节课前五分钟是全校统一的晨间整理时间。全校各班在班主任的引领下，学生根据特质少年的月目标规划自己的私人订制版成长"日目标"。

课间整理：主要是对桌子、椅子、地面、抽屉等的整理。每节课的最后一分钟，任课教师带领学生做好当堂课的课后整理及下节课的课前准备。

4. 一月整理——整理日

学校每月最后一天设为"整理日"，全体师生每月对日常的整理行为进行一次元认知的反思。通过每月的及时整理，让学生学会及时反思目标、及时整理成长资料、及时总结学习经验等。"整理日"不是为了知识教育的增加，而是为整理策略的指导提供技能与方法。整理日体现儿童中央，整理引领。教师根据不同学段的学生特点、学科特点，给予不一样的整理支架。通过"整理日"体验，增强老师们在日常教育教学工作中培养学生整理的意识；通过"整理日"活动，使学生系统地掌握一些具体的整理方法和策略；通过"整理日"的分享和展示，增强学生在学习生活中主动整理的意识，养成整理的习惯。

（三）理学——提供自主学习的整理支架

学校通过契约式整理清单的设计、学业整理策略研究、学业整理项目的讨论、专项整理报告分享会等，助力整理式成长，构建学生独立学习的生活方式。学生在自主梳理学业的过程中，填平补齐，学会学习，逐步建立起个性化的学习方法和学习策略系统。教师事先将复杂的任务进行分解，并指导学生优化学科学习的过程，学生通过教师、同伴以及他人提供的支持展开学业及生活的整理，逐步内化，实现自我构建。

（一）**学习支架**：为学生提供各学科中解决某一问题的方法策略、梳理解决一类问题的关键知识等学习支架，以及提问策略、笔记策略、订正策略等学习方法的整理策略，构建学生独立学习的生活方式。

1. 两单一卡，落实学习核心理念

设计"两单一卡"，凸显了自主学习方式的优势。教师以周为单位，在每一周开启前的周末，将各学科的全部学习资源以资源包的形式给到学生，其中就包括"两单一卡"，即作业合同单、学习规划单、自主学习卡。"两单"是学生自主学习的导航，自主学习卡是自主学习的能力支架。

作业合同单

每周的作业合同单是通过合同的形式把学科一周的具体学习目标、内容和任务清晰地呈现给学生。作业合同单是学生进行自主学习的内容支架。学校为低中高不同学段提供明确的合同模板。中高段使用分学科的周作业合同，低段使用全科周作业合同。通过作业合同，师生能够对学习的目标、内容和任务有很强的共识，进而无论是在校还是在家时，能够实现自主地学习。

学习规划单

学习规划单是学生进行自主学习的行动支架。规划单包含了本周的《计划安排表》，表中内嵌本周已有的安排和可选择的学习项目。学生通过安排表，自己制订自主学习时段的学习计划、选择参与答疑时段等自主安排的内容。并可以定时地自主完成阅读、运动、家务，结合自评，对自我行动的坚持给予肯定，形成自主管理和行动的习惯，建立信心。一周学习结束后，通过规划单上的反思板块，分析自己的学习结果，总结经验，形成自我反馈的良好机制，不断提升自主学习的能力。

自主学习卡

自主学习卡包含的是一串激发学生自主学习心理机制的问题链。学生在进行一项学习任务前后记录自己对这次学习的理解、目标、计划，以及自我的评价与反思。在自主学习卡问题的引导下，学生能够根据目标对时间和任务做出明智安排，努力执行，发展独立学习的动机，并通过反思自己的学习效果和策略，获得个性化的学习经验。在学习中体验到更多的主动权和自信心，逐渐发展出独立自主的能力和品质。

2. 整理课——达成自主学习效果

（1）整理课的三大原则——自主、实践、整合

自主：学校每周三节整理课，学生自主选择喜欢的方式在教室做全科整理或去学科整理室整理。

实践：实践是整理课的基本学习方式。教师为方便学生实践，提供一切可以提供的条件。学生对学习中的疑难问题可以探究实践；对不同一般的个人见解可以探究实践；对学习过程中的新发现可以探究实践；对学习方法、学习策略可以探究实践……而实践不拘形式，可以自选同伴实践，可以形成小组实践，也可以找老师实践。

整合：整理课的学习指导体现整合性，不仅要重视分学科课程具体的学习方法的指导，更要注重学习策略的指导，让"学习方法指导"在"学习策略"上重认和重构。

（2）整理课的课型

①教室全科自主整理

我校每周三次整理课，学生可以选择留在教室做全科整理。学生在整理课业的过程中，教师重在解决"能学、愿学、会学"这三大学习指导的基本问题。整理课上关注学习策略的指导。

整理时间开始，学生们一起随着音乐整理心情。首先回顾一天所学课程，翻翻书和笔记，理一理收获和疑惑。学生翻开作业合同，根据回顾调整规划，选择从认为最难的学科开始整理，先难后易。

接下来的零帮助时段从订正开始。学生要自己想办法订正。例如：可以再读一次错题，也许就会订正了；如果还是不会，可以翻看课本、借助工具书籍、查阅资料试试看；如果依然不会，还可以独自去相应区域查看老师为大家提供的学科支架，帮助自己解决问题。

各学科老师为学生提供学科支架，有的贴在教室的墙壁上，有的放在教室固定的柜子里。这些学科支架，有教给学生们解决问题的方法策略；有帮助学生们梳理解决问题的关键知识；还有老师提供给大家的答案。学生会借助这些支架，找到自己错误的原因，核对自己订正的结果。还有不懂的，他们会在题目旁边做上记号，等零帮助时段结束后请教同学和老师。

互助时段开始。学生们可以继续留在教室进行安静地整理，完成这节课的整理目标。也可以带着自己弄不明白的问题，去请教同伴或者学科老师。但是走出教室的时候，都会先进行"推名牌"。哪一学科，需要哪位小导师或学科老师的帮助，就会将自己的名字推到相应的位置，然后走出教室，来到相应区域使用 0～1 级音量请教。问题解决了，回到教室会把名牌拿下来，又开始安静地自主整理。

整理课的最后 5 分钟，是整理反思阶段。学生们分享收获到的更多的学习策略。最后整理好学习用品放学回家。

②整理室学科支持整理

学科整理室为学生提供四大支持：资源支持、导师支持、伙伴支持、活动支持。学生根据自己一段时间的学习情况，自主选择到学科整理室进行整理。这些学生每周一制定好本周整理规划单，交给各科老师审核。科任老师根据学生情况给予建议（如额外的拓展任务），学生再进行调整修改。整理课上学生带上自己的整理规划单到相应学科整理室整理，需要帮助的可以到资料区查找资料，或请同伴帮助，或请导师帮助。导师全程观察学生学习状态并及时给予协助，检查已完成的学生的学习任务，折算成天数记录在学习记录卡上。指导学生在墙上用笔记录自己的学习工作量。

总之，"全人整理教育"将关注点更多地投注到整个教育过程之中，包括学生在校生活的全过程。通过"理心、理身、理学"的方式，把真正对儿童一生有用的东西教给他们，让整理在生活中如同呼吸一般自然存在，让学生真正过上拥有自由和责任的在校生活方式，从而成长为独立自主的终生学习者。

第二节
道尔顿教室：激发学生民主自治的活力

我国教育的转型落后于经济与社会的转型。当前教室建设的理论与实践还未积极做出相应的变革，来呼应社会的民主诉求，大部分教室仍为班主任与学生间"主体—客体"的传统管理样态。教室对学生进行生活样态的公民教育价值未被充分意识和开发，学生也缺少民主与自治的活力。

2016 年《中国学生发展核心素养》提出培养"全面发展的人"，其自主发展是人作为主体的根本属性。吴康宁教授指出，"教育对于学生发展的最大帮助，不是全盘包揽、全面操控，而是通过指导学生——尤其是指导学生对于班级集体生活的自主设计、自主实施、自主监督及自主评价，让学生逐步学会自主管理自己、自主发展自己，并进而提出学生的'自主地发展'需要'民主的班级'。"可见，教室应向以"学生自治组织"为表征的现代民主教室转型。

一、传统教室何以转型？

不确定性、复杂性、开放性和多元互动性成为当今社会发展的主要特征。这种变革对"未来人"的要求不仅体现在知识储备和技术水平层面，更对人的精神力量、人格特征提出了较高要求。

（一）教室不只是一个"教学组织"，还是一个"伦理实体"

教室更多被视为一种利于大规模教育的教学组织和便于管理的行政组织，是保证教育教学秩序和效率的工具或手段。事实上，教室的本质功能应该是一个"伦理实体"。将教室生活放在教学生活的辅助地位，用教学生活压制或剥夺教室生活，会使教室建设从属于学科教学等"班源性"问题在学生问题中占的比重也越来越高。

（二）教室以教师"人治"为主，学生"自治组织"活力不足

杜时忠教授《"班主任制"向何处去》的报告列举了当前"班主任制度"的诸

多弊端，包括官本位和管理主义突显等。教室建设重管理和服从，教室里有限的服务岗位和班级活动形式、忽视民主性功能的发挥，带来学生公共道德弱化，思想或情绪得不到及时的表达、交流和认同，教室生活的育人价值和潜在丰富的教育资源未能转换为学生自治成长的平台。

（三）教室育人功能窄化，不利于学生自主发展能力的提高

教室是学生成长与生活的主要场所，应成为培养未来人才的重要基地。而现实的教室中，学生仍是教师心中的受教育者，并不是具有发展潜能和主动寻求发展机会的人。学生自我发展目标过低，为迎合教师的喜好而被动、消极地生活在教室中。学生自主发展能力参差不齐，教室生活实践体验贫乏等，也都不利于学生主体意识的形成和自主发展能力的提高。

二、何为道尔顿教室?

缘起：由美国进步主义教育家海伦·帕克赫斯特女士创立于 1919 年的道尔顿学校，被誉为"哈佛熔炉"。2002 年白莉莉校长创设的整理课被誉为"一场静悄悄的革命"，获国家基础教育教学成果二等奖。

原点：道尔顿教室基于温州本土整理教育实践，融合国际道尔顿教育计划中"实验室""契约管理""可视化图表"等核心实践要素，让教室里的学生拥有尽可能多的自由时间和自由意志，自主选择适合自己的成长速度。教室把学生的民主、自治能力作为促进学生全面发展和终身学习的基石。

元素：道尔顿教室由三维生存关系构成。第一种是师生在客体关系中构成的教与学的认知生活，教室通过"整理"文化来培养学生认知生活的价值观和基本信念；第二种是教室人与人之间的交往性社会生活，教室通过"整理式"生活方式，激活学生民主的活力；第三种是师生内在关系构成的精神生活，教室通过"整理"课程帮助每个学生找到自己的"自治捷径"。道尔顿教室通过三维关系的建设，有效减少学生学习生活的阻力，给予更多的动力，从而激发学生民主与自治的活力，使学生成长的有用功效达到最大能量比。

因此，道尔顿教室是一条具体和可操作的班级转型进路。

```
                        道尔顿教室
        ┌───────────────┬───────────────┐
     整理文化      "整理式"生活        整理课程
   ┌────┬────┬────┐  ┌────┬────┬────┐  ┌────┬────┬────┐
可视化模型 契约文化 教室议事会 整理时间轴 零帮助时段 两单一卡 特质少年成长手册 情绪课程 项目化整理
```

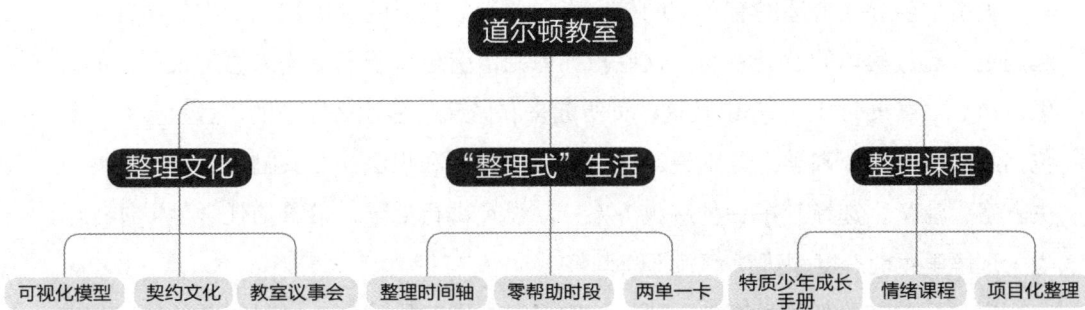

二、道尔顿教室以何转型?

道尔顿教室以"整理"作为一种生活方式，专注学生差异化的成长，激发学生民主与自治的活力。教室融入了国际道尔顿协会提出的延迟关注；学生可以周期性的，自主选择任务；教室提供任务单、计划表等支持材料；学生学会制订计划，自评并阐释自主完成任务的过程。

（一）整理文化，建构道尔顿教室认知生活

道尔顿教室以"整理文化"为理念，包含三方面：物质文化是基础，参与自治；制度文化是上层建筑，反映民主；精神文化基于教室公共利益的"公共性"，培养未来公民。

1. 可视化整理模型——引入物质文化参与自治

小学生以直观形象的思维能力为主，在教室中多使用直观的可视化模型，有助于学生透过视觉媒介深度理解和认同教室的自治文化。道尔顿教室里可视化日常整理模型包括三类：学生能自己处理的事情，如晨间、课间、午间、放学等各时间段的自主整理惯例表；"教室任务板"的解读和志愿者工作的内容，如音量说明书、教室工作流程图、上厕所去向牌、自主交作业篮等；对公共物品的整理以及取用它们的规则。这些步骤清晰地表明了孩子们需要认真遵循的日常事务，使得教室的物质文化参与学生的自治成长变得可管理、可触摸，从而形成独特的整理执行文化。

2. 契约型整理文化——激活民主制度促进共识

实施契约化管理，使学生明晰自己的权力、责任与义务，让教室成为一个具有

民主、平等性的"准社会组织"。每学期初的第一节课，教室开启"完美学年"活动，吸引学生寻找合适的有意义的教室指导原则。和传统规则相比，它是由师生一起制定，经过集体的意见参与。这些指导原则，引导孩子们更深入思考很多词的意思，比如"尊重""体谅"以及这些词听起来和做起来是什么样子的。教室契约一般包括三个步骤：1. 和学生分别说对问题事件的感受和想法；2. 头脑风暴提出一些解决方案，让学生选择其中一种解决方案；3. 设置试行期限，带着信任学生、体谅学生、理解学生的态度跟进执行，不断调整。

道尔顿教室的契约类别包括通用约定、零帮助时段约定、材料问题约定、作业问题约定、求助问题约定、助人问题约定、作业问题约定等。契约式教室管理，让学生从"人治"走向"法治"，进而形成民主性的制度文化。

3. 议事会整理问题——聚焦公共事务培养公民

议事会是由道尔顿教室全体成员对班级公共事务进行讨论和决策的会议。教室采用正面管教"圈圈班会"或罗伯特议事规则让学生学会开会解决公共性事务。通过议事会，学生做集体决策，通过集体决策学会教室自治，通过教室自治学会过公共生活，学会在群体中做一个有公共理性的公民，这是传统班会不可替代的精神文化价值。议事会的核心目的是通过民主的议事过程，让每个学生掌握参加公共决策所需要的知识与技能，体验到自己在教室生活中的价值和贡献，成长为将来能够参与社会生活的公民。

（二）"整理式"生活方式，建构道尔顿教室社会生活

学生重要的日常生活之一就是教室里的生活。由于教室生活方式具有持久性、规律性和重复性的特点，对学生的成长起着潜移默化的作用。

1. 并联型整理时间轴，形成学生自治生活

"整理式"生活，追求一种主动的生存方式，实现学生自主发展。道尔顿教室形成了"每日整理—每月整理—学期整理"并联型整理时间轴，构建学生自主发展的教室生态系统。

（1）**每日整理**：学生晨间整理以"特质少年成长手册"为抓手，根据道尔顿教室的月目标，自主选择订制个人成长微目标；课间整理以物品整理与身体整理为主；放学前暮省一日生活，整理心情、梳理学业为主。

（2）**每月整理**：教室设立每月最后一天为整理日，学生借助"特质少年成长手册"、各学科整理反思卡等进行一个月特质成长目标、学习材料、学习内容以及学习策略的整理，逐步建立起个性化的学习方法和成长策略系统。

（3）**学期整理**：每学期末开展教室德行综述、学业综述（一学期各学科学习材料的整理、学习知识的整理、成长策略的整理），引导学生对自己的思想行为和学习生活进行分析、自我监控与反思。

2."零帮助时段"延迟满足，激发学生自主潜能

"欲速则不达，见小利则大事无成。"这涉及到延迟满足的概念。道尔顿教室的延迟满足可理解为设置的"零帮助时段"。当教室处于该时段，学生面对教室里的学习问题和交际问题时，需要自己面对和尝试独立解决。学生为获得更大的成长收获，坚持自我探索而推迟即时性求助，从而激发自主潜能。道尔顿教室里有许多可视化"求助指南"，为学生"零帮助时段"提供了可能需要求助的各类问题的解决策略。这些指南会让学生独立思考更加深入，能更多地参与个人意志管理，更好地评估问题，发展自身行为的适宜性和防御性反应。

3."两单一卡"图表支架，导航学生自学路径

道尔顿教室使用的"两单一卡"，是指作业合同单、学习规划单、自主学习卡，凸显了学习方式自治的优势。教师在每一周开启前的周末，将下一周要使用的"两单一卡"发给学生，为学生每一周的自主学习导航助力。

（1）**作业合同单**：合同单是以契约的形式，教师把学科一周的相关学习资料完整地提供给学生。学生与教师对作业单的内容经过讨论后达成共识，形成一份适合自己独立学习的合同。双方签字，各自履行应尽的义务。合同单将学生在校学习和在家学习无缝对接，让学生独立学习随处真实地发生。

（2）**学习规划单**：规划单由一周任务规划表和周末盘点两部分组成。规划表中既包括固定的周任务，还包括可选择的自主项目。学生根据自己校内的学习节奏和校外学习的时间安排，制定个人的学习规划，每天通过自评进行自我反馈。在一周的学习结束后，学生通过周末盘点，反思分析自己一周内的学习成果，从而不断提高自主学习的能力。

（3）**自主学习卡**：自主学习卡是提供给学生具体学科学习指导的工具图表，它是一串激发学生自主学习心理机制的问题链，让学生在学习中体验到更多的主动权

和自信心。学生根据学习目标，在问题链的逐步引导下，独立安排学习时间、规划学习任务、努力执行，反思自己的学习结果和策略，从而获得个性化的学习经验，逐渐发展出独立自主的能力和品质。

（三）整理课程，建构道尔顿教室精神生活

学生内心精神生活的培育，恰恰是学生成长中重要的、必不可少的养料。"整理课程"以学生的精神成长为出发点，丰富学生在教室里的生活实践。

1. 特质少年成长手册，定位儿童自治坐标

道尔顿教室一成立，全体学生、家长、老师一起民主讨论毕业生的特质形象，制定育人宏观目标。班主任再根据教室里学生发展的连续性和阶段性特点，立足班本，把总目标细化为每个学期的教室中观目标，制定《特质少年成长手册》。学生人手一本，每日以手册目标为导向，通过自主选择，制定适合自己的特质成长微目标，精准定位自己的自治坐标。由特质微目标创造的一种形成连贯的框架结构，辅以小学生喜闻乐见的故事性叙述，通过教室"整理式"的生活方式，学生日复一日地磨炼、强化、巩固，使学生的行为习惯做到"知而信，言而行"，从而使自治能力有效提升。

2. 情绪整理课程，助力儿童自治成长

在道尔顿教室，每一位成员习得基本的社会技能，自我调节和自我管理的能力是必不可少的自治准备。因为这些可以帮助成员们学会如何更有效、更互相尊重地在一起生活学习。为此，在教室里，和孩子们一起穿越我们的"情绪整理"课程。以"鼓励"课程为例，我和孩子们讨论鼓励和表扬的不同。孩子们懂得了鼓励是我们让别人拥有勇气，朝着成为更好的自己的方向奋进。孩子们深受鼓舞，学习到了很多鼓励的语句范例。班级还创建了一棵鼓励树，孩子们把对别人的鼓励写在树上。在这间教室里，每一个情绪课程，孩子们确信了自我价值，理解了有人在乎他们，从而提高了学生适应教室的能力。

3. 项目化整理探索，激发儿童自治活力

道尔顿教室的志愿者工作组是一个学生"自治组织"。"项目研究"是由不同工作组的志愿者选择相关主题进行调查研究，合作去发现、整理教室中存在的问题，共同寻找解决问题的方案。如一个工作组开展"走进课程中心"的活动，设计了一份关于"教师延迟下课"的问卷，形成报告，召开听证会，与老师面对面沟通反映

同学们的心声，协商解决方法。同时在晨会中做宣讲，引导同学自觉遵守学校课程规则。每学期，不同工作组成员至少开展一次大型项目研究活动，激发学生的自治活力。

爱默生指出，"教育的秘诀在于尊重。不是由我们来决定儿童该知道什么和该做什么。只有儿童自己掌握着开启自己秘密的钥匙。尊重孩子吧，静观自然的新产品。自然热爱类似，而不是重复。"在道尔顿教室中，我们把成长的问题直接呈现在学生自己面前，允许他以自己的方式和速度解决问题。学生被赋予了成长的责任，拥有成长的所有权和责任心。通过教室"整理式"的生活方式，学生不断进行自我监督和评价。道尔顿教室激发了他们民主与自治的活力。这份活力将对他们的品格和价值观产生积极正向的影响。

第三节
多元整理：小学全学段整理课教学初探

我们的基础教育目的是促进全体学生主动健康发展，同时强调教师应尊重学生的人格，关注个体差异，满足不同学生的学习需求，创设能引导学生主动参与的教育环境，激发学生的学习积极性，培养学生掌握和运用知识的态度和能力，使每个学生都能得到充分的发展。

而我们设置整理课，即是在培养学生自我整理学业的习惯和能力，让学生学会学习，落实素质教育，为学生可持续发展奠定基础。整理课安排于周一、三、五下午的第三节课，由语文、数学、英语三科教师协同教学；弹性设置每节课时间，最多40分钟，整理好学业的学生可以随时去参加课外兴趣活动（如开放式的科技活动、体育活动、文艺活动等）。

一、整理课的缘起

教育要面对的是使各具差异的生命实现有差异的最佳发展。为此，"创适合孩子发展的教育"是学校的办学理念，实施优质的差异教育则是学校校本课程建设的主旨所在，而"整理课"的开设正是为了让学生在教师辅导下，在自主梳理学业的过程中，填平补齐，有所创新并深化认知，从而逐步建立起个性化的学习策略系统，以提升自我教育水平。这是优质的差异教育在课程改革上合乎逻辑的创意拓展。也是真正实现学校"创适合孩子发展的教育"办学理念之必要举措。整理课的实质是从"教师教"转向"学生学"的课堂转变，从三维目标来解读，它定位的应该是"过程和方法"，落实的是"知识和能力"，形成的是"情感、态度和价值观"。它在内容上不同于学生的课本知识，形式上也有所突破，过程更是不拘一格。因为每位学生的学习素养水平是有高低之分的，因此教师必须根据学生的身心特点在整理课中实施进行差异性的教学。从根本上说，整理课是解决不同的学生"我想学""我能学"和"我会学"的问题，为学生终身学习打下坚实的基础。

二、整理课的理念精髓

1. **课程的生本性**。所谓整理课就是学生自主、自我学习的过程，主要功能就是在完全自主的空间、在相对时间内，使学生在教师适当的引导下，通过自主学习、探究，保障知识前后贯通的延续性，并达到自我的完善、发展、巩固、提高和升华。因此，在整理课的课堂上，教师的教、引的内容不再是具体的学科知识，而是关注学生学习素养的提高：一个是学生学习的积极性方面，这包括学习动机、学习态度和学习兴趣在内；另一个是学生学习能力方面，即顺利进行学习所必需的技能技巧。整理课的每一个活动设计均是直面生本的需要。

2. **教学的差异性**。学生是有差异的，这种差异无时无刻都存在，这种差异也是社会多样化的需要。整理课的学习在承认差异是一种需要的前提下，不断地寻找进行差异整理的实施策略，促使不同的人在学习上得到不同的发展。将差异教学融入整理课中，这就是一种差异教学理念的实践化。在整理课的课堂上，我们主要采用集中整理和分层整理相结合的方式。分层包括同质组或异质组，采用小组合作式的学习。对于分层整理的学生而言，差异就不再是问题而是资源。分层合作学习一般而言有两种需要，一种情况是完成一项工作或解决一个问题单单依靠个体的劳动很难完成或需要很长的时间，通过合作学习可以在较短的时间内完成任务。另一情况是个体之间有不同的认识、观点、解法，需要通过合作学习共享这些资源，从而更好或用更多的方法解决问题。

3. **目标的发展性**。在进行整理课教学模式的探索前，我们对学生进行了"整理课上如何整理"的问卷调查。"整理课就是复习当天学过的知识""整理课就是订正错误的作业""整理课就是解决当天学习中的疑惑"，这样比比皆是的回答反映出学生对整理课认识的片面性，常常把整理的目标束缚在眼前的学科知识里，而忽视了对自己学习兴趣的培养、对学习习惯的反思，忽视了掌握学习规律才是学习的本质。这和以人为本的新课程理念是相悖的。从根本上说，整理课的目标是解决不同的学生"我想学""我能学"和"我会学"的问题，为学生搭建一个学生学会自主学习的平台，让学生的学习更具有活力，使学生的主动学习多一点，并最终提升学生学习发展的后续力，为学生终身学习打下坚实的基础。

其发展性目标主要包括：（1）增强自己的学习意识，通过整理课的活动设计增强学习的兴趣、求知欲、情感、意志、心态等。核心的问题是解决"我想学"的问题。（2）学生学会整理、小结学习技能与方法。而引导学生关注的学习技能与方法主要包括：学习的具体方法及习惯、学习能力及学习策略等。核心问题是解决"我会学"的问题。（3）培养自己良好的学习品质：一般指通过整理课的学习活动形成自身正确的学习观、价值观等。

三、整理课的课型模式

整理课的基本课型模式图

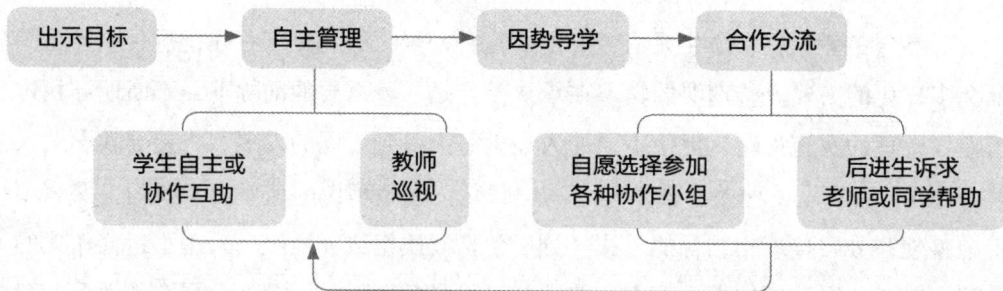

在整理课的课堂上，不同学段整理的侧重点是各不相同的。低年级以整理习惯和常规为主。如整理书包、整理课桌等，逐步渗透学业整理。中年级以半扶半放进行学业整理，老师以指导学业整理的方法为主。各学科教师指导学生怎样进行学科学业整理，在整理课上强化训练，等学生掌握了学科整理方法之后，再将各个学科整合整理。高年级以自主整理为主，不仅要对学业进行整理，还可以对自己的心情、状态进行梳理。整理课在整理方式上也为学生提供了选择的余地，整理的形式有单独整理、小组整理、集体整理。有时是独自静思整理，有时是同伴讨论整理，有时是老师解答整理。每一阶段、每一类型的整理模式不是固定的，随着内容的变化和学生能力的发展而调节。

（一）低段"整理场"课型例谈

1. 倾听提示

整理课之前，老师提前来到教室，铃声响后，整理课的提示语响起，老师用手势示意学生安静倾听。

点评：此时老师什么也没说，只是用手势暗示学生倾听整理课的提示语，目的在于让学生自己学会安静下来，并养成良好的倾听习惯，同时听提示明白整理课上该做的事。

2. 整理桌椅

师：小朋友们，整理课开始了，让我们先来整理整理自己的课桌椅吧。

学生将课桌椅摆正，与同桌、与小组对齐。并将自己桌面上的书本加以整理。

师：第四小组，在整理课之前，他们的桌椅就已经摆得很整齐了，桌面学具摆放也很整齐。真棒！（适时给小组加星）

点评：外在的整洁的环境对人心理的"整理场"的形成会有积极的暗示作用。因此，利用整理课上一分钟时间让学生整理桌椅、桌面，还教室以整洁的面貌对让学生静心整理会起到积极的作用。

3. 整理衣物

师：桌椅摆放整齐了，桌面也整理好了，现在小朋友们看一下自己，你的衣着整齐了吗？脱下的外衣放好了吗？

学生整理自己的衣着，并将脱下的外衣挂放在椅子背上。

点评：此时老师又提示学生要整理自己的衣着，目的是让学生养成保持仪表整洁大方的习惯。这里老师要求学生摆放好自己脱下的外衣，目的也是为了让学生养成任何物品都需要整理的意识。使生活上学习上的物品都有条理秩序。久而久之，这种习惯和能力也会迁移到整理学业上来。

4. 整理学业

老师帮助学生尝试回忆今天"学了什么？"。打开书查漏补缺后再质疑"我有什么问题？"，最后再交流我"应该做什么？"教师再适时地给以引导布置分层作业。

（二）中段"四步法"整理课课型例谈

1. 今天我的心情

柔和的整理课音乐起：一天很快就过去，你要悄悄问问自己，总得要去理一理，1+1=2 也是个大问题，你要耐心想想仔细，找找老师……

学生静静地坐在教室，整理自己的心情。

点评：侧重整理学生的心情，关注孩子的心理健康。学生很喜欢这个环节，通常，他们的整理本会根据自己的心情画上笑脸、哭脸等，有人还会写一写原因。虽然只一句话，或者只是一个符号，但传递给老师的却是我们最应该值得关注的，那就是"今天我快乐吗？"

2. 今天我学习了什么

学生整理一段时间后，老师可以根据学情或组织汇报或直接跳入下一环节。

点评： 这是整理课的主要程序，着力培养孩子们的自我整理能力。回想今天所学，归纳所学要义，巩固所学知识，补习所缺内容，拓展所学宽度。学生整理的次序是不同的，可以先整理数学，也可以先整理语文；整理时间也有所侧重；整理方法更是不拘一格，细致的孩子可能会用"描述法"，把今天所学到的知识用语言文字表述出来，追求条理的孩子会用"知识树"，寻着树的分枝达到自己的整理目的。也有的孩子根本就不会用什么方法，如果语文的字词没有掌握，他就可以自己给自己报听写，既完成任务，又培养了记忆力。

3. 今天我还疑惑不解，寻求帮助的

学生自行整理，思考，数分钟后，各自到相应的"语文讨论区""数学讨论区""英语讨论区"。

点评： 这个环节从"质疑"开始，学生大抵经历了这样"课前不会—上课学会—学后尚有不会—大家帮忙学会—课后深挖不会"的几个环节。学生用轻松愉悦的方式，参加自己喜欢的群，把不懂的挂出来，把拿手的亮出来。解决疑问，拓展知识，使整理变得更加灵动，更加宽广，也更加扎实与深刻。

4. 今天我的学习环境是多么整洁

学生整理完功课，安静地整理好自己的课桌，摆好桌子，轻声离开教室。

点评： 侧重于学生行为习惯的养成。"今日事情今日毕"，"物有序"这是小学生良好习惯最重要的组成部分。

（三）高段"自主—分层"整理课型模式例谈

1. 自主整理（课堂的前 20 分钟）

（1）学习工具的整理

每节整理课前的课间，我请学生先整理书桌、书包与地面卫生，将语数英三科的书本与整理本都放在书桌上，再将前三排的桌椅摆放成小组学习的形式。所有的课前准备完成以后，学生再出去进行课间活动，以保证学生在整齐有序的学习环境中进入一天学习的回顾。

（2）学习心情的整理

上课铃声响起。教师利用想象学习法指导学生梳理好自己的心绪，为接下来的整理课学习做好充分的准备。步骤如下：

①学习前闭上眼睛，平静心情，然后深呼吸三次。开始用 8 秒钟时间缓缓呼气，在呼气的同时将心中所想的不愉快事情也一同呼出去。

②然后用 8 秒钟吸气，边吸气边放松，想象自己心情平静，宇宙间清爽的能量充满全身。

③接下来的 8 秒钟屏住呼吸，想象自己在学习中最想达到的目的（例如外语已经讲得很好，能够自由地用外语交谈了）。

点评：这种方法的原理是努力地去想象，让它帮助学生把希望变成现实。经右脑想象过的事物能够栩栩如生地记忆在脑海里，这是右脑的一种特殊功能。把这种功能运用到学习中去，将对学生大有益处。

（3）学习习惯的整理

关注指导学生进行学习习惯的反思。整理本上的第一个版块就是进行学习习惯的反思。每月月初教师首先根据学生需要养成的学习习惯确定一个重点内容，然后思考养成这个习惯有哪些具体方法，分解后设计成表格，在每月的第一节整理课上出示给学生，明确可以通过哪些具体行为的反思来形成良好的学习习惯，使学生在潜移默化中掌握养成良好学习习惯的具体方法与技巧。这个反思表格学生月初可以画在本子上，也可以打印出来，设计成一个月的用量，这样每天反思时只需要 3 分钟左右的时间。学生在较少的时间内不断发现自己需要努力的方向，收获会很大。如指导学生怎样反思自己的课堂表现。教师可以设计"课堂表现的自我评价与反思"表，引导学生从学习习惯（课前准备、课堂纪律、倾听）、学习态度（参与程度、任务完成情况）、学习表现（是否积极、表达是否清楚）三方面进行评价；设计"作业评价和反思"的表格，引导学生从作业的整洁、正确率、创新解法、改错等方面做多元的反思，促使学生自我评价和反思能力的提高。每天做到了哪一项就画笑脸，每个星期进行一次总结。

（4）学习方法的整理

教师要指导学生不仅仅是回顾自己学了哪些内容，更重要的是记录自己梳理出的学习方法、经验、技巧等。同时引导学生学会发现问题，记录下自己的困惑。例如：①我知道"本课的重点"是什么。②我能意识到用"以前的知识"来解决"今天的知识"。③我能知道"新、旧"知识之间的联系。④我知道今天"所学知识"的解题方法。⑤我还想利用"其他的方法"解决今天"所学知识"。⑥对今天的学习，我能提出"新的建议或问题"。

2. 分层整理（后 20 分钟）

第一层保底。将后进生分成语、数、英三个学习小组。后进生的名单由三科老师商定，周期轮换，避免了各学科出现抢人现象。语文、数学、英语学科各选出 6 个学优生担任小老师，按单双周编号，每两周轮到一次。小老师轮换制可以减少占用学优生的时间。各学科教师在课余时间对小老师进行集中的指导与培养。整理课上小老师的作用主要是检查同伴对所学内容的掌握，可以查漏补缺；出些练习考考同伴，对所学的内容进行拓展。

第二层是上不封顶。未参加学习小组的学生自主整理完毕后，如没有疑问可以选择安静地离开教室，去参加学校的兴趣活动。也可以自愿选择，组成互助小组，对感兴趣的学科进行探讨，意见交流，思想碰撞。可以是学习方法、学习体会，也可以是针对作业中的一些挑战性题目进行探讨等。这部分学生可以在互助中提高。同时在数学、英语老师在巡视过程中，会给予学优生一些挑战性的要求，引导他们不断挑战自己，向更高的目标努力。

四、反刍实践着的整理课

著名特级教师周一贯老师在实验小学指导整理课研讨时曾说："整理课应更多关注学生的学习策略、学习方法的习得。"小学六个阶段，假设每一个学段我们都能让学生在学习策略、方法上有所发展，那么我们的学生还有什么理由不会学习？通过整理课的具体实践，我们认为整理课必将成为学生学习能力发展的最大平台。整理课上，教师注重的不再是学生具体学科知识层面的掌握，而是学生一种学习策略、学习方法的习得，学生自身的学习素养的提高。整理课上教师的教授引导不多，但是学生通过掌握的学习策略、学习方法进行自主整理所获得的却是空前的。个别化、零距离的帮助解答，让暂时的后进生们受益匪浅。而对于那些学有余力的孩子，他们可以继续探索，往更深、更高、更广的领域继续学习，求得更好的发展，他们也可以发挥优势，帮助其他的孩子学习，而在帮助别人的同时也可以促进自身知识建构更加稳固清晰，从而双赢。

整理课真正魅力就在于让学优生"锦上添花"，让中等生"激流勇进"，让后进生"后来居上"。整理课就是为学生在自然真实的状态中实现生命的发展而开设的校本课程。课程中所形成的由内而外的轻松、愉悦的教学气氛正是我们所有教育者孜孜追求的。

案例
差异化策略下小学高段整理课的实践与分析

小学高段整理课是学生自知自省学习的课堂，是实践以人为本的新课程理念的新阵地。整理课要面对的是使各具差异的生命实现有差异的最佳发展。因此整理课的教学目标是满足不同学生的学习需求，创设能引导学生主动参与的教育环境，激发学生的学习积极性，关注学生学习策略和学习方法的习得，使每个学生都能得到充分的发展，形成良好的学习素养。

一、问题的提出

（一）年级分析

小学五年级学生由于生理上的变化和抽象思维能力的进一步发展，自我意识随之迅速发展起来，进入了个体自我意识发展的第二个上升时期，为整理课上学生的自主整理奠定了生理基础。随着小学五年级学生情绪的强度和持久性迅速增长并出现高峰，各种日常行为很容易受情绪的影响或支配，虽然学生控制和调节自己情绪的能力也逐步加强，但仍很缺乏自我分析、自我调节和宽慰的能力，为此我们在整理课堂渗透了心情整理的内容。同时，五年级的学生在思维、认识、兴趣爱好等方面的差异日渐增加，全面发展的学生显现出来，有特长的学生也较突出。他们不再唯老师之命是听，对老师的教育时违时从，对枯燥的说教和单一陈旧的训练方式都不感兴趣，他们的注意力也比较难于集中到学习上来。因此，在整理课中的后半部分时间，我们采用个体整理、同伴互助和教师引导等多种整理形式，而整理完毕的学生也可以选择参加兴趣活动。

（二）班级分析

以五年（8）班为例。共35名学生，其中男生22人，女生13人，这种结构方式导致了班级活泼、好动的总体特点。因此在整理课堂上为学生创设一个安静、有序的学习环境非常重要。我们几位任课教师研讨之后，将学具整理、心情整理、学习习惯的反思融入了整理课课堂，以保证学生在前20分钟左右的时间进行静静的自主整理。

五（8）班学生的总体学习特点是学科发展不均衡。数学成绩优异的学生往往英语成绩不够理想，英语、语文成绩优异的学生，常常数学学习比较吃力。针对这一现象，我们教师经过研讨，在整理课的后半部分时间主要进行差异整理。学生都非常了解自己的学习情况，在自主整理完毕之后，会自觉寻求老师或同伴的帮助，对自己的薄弱学科进行巩固。

（三）需解决的问题

1. 怎样通过整理课培养学生正确、高效的思维方式，而不仅仅是整理学业的内容？

2. 整理课堂中对学生的评价应采用何种方式、何时进行？

二、实践模式的建构

（一）基本理念

1. **课程的生本性。**所谓整理课就是学生自主、自我学习的过程，主要功能就是在完全自主的空间、相对时间内，学生在老师适当的引导下，通过自主学习、探究，保障知识前后贯通的延续性，并达到自我的完善、发展、巩固、提高、升华。因此，在整理课的课堂上，教师的教、引的内容不再是具体的学科知识，而是关注学生学习素养的提高：一个是学生学习的积极性方面，这包括学习动机、学习态度和学习兴趣在内；另一个是学生学习能力方面，即顺利进行学习所必需的技能技巧。整理课的每一个活动设计均是直面生本的需要。

2. **教学的差异性。**学生是有差异的，这种差异无时无刻都存在，这种差异也是社会多样化的需要。整理课的学习在承认差异是一种需要的前提下，不断地寻找进行差异整理的实施策略，促使不同的人在学习上得到不同的发展。将差异教学融入整理课中，这就是一种差异教学理念的实践化。在整理课的课堂上，我们主要采用集中整理和差异整理相结合的方式。

3. **目标的发展性。**从根本上说，整理课的目标是解决不同的学生"我想整理""我能整理"和"我会整理"的问题，为学生搭建了一个学会自主学习的平台，让学生的学习更具有活力，使学生的主动学习多一点，并最终提升学生学习发展的后续力，为学生终身学习打下坚实的基础。

（二）实践模式和操作要点

五（8）班整理课的基本课型模式图

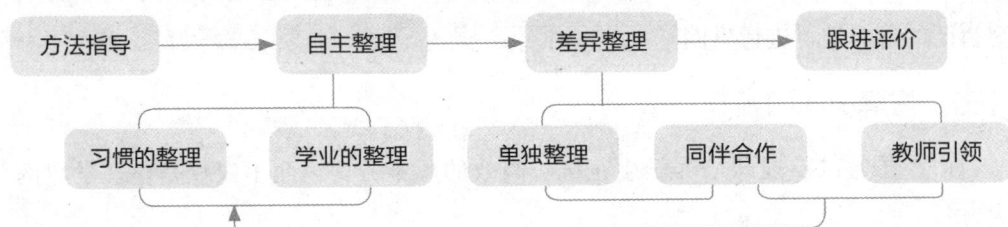

```
方法指导 ──→ 自主整理 ──→ 差异整理 ──→ 跟进评价

      习惯的整理   学业的整理    单独整理   同伴合作   教师引领
```

1. 方法的指导

（1）学习工具的整理

学生要想专心于学习，要将书桌上与此时学习内容无关的其他书籍、物品全部收走，保证在自己的视野中，只有与他现在要学习的科目有关的用品，这种空间上的处理，是学生训练自己注意力的最初阶段的一个必要手段。周围的环境不同，学生的心境与态度也会有所不同。当周围杂乱不堪时，学生的心境也会随之纷乱散漫，在一个有序不紊的环境里，集中精神则很容易。因此，环境对学习和生活都是非常重要的。每节整理课前，我都有意识地培养学生养成自觉整理课桌、学具的习惯，使学生在整齐的学习环境中进入一天学习的回顾。

（2）学习心情的整理

上课铃声响起。我利用想象学习法指导学生梳理好自己的心绪，为接下来的整理课学习做好充分的准备。步骤如下：

①学习前闭上眼睛，平静心情，然后深呼吸三次。开始用8秒钟时间缓缓呼气，在呼气的同时将心中所想的不愉快事情也一同呼出去。

②然后用8秒钟吸气，边吸气边放松，想象自己心情平静，宇宙间清爽的能量充满全身。

③接下来的8秒钟屏住呼吸，想象自己在学习中最想达到的目的（例如外语已经讲得很好，能够自由地用外语交谈了）。

这种方法的原理是努力地去想象，让它帮助学生把希望变成现实。经右脑想象过的事物能够栩栩如生地记忆在脑海里，这是右脑的一种特殊功能。把这种功能运用到学习中去，将对学生大有益处。

（3）学习方法的指导

在传统教育中，教师的"先生"地位太"稳固"，如果这种状态不改变，学生的学习方法永远无法改变。整理课主张把学习过程看作一次"旅行"，教师当"导游"，学生当"游客"。教师的"先生"地位被颠覆，使得每个学生都经历自主有效的学习，经历指向元认知的自我指导与监控的学习，从而寻找到最适合自己的学习方法。因此，我们班制定了每个月的整理目标，目标的确定都是基于学生学习策略的引导。如：3月份让学生学会在整理中发现问题；4月份是让学生学会抓重点梳理；5月份的整理目标是让学生学会归纳；6月份临近期末，整理目标为让学生学会复习梳理。同时，我们几位任课教师多次研讨，该如何将每一个目标的实施落实到具体的教学行为。如5月我们班的整理目标是让学生学会抓重点梳理。立足学生的差异，我们就提出不同的学生应该有不同的重点。因此，我们设计的教学行为是每周教会学生一种抓重点内容的方法。例如根据课后题梳理重点；根据板书梳理重点；根据作业本确定重点；语文可以根据导语确定重点等。

2. 自主整理

（1）学习习惯的整理

我非常关注指导学生进行学习习惯的反思。我们班整理本上的第一个整理版块就是进行每月主题式的学习习惯的反思。每月月初首先根据学生需要养成的学习习惯确定一个重点内容，然后思考养成这个习惯的具体方法，分解后设计成表格，在每月的第一节整理课上出示给学生，使学生明确这个月的每节整理课学会如何反思某个学习习惯，在不知不觉中掌握了养成一些好习惯的方法与技巧。这个反思表格学生月初可以画在本子上，也可以打印出来，设计成一个月的用量，这样每天反思时只需要3分钟左右的时间，在较少的时间内不断发现自己需要努力的方向，收获较大。如3月份时，指导学生怎样反思自己的课堂表现。我设计了"课堂表现的自我评价与反思"表，引导学生从学习习惯（课前准备、课堂纪律、倾听）、学习态度（参与程度、任务完成情况）、学习表现（是否积极、表达是否清楚）三个方面进行评价。每天做到了哪一项就画笑脸，每个星期进行一次总结。4月份设计"作业评价和反思"的表格，引导学生从作业的整洁、正确率、创新解法、改错等方面作多元的反思，促使学生自我评价和反思能力的提高。

（2）学业内容的整理

学生选择适当的整理方法进行自主整理。在整理的过程中遵循先思后写、先查后补、先问己后问师的原则。学生在整理的过程中，采用树形图、关键词、列图表等形式，合理安排整理时间，有针对性地进行整理。整理中如遇问题，就将代表不同学科的质疑卡放在桌角，同伴、教师及时给予帮助。

3. 差异整理

（1）个体整理

整理课上，部分学生完成自己的整理任务后，喜欢静静地做一些自己感兴趣的事情。因此，我们应尊重学生的选择，放手让他们读自己喜欢的课外书，或者到教室外去参加兴趣活动。

（2）同伴互助整理

在整理课上如何帮助一些暂时落后的学生进行辅导，一直是我们努力探索的重点。经过研讨，我们引导暂时落后的个别后进生自由组成同伴互助小组。组员实行周期轮换制，避免了出现偏科的现象。语文、数学、英语学科各选出 3 个学优生担任小老师，按单双周编号，每两周轮到一次。小老师轮换制可以减少占用学优生的时间。

（3）教师引领整理

部分学生自主整理完毕后，可以对自己感兴趣的学科和任课教师进行探讨。可以是学习方法、学习体会的交流，也可以是针对任课教师提供的挑战性题目进行学习等。这部分学生在教师的引领下得到进一步提高。

4. 跟进评价

要让学生爱上整理课没商量，老师和同伴的评价是很重要的。整理课即将结束时，三言两语的评价足以使星星之火呈现燎原之势。评价以推出先进，树立榜样为主。每次整理课即将结束的几分钟，由教师评出一位"整理之星"，并简单评价被评原因，正面引导学生如何进行最佳整理。

（三）操作的注意事项

1. 自主整理的时间内一定要保证教室内的安静，并且学生不是整齐划一地进行同一门学科的整理。教师对学生进行方法引导之后，要保证学生有一定的思考时间，不要急于动笔。

2. 在学生自主整理的过程中，要引导学生规范使用整理本。我要求每位学生都要准备一个固定的整理本。在学法指导课上，我具体地指导学生如何进行规范整理。如整理本设计为三个版块。第一个版块是我每月提供的学习习惯反思表；第二个版块是具体的学科整理内容。我指导学生不仅仅是回顾自己学了哪些内容，更重要的是记录自己梳理出的重点的学习方法、经验、技巧等内容，同时学会发现问题，记录下自己的困惑。第三个版块是每日一得。每天整理课前我都会准备一个小知识，例如演讲小技巧、谚语格言、主题式词语库等，以最精练、简短的方式写在黑板上。整理速度较快的学优生在自己的整理内容全部结束以后，可以自觉进行积累。

3. 在差异整理的环节中，教师要通过多种途径，充分了解学生的学习发展区，在整理过程中对学生进行差异性的引导，使每一位学生都能找到适合自己的差异整理方式。为了继续保持教室内安静的环境，有问题的学生主要采取就近请教的原则。

（四）实践模式包含的要素和要达成的目标的关系，以及模式的突出特征

我们班这个学期实施的"学法指导—自主整理—差异整理—跟进评价"的整理模式，最突出的特征就是在于不断提高学生的学习素养。学习通常是指学习者知识与经验获得的过程，这个过程是不断变化的、持久成长的。而学生的学习素养是指学生为完成学习任务，在学习过程中所修习到的涵养因素。决定学生能否在学校整理课中成功地进行学习的因素，主要有两个方面：一个是学生整理的积极性方面，这包括整理动机、整理态度和整理兴趣在内，另一个是学生整理能力方面，即顺利进行整理所必需的技能技巧。因此，我们班整理课的实践模式包括以下几个要素：

1. 增强学生的学习整理意识，意指通过整理课的活动设计增强学习的兴趣、求知欲、情感、意志、心态等。核心的问题是解决"我想整理"的问题。

2. 指导学生学习整理的技能与方法。一般是指指导学生在整理过程中逐步形成自身的能力、技巧、方法。主要包括：整理的具体方法及习惯、整理能力及整理策略等。核心问题是解决"我会整理"的问题。

3. 培养学生良好的整理品质：一般指通过整理课的学习活动培养学生形成正确

的学习观、价值观等。

三、成效与分析

（一）成效与原因

1. 教师的课堂观察所见

我在进行整理课教学模式的探索前观察学生：在整理课上，学生整理的主要内容是复习当天学过的知识、订正错误的作业、解决当天学习中的疑惑……这些行为反映出学生对整理课认识的片面性，常常把整理的目标束缚在眼前的学科知识里，而忽视了对自己学习兴趣的培养、对学习习惯的反思，忽视了掌握学习规律才是学习的本质。

我在进行整理课教学模式的探索后观察学生：在整理课上，学生整理的主要内容是运用学到的整理方法去思考学到的知识；对自己一天的学校生活进行反思，不仅是学习，还包括自己的心情、自己的行为习惯；巩固自己薄弱的学科或者向更高目标挑战……这些行为反映出学生对整理课认识有了质的飞跃，不再把整理的目标束缚在眼前的学科知识里，而是注重对自己进行学习策略、学习思维、学习习惯的培养。

2. 学生反馈和教师反馈

我收获到了许多整理方法，整理更有效率了。心情的整理让我感觉很舒服，有一种平静的感觉，感觉自己进步了好多。

——学生陈品植

通过一个学期的整理使我意识到它真的很重要。在生活中的心情整理，反思；在学习中的各类方法，让我们在各个方面都有了很大的飞跃。

——学生曹方颉

这个学期的整理课中我收获最大的就是学会了集中注意力干一件事情。

——学生郑钧元

通过本学期的整理课指导，整理课上大部分学生能够回顾并尝试朗读所学的词汇、句子或语篇；初步了解本年级所涉及的比较级、最高级、过去式等语法现象；英语学科的学优生能自觉运用所学语言，与教师或同伴就熟悉的话题交换信息；整理疑难问题，自主探究或积极请教。

——英语教师

大部分学生在整理课上能通过自主整理沟通知识间的相互联系，强化对有关概念、法则的理解。对数学感兴趣的学生能主动与同学、老师交流，逐步形成从数学的角度进行思考问题和质疑问难的习惯，体会到学习数学的乐趣，建立学好数学的信心。

——数学教师

以"以放为主，放中有扶"为本学期指导整理课的总体要求。通过整理课的整理策略指导，学生运用分析、综合的思维方法，提高了整理效率。学生在学习过程中的自我发现能力得到了提高；学生学会了梳理归纳，能反思自己的学习方法和策略，初步学会有条理地总结自己的学习经验。

——班主任

（二）实践进一步完善所存在的问题和解决对策

我们认为整理课是学生学习能力发展的最大平台。需要注重的不是学生学科知识层面的掌握，而是学生一种学习策略、学习方法的习得。

"特别的爱给特别的你"，整理课上，学生在自然真实的状态中实现生命的发展，这种由内而外的轻松、愉悦的教学气氛正是我们所有教育者孜孜追求的。

五年段整理课记录表

主教教师：王红梅	辅教教师：胡孙黎、吕贤君
记录者：王红梅	时间：2008 年 4 月份

本月目标：
1. 小学生自主整理规律性的方法指导
2. 关注指导学生规范使用整理本

目标分解：
1.①我知道"本课的重点"是什么。②我能否认真听老师上课，听同学发言。③遇到我懂的问题，我是否会"争着发言"。④我能"积极"地参与小组讨论。⑤我能意识到用"以前的知识"来解决"今天的知识"。⑥我能知道"新、旧"知识之间的联系。⑦我知道今天"所学知识"的解题方法。⑧我还想利用"其他的方法"解决今天"所学知识"。⑨对今天的学习，我能提出"新的建议或问题"
2. 指导学生规范使用整理本。整理本设计为三个版块。第一个版块是我每月提供的学习习惯反思表；第二个版块是具体的学科整理内容。第三个版块是每日一得

分层设想：
个别整理主要分为两层。第一层保底。将后进生分成语、数、英三个学习小组。后进生的名单由三科老师商定，周期轮换，避免了各学科出现抢人现象。语文、数学、英语学科各选出 6 个学优生担任小老师，按单双周编号，每两周轮到一次。小老师轮换制可以减少占用学优生的时间。各学科教师在课余时间对小老师进行集中的指导与培养。整理课上小老师的作用主要是检查同伴对所学内容的掌握，可以查漏补缺；出些练习考考同伴，对所学的内容进行拓展。第二层是上不封顶。其他学生自主整理完毕后，如没有疑问可以选择离开，也可以选择组成互助小组，对感兴趣的学科进行探讨，意见交流，思想碰撞。可以是学习方法、学习体会，也可以是针对一些作业中的挑战性题目进行探讨等。这部分学生可以在互助中提高。同时数学、英语老师在巡视过程中，会给予学优生一些挑战性的要求，引导他们不断挑战自己，向更高的目标努力

课堂中的典型事例与分析：

在自主整理环节中，总有一些孩子表现出无所适从，因为他们不会根据不同的任务采取不同的整理方法。因此本月我将整理的重点放在学法的指导上。整理课的学法指导：首先，我们要明确什么是整理课。我觉得所谓整理课就是我们自主、自我学习的过程，其主要功能就是在完全自主的空间，相对时间内通过自主学习、探究（各学科内容形式）保障知识前后贯通的延续性，并达到自我的完善、发展、巩固、提高、升华。针对目前整理课现状，可能存在着如下误区：误区一：整理课成了自由课、放松课，没有惜时观念，缺乏学习的目的性、针对性。有的同学不是眉毛胡子一把抓，就是漫无目的盲动，往往拿起一本书翻翻然后放下，又拿起另一本书，拿起这张试卷做两道，拿起那本书背两句，一节课就在这种无目的无意识的混沌中度过，一无所获。更有甚者，无所适从，在呆滞的静默和恍然睡梦中浪费了光阴，一步一步拉大了与他人的差距。误区二，整理课成了讨论课。整理课首先要求就是自主探究，许多同学认为整理课讨论不也是在学习吗？如果学习中遇到困难一味期盼别人（同学、老师）给予点拨、启示，久而久之就会形成一味等靠的依赖心理，滋长了自己的懒惰情绪，长此以往，独立意识就会逐渐丧失，独立能力、创造力、创新能力逐渐就会泯灭，就会成为学习的奴隶。再之，讨论是否会影响周围同学的学习呢？误区三：整理课就是作业课。整理课在每科茫茫的作业题海中被动地鏖战，在无休止的作业、练习中无法摆脱，每节整理课总是在疲惫中度过，认为作业才是整理课的主旋律，繁重的课业负担造成学习心理压力过大，心理障碍逐步形成。误区四：整理课成为个别学科的抄题课、辅导课、补习课。整理课也就失去了应有的功能，影响学习成绩均衡发展，无意识中形成了一种被动的偏科现象。

如何上好整理课，有以下几点思考：1.整理课应制定切实可行的计划，做到有的放矢，如果没有目的随意性学习，就如大海中没有航标的孤舟无法到达成功的彼岸。不能凭自己的兴趣，好恶决定学什么，切记产生偏科现象，一条腿走路，势必会落后。2.圣人云：每日三省吾身。整理课是一个很好自我省察的空间，包括各学科及态度、方法等，吸取教训总结经验，整理课上的查漏补缺应是主旋律，要结合自己实际情况、各学科不同特点，合理安排时间和内容，夯实基础，大力抓好自己的薄弱学科，并巩固提高自己优势学科，主动寻找突破点，老师不留作业并不意味不做题，而是要主动针对每一学科学情，抓弱点、重点、反复练，并使自己的知识得到消化巩固、提高、拓展、延伸。"温故而知新"，也可参考老师提出的目标要求，搞好补差，由被动地学到主动地尝试、探究，在自我测评、纠错中提高，会发现学习也充满了快乐。3.整理课上遇到困难，独立思考、克服依赖心理，通过自己的劳动取得的成果，会更多地体味成功的喜悦和成就感，增强自信和与困难作斗争的勇气和毅力。4.做到今日事今日毕，利用整理课搞好天天清，养成良好的学习习惯，形成良性的循环。5.按照老师要求，针对性地做好新课的预习，有意识地培养自学能力，为进一步学习新知奠定基础，在新旧知识联系中保证知识连续性目标成效与反思：

周一贯老师曾说："整理课应更多关注学生的学习策略、学习方法的习得。"小学六个学段，假设每一个学段我们都能让学生在学习策略、方法上有所发展，那么从我们学校毕业的学生还有什么理由不会学习？

因此，这个月我将整理的重点放在指导学生如何进行整理方面。以往学生在自主整理方面只是粗略地回顾一下自己学了些什么，而没有深入思考自己是怎样学的，没有系统的方法、技巧的整理。通过这个月的努力，学生基本上可以向更具体、提升性的学科知识方向整理。

整理展示：

		周一	周三	周五	周一	周三	周五	周一	周三	周五	周一	周三	周五
学习习惯	课前准备												
	课堂纪律												
	课堂倾听												
学习态度	参与程度												
	任务完成情况												
学习表现	是否积极												
	表达清楚												
作业反思	是否整洁												
	正确率												
	创新解法												
	改错												
本月小结													

　　整理课的价值就在于让学习过程"看得见"，改变学生的学习方式，从而使每一位学生都能寻找到最适合自己的学习节奏。实施多元化的整理课活动，寻找到一个学生学会自主学习的好方法、好策略，让学生的学习更具有活力，使学生的主动学习多一点，并最终提升学生学习发展的后续力。

第四节
立足整理教育，构建线上课堂和课后服务新模式

一

学有道、宅有道、行有道——疫情期间的"非常道空中课堂"

2020 的新冠疫情将我们原本的校园学习生活暂停。1 月 27 日，教育部正式发布《关于 2020 年春季学期延期开学的通知》。在互联网学习对师生都还如此陌生的背景下，我在道尔顿小学参与构建了线上学习体系，开展了居有效学习和保证家有效学习生活健康的生活，而这也成了一个非常好的自主学习的案例，值得深入研究分析。

在疫情期间，一方面我们离开了课堂的组织形式，学生要居家自主学习；另一方面要保障学生的身体健康，特别是保证学生充足的休息、运动和营养，提高自身的免疫力；这些是我们构建学校"空中课堂"体系时思考的重点。

在疫情背景下，我校基于培养学生自主学习和自我管理能力的一贯目标，构建了"非常道空中课堂"学习体系，开设"学有道、宅有道、行有道"三大课程板块，在深化道尔顿自主学习的理念和方式基础上开展线上学习。线上学习是我们继续培养学生自主学习能力的大好时机，更是深入探索道尔顿学习方式，培养个性化的自主学习策略、自我评价和反思方法的好机会。同时，通过空中课堂做好"爱国教育""生命教育"和"生活教育"，让孩子能够"躬身入局"，深入理解和体悟新冠疫情这段特殊经历。

非常道空中课堂教学体系包括"学有道""宅有道""行有道"三个课程板块。"学有道"课程要达成学生本时期内的学业目标；"宅有道"课程要滋养学生居家学习期间的身心健康；"行有道"课程则是和学生一起深入理解和体验这段特殊经历。

一、学有道——构建学习支持系统

道尔顿的"非常道空中课堂"非普通直播课堂，而是基于我校道尔顿制整理室

计划，借助每周作业合同、学习规划单和学习资源支持等的资源整合方式，导师在线答疑、伙伴互享互助和空中整理室的在线联动方式，立体式构建而成的学生居家自主学习课程支架。

（一）两单一卡，落实学习核心理念

我校设计了线上学习"两单一卡"，凸显了道尔顿自主学习方式的优势。教师以周为单位，在每一周空中课堂开启前的周末，将各学科的全部学习资源以资源包的形式发送到学生，其中就包括"两单一卡"，即作业合同单、学习规划单、自主学习卡。

两单——学生自主学习的导航

作业合同单：每周的作业合同单是通过合同的形式把学科一周的具体学习目标、内容和任务清晰地呈现给学生。作业合同单是学生进行自主学习的内容支架。学校为低中高不同学段提供明确的合同模板。中高段使用分学科的周作业合同，低段使用全科周作业合同。通过作业合同，师生能够对学习的目标、内容和任务有很强的共识，进而在居家时，能够实现自主地学习。

温州道尔顿小学 温州道尔顿小学作业合同

| 主题：科学和幻想 | 年级： 六 年级 |
| 学科：语文 | 学习者：_____ |

时间周期：第十周（4.13-4.19）

学习准备：学习记录本、学历案、红、黑色水笔……

本周学习，我们需要达成以下目标：
1. 学会第五单元生字新词，并能由古及今，推想词语的意思。
2. 熟练背诵《古文两则》，能默写古文。
3. 阅读课文时体会文章是怎样用具体事例说明观点的。
4. 学习引用的好处。
5. 继续了解科幻小说的特点。

为了达成本单元的学习目标，我们要进行下列学习活动：
1. 观看"教师星主播"第五单元《古文两则》《真理诞生于一百个问号之后》，并记录课堂笔记。
2. 《古文两则》《真理诞生于一百个问号之后》学历案、作业本。
3. 阅读科幻小说《海底两万里》。

你的以下作品可以作为学习成果的依据：
1. 预学单。
2. 《古文两则》任务单和作业本。
3. 《真理诞生于一百个问号之后》作业本。
4. 古文背诵与默写。

单元设计学习体验

周一	周二	周三	周四	周五	周末
1. 在线学习《古文两则》；2. 熟练背诵默写古文。3. 阅读《海底两万里》	1. 完成《古文两则》任务单；2. 阅读《海底两万里》	1. 在线学习《真理诞生于一百个问号之后》2. 完成作业本	1. 阅读《海底两万里》	1. 阅读《海底两万里》	一周学业任务进行查漏补缺。（检查任务单、作业本）

温州道尔顿小学
WENZHOU DALTON ELEMENTARY SCHOOL

温州道尔顿小学作业合同

第十周学习任务 (4.13-4.19)

书面任务　（工作量 4 天）

1. 完成预学单。　　　（周一提交）
2. 完成《古文两则》《真理诞生于一百个问号之后》作业本。（周三四提交）
3. 完成古文任务单。（周三四提交）
4. 部分学生完成《胡三元》（周日提交）

阅读任务　（工作量 1 天）

1. 根据阅读建议阅读《海底两万里》，可完成部分阅读卡。

朗读和记忆　（工作量 1 天）

1. 熟练地背诵《古文两则》。
2. 背诵课外内容（　　　　　　　　　　）。

本周学习资源

1. PDF 版本的六下语文电子课本、作业本、《胡三元练字本》。
2. 预学单
3. 《古文两则》学历案和作业本
4. 《真理诞生于一百个问号之后》学历案和作业本

板报提醒

本单元课文很难理解，请同学们务必课前反复阅读，认真完成预学单。

学习规划单：学习规划单是学生进行自主学习的行动支架。规划单包含了本周的计划安排表，表中内嵌本周已有的安排和可选择的学习项目。学生通过安排表，自己制定自主学习时段的学习计划、选择参与答疑时段等自主安排的内容。并可以定时地自主完成阅读、运动、家务或年段其他活动的打卡，结合自评，对自我行动的坚持给予肯定，形成自主管理和行动的习惯和信心。一周学习结束，通过规划单上的反思板块，分析自己的学习结果，总结经验，形成自我反馈的良好机制，不断提升自主学习的能力。

温州道尔顿小学 WENZHOU DALTON ELEMENTARY SCHOOL 　道尔顿小学规划单　班级（　）姓名（　）

道尔顿小学六年级第（9）周线上学习规划（4月5日—4月11日）

时间安排	周一	周二	周三	周四	周五	周末
8：30—8：50 晨间活动	清唱节奏操	空中秀场— 学会考虑周围 （郭清）	空中秀场— （张仁钏）	空中秀场— （吴焕东）	空中秀场— 体育锻炼 2 （严传钧）	
8：50—9：40 每日规划 "教师星主场"		《比例的意义、 性质及解比例》	《为人民服务》	"空中英语整理 室"活动	《宇宙》单元整 理、观看视频	
9：40—9：45		眼保健操	眼保健操	眼保健操	眼保健操	
9：50-11：30 自主学习		学习内容、学习时长	学习内容、学习时长	学习内容、学习时长	学习内容、学习时长	
11：40-13：40 午间休息		午读时光（30分钟） 《　　　》	午读时光（30分钟） 《　　　》	午读时光（30分钟） 《　　　》	午读时光（30分钟） 《　　　》	
14：00-15：10 自主学习		学习内容、学习时长	学习内容、学习时长	学习内容、学习时长	学习内容、学习时长	
15：10-15：40 一对一答疑		我有_____ 题要_____ 学科的问	我有_____ 题要_____ 学科的问	我有_____ 题要_____ 学科的问	我有_____ 题要_____ 学科的问	
15：40-16：00 整理反思		科学主导 学生星主场分享— "运动"	项目主导 学生星主场分享— "阅读"	数学主导 学生星主场分享— "家务"	语文主导 学生星主场分享— "整理"	
16：00-20：30 家庭时光	阅读（保证30分钟）、运动（做一项）、家务（做一项）。					

温州道尔顿小学 WENZHOU DALTON ELEMENTARY SCHOOL 　道尔顿小学规划单　班级（　）姓名（　）

	项目	周一	周二	周三	周四	周五	周末	星级
我的每 日打卡	阅读							☆ ☆ ☆
	运动							☆ ☆ ☆
	家务							☆ ☆ ☆
	其他							☆ ☆ ☆

温馨提示：

1. 请大家合理做好每日的任务规划，并在规定的时间上交作业。
2. 有疑问及时填写语学科"学习问题收集单"，老师随时为你答疑解惑哦。
3. 运动项目推荐：跳绳、坐位体前屈、慈跑、快速全蹲跳、波比跳、平板支撑……
4. 建议每天对着电脑或手机时间不超过一个半小时，保护好自己的眼睛哦。

一周反思清单

　亲爱的同学们，一周结束啦！请根据以下问题反思这一周自己的表现，回答以下问题。

1. 本周我有没有完成我规划的一周学习目标？为什么有？为什么没有？

_____

2. 在我学习的过程中，是什么帮助我完成目标？

_____

3. 什么事让我不能达成目标？遇到了什么困难和挑战？

_____

4. 基于以上的反思，我在下周的规划和学习过程中，要做哪些地方的改进？

_____

爸爸妈妈的鼓励与建议：

一卡——学生独立自主的马达

自主学习卡： 在国际道尔顿协会的指导下，我校开始使用"自主学习卡"来培养学生独立学习的思维能力。自主学习卡包含的是一串激发学生自主学习心理机制的问题链。学生在进行一项学习任务前和后记录自己对这次学习的理解、目标、计划，以及自我的评价与反思。在自主学习卡问题的引导下，学生能够指导自己根据目标对时间和任务做出明智安排，努力执行，发展独立学习的动机，并通过反思自己的学习结果和策略，获得个性化的学习经验。在学习中体验到更多的主动权和自信心，逐渐发展出独立自主的能力和品质。可以说，自主学习卡是自主学习的能力支架。

（二）"四项支持"，达成自主学习效果

我校的空中课堂通过线上互动课堂支持、学习导师支持、学习资源支持和展示平台支持的四项途径，更深入地支持学生的自主学习。

互动课堂支持

道尔顿"非常道空中课堂"自开始以来，为中高段学生提供了丰富的直播和录播互动课程。与此同时，我校也严格规定了在线互动的时间，保证学生的身心健康。直播和录播课程不仅包含精心设计的学科课程，还包括每日晨间丰富的心理小游戏、音乐鉴赏、美术鉴赏、体育运动等互动活动。在下午的时间段开设有学生自主选择参加的学科答疑和空中整理，引导学生进行整理和分享一天的学习成果，进行学习反思，做好明日准备。

我校教师积极投入在线学习的教学设计中，不断提升自身的信息技术，在学校云课堂"师有道"教师微课分享的平台上，展示了老师们的线上学习设计智慧。老师们的线上学习活动也深受学生和家长的喜爱！

学习资源支持

疫情期间，上级部门精心制作的微课和众多优秀的线上资源为道尔顿的"空中课堂"加码。我校各教研组根据学习目标，多种渠道搜集、整理、筛选各种相关学习资源，搭建学习目标下的资源包，结合作业合同单，为学生提供丰富的自主学习材料。

除此之外，老师们还积极开发学历案、任务单、答疑或主题小微课等，根据学生自主学习的动态需求设计制作资源。在每周末，定时将资源包发入钉钉群中，条理清晰地供学生下载使用。

学习导师支持

学校制定了教师关注学生、个性化指导的策略。学生居家学习有困难时，可以随时私信学科导师，及时获得一对一的学习支持。对学生这个时期产生的不同类型问题有针对性地指导。特别是在如何调动学生居家学习积极性上下功夫。根据实际需要，开展一对多的互动反馈。无论是班主任还是学科教师，都会定期与孩子沟通交流，激发孩子学习的主动性，帮助孩子获得学习成就感。

针对在疫情期间参与抗疫一线而无暇顾及孩子的家长，学校发起了"特别的牵挂"家校连线活动。一封封情真意切的告家长书，一次次导师与孩子的空中连线，

为抗疫一线的家长排忧解难，架起了家校之间强大的爱之桥梁。

展示平台支持

尊重学生个性和差异的发展一直是我校坚守的育人之道。在线上居家学习的时期，我校关注学生的个性展示，为学生设置多样化的展示平台。让学生在项目化学习、学科学习、防疫爱国主题、艺术体育锻炼等不同内容和不同圈子中都能根据自身的发展个性展示自己的学习进程及成果。通过班级圈、学生星主播、宅有道学生空中秀场等平台支持学生的个性发展。在学生中营造尊重差异与个性，共同发展的合作学习和成长氛围。

二、宅有道——发现每一个独特的个体

居家有道，从教材、课本延伸到课外、生活及孩子的身心健康，调动学生居家学习积极性，持续学习的兴趣，丰富居家生活情趣。由学校文化艺术中心负责，在疫情期间打造了"学生空中秀场"。学校每周选择 2～3 个主题，如体育吉尼斯、居家美食家、整理小达人、小小艺术家、小小探索者等等。教师精心录制 3～5 分钟的微课，在每日晨间规划前推出。孩子们观看后选择自己感兴趣的一项自愿参加，将自己参加项目中最满意的视频或照片上传到钉钉班级群的班级圈。每周负责项目的老师则将学生作品制作成集锦发布到云课堂的"学生空中秀场"，与全校师生家长共享。教师还鼓励挖掘学生专长，利用视频或微课的方式，在班级开设"学生星主播"。

线上吉尼斯，家庭体育提升有道

体育，不仅是健体，更是育人；不仅是学校的责任，也是社会、国家的战略任务。在没有特效药的疫情期间，强身健体的重要性不言而喻。体育吉尼斯是我校一项传统，全体学生每月经过练习，都可以对指定项目发起挑战，擂主资料上榜校体育吉尼斯墙。延续学校每月举行挑战赛的规则，我校开启了"线上吉尼斯"挑战活动，提升家庭体育指导，打造"体育吉尼斯空中自豪榜"。线上吉尼斯项目每两周推出一期，先由体育教师录制项目科学运动的指导微课，在每周的"宅有道秀场"时间推出。学生两周内选择自己最棒的挑战视频发布在钉钉班级圈，体育教师在第二周的周六会到各班班级圈记录最佳挑战者，最终选出校级吉尼斯纪录保持者。每次新项目开启前，学校将以视频的形式举办"体育吉尼斯空中秀场"颁奖仪式，为

每一位挑战成功者进行云颁奖。

小小美食家，食育课程延续有道

"小小美食家"线上选修课程系列，意在开展食育教育，教育学生感恩生活，感恩自然，疫情期间树立健康的饮食观念，树立良好的饮食文化修养。针对不同年级，老师们推荐了各种各样的便当制作方法，还将同学们的动手视频、图片分享给大家。考虑到开学复课后学校可能需要"谨慎过渡"，因此计划第一周实行"便当周"，延续宅有道食育课程，不断提升学生的动手实践能力。

整理达人课，家庭劳育体验有道

家庭教育是人才培养的起点，家务劳动是日常人才培养的重要途径。疫情期间，家长与孩子长时间相处，正是全面提升孩子综合实践能力、解决问题能力的重要时段。"全人整理"是道尔顿提出的育人理念之一，线上教学我们针对学生劳动的需要，开设了"学具整理""衣物整理""成长记录整理"课程系列，在每期的微课视频中，从整理意识到整理技巧，层层深入地传递给学生。同时学校在班级圈中选取学生实践的整理视频，在宅有道空中秀场中予以推广。通过整理，既让学生充满了劳动后的成就感，又增进了亲子关系。

艺术趣味课，全面发展生活有道

艺术教育的根本意义不在艺术，而在培养优秀的人格和素养。疫情期间，我校充分调动学生身上的艺术细胞，引领学生把兴趣爱好坚持下去，完美诠释了"道尔顿就是一种生活方式的理念"。美术老师利用微课给孩子提供广阔的艺术空间，进行灵感启迪，并注重将培养学生的动手能力和想象力与养成废物利用的好习惯结合，鼓励孩子们大胆选择，用艺术抒发情感。在音乐老师线上微课指导下，来自道尔顿的小艺术家们，能用一个杯子舞出一串串动人的节拍，并开展了别具一格的空中合作表演秀。

宅有道，让学生充分展示了最值得自豪的学习生活画面。伙伴间互学共享，从中获得成功与成长的情感体验，促进和保证学生的身心健康。为每一个与众不同的学生搭建了一个展示自我、充满自信的舞台。

三、行有道——疫情背景下的价值观引领

（一）"非常道空中晨会"

我校从三月份开始，由学生中心和新闻中心合作，策划录制每周一次的"空中晨会"活动。空中晨会每周一上午举行，通过视频的形式，落实爱国教育和疫情时事教育。我校紧紧围绕社会主义核心价值观，一共已策划六期，分别是："祖国，我爱你""隔离病毒不隔离爱""诚信在我心中""我们在一起""'逃离地球'项目启动""大道不孤人类必胜——人类命运共同体"为主题的空中晨会。

空中晨会以一种特别的方式诠释了"道尔顿是一种生活方式"的内涵。在空中晨会，学生深入看见每个人、每件事，很好地理解和体验爱国、敬业、责任、担当、协作、关爱、信任、诚信、文明等价值观在我们人类生存与发展中的核心作用。将价值观与生活中的事情紧密结合，是对价值观最好的解读学习。

（二）"新冠病毒""逃离地球"跨学科项目式学习

从线上学习第一周开始，我校便以年级段为单位，围绕"新型冠状病毒"主题，开展全学科项目式学习。各学科教师紧密合作，开发跨学科的"新冠病毒"项目学习。随着疫情的发展，更充分激发了我们对"环境、灾难"主题的认识和探索。"全球气候变暖导致南极气温的升高""非洲蝗灾""矿场资源的过度开发"这些人类共同面临的挑战，正是孩子们学习的契机。于此，我校开展了第二次的全科项目式学习——"逃离地球"项目学习。各年级学生围绕"逃离地球"主题及子话题进行科幻创作。根据年龄特点，分别创作以写作、造型、绘画、视频等多种形式表达的作品。在项目中，学生调查搜集主题的信息，开展科学探究，对科幻创作进行初步的学习与实践、对其他文化艺术表现有了初步的了解。

我校有丰富的项目式学习经验，在项目式学习中实现多学科目标的整合，推动学生的自主探究学习。通过"逃离地球"的项目学习，学生在实践中达到对"科幻创作"的关键知识与能力的认知，通过批判性的思考和创造性的实践，实现对灾难和人类文明的审视、对科技文明的研究与展望，对当下社会责任的思考，最终对"人与自然是生命共同体"产生深刻的理解。

【案例分析】

一、深化道尔顿整理理念，整体构建线上学习体系

基于上级部门的要求以及学校的育人目标，并为了保障线上学生课程学习的体系化和连续性，学校整体性地构建了线上学习体系。学校延续了常态学期制定学科课程纲要、学期评价方案等的教学准备工作。结合学期常态教学计划和疫情居家学习的实际条件，合理安排线上学习阶段的内容和进度，保障线上学习与常规学期学习的正常接轨，充分考虑后续学生学习的衔接。

学校在原有道尔顿制下整理计划的各项措施基础上，继续提升和完善作业合同、规划单和自主学习卡等有效的自主学习支架。在"互联网＋"的学习模式下，突出"自主学习"时间段的安排。利用学生自主选择和参与学习答疑、开设晨间和一日整理等线上活动，提高学生参与的主动性。借助居家线上的时机，大胆地实践学生自主学习，深化道尔顿教育理念，坚持培养具有自主学习能力和自主管理品质的学生。

二、迎接防疫时局的挑战，科学设置三大"有道"课程

疫情的特殊时局下，我校充分考虑学生在德智体美劳方面的"全人发展"需求。

首先，从学习、健康、德育三方面的目标出发，设置了"学有道""宅有道""行有道"三大课程板块。开展基于学科学习、身心健康、艺术创作和疫情主题下的项目式学习活动。

在"宅有道"课程板块中，美术和音乐教师设计的微课活动，不仅让学生创造性地体验艺术和音乐的魅力，更结合艺术和历史，深入地探究艺术在人类社会发展中的角色和作用。借助艺术，抚慰防疫的紧张，表达人性的力量。

学校还坚持设置居家运动的课程活动。借助空中平台，继续开展体育吉尼斯的挑战活动。引导学生主动参与体育锻炼，增强身体素质。学校还设计了疫情主题下的德育活动和项目式学习活动。不但充分普及防疫知识，养成良好文明卫生习惯，更以战疫为主题开展爱国教育，培养学生的公民素质和关心人类共同命运的优秀品质。

三、凝结学校团队的力量，欣然收获空中教师成长

学校以教研组为单位，根据学校学有道、宅有道、行有道课程思路，提前一周制订本学科、本年级的课程纲要、教研计划，制定两单和学习资源。实行系统化的教学管理，杜绝随意教学。

为了保证学习体系的质量，团队紧密合作，依据教师特长分工合作：擅长表达的教师录课，思维开放的教师设计，技术先进的教师做课件，耐心踏实的教师搜集素材，学校层层把关管理，教研组长对本年级本学科的学习体系内容一次把关，各个中心主任二次把关，最后由校长室审核批准。

借由"大家的教师"理念，学校还鼓励教师发挥专长及风格，用微课录播或是多群直播的方式在学年段统一开设"教师星主播"。内容不唯教材，基于学生兴趣需求，比如"整理有道"、数学的"思维道"、语文的"文有道"等等。

白莉莉校长强调："教育的意义就是发现个体，这也是我校始终坚持的理念。"自由、合作、自律、担当"的学子特质正是在线上学习时最难能可贵的品质。"非常道空中课堂"不唯于本，不囿于式，重在看见每一位孩子，为存在差异的孩子构建相应的学习"支架"，引导他们自主学习，培养一个个独立自主的终身学习者。

二

双减背景下，创新"全人整理"课后服务新模式

今年 7 月，中共中央办公厅、国务院办公厅印发《关于进一步减轻义务教育阶段学生作业负担和校外培训负担的意见》，明确提出了要"提升学校课后服务水平，满足学生多样化需求"。作为帮助家长解决学生"看护难"问题的惠民工程，课后延时服务引起全社会的热议。

"双减"政策背景下，我校积极研判，立足"整理教育"办学理念，为满足不同家长的需求，设置了以下时间段：周一到周四下午 4：20—5：20 学业整理＋家庭时光，5：20—6：00 晚餐时光＋游戏时光；周五下午 4：20—5：20 特长发展时光。课后服务的时间段，学生完成学业整理后的剩余时间，均是学生的"家庭时光"。学生可以像生活在家里一样，选择自己喜欢做的事。

因我校"作业合同"统筹下的学生作业一直以来追求"高质轻负"，所以"双减"视角下，我校的重点是课后服务中如何弥补因家庭亲子时光减少带给学生、家长的未被满足的需求，致力于打造"全人整理"的课后服务体系。

温州道尔顿小学"全人整理"课后服务模型

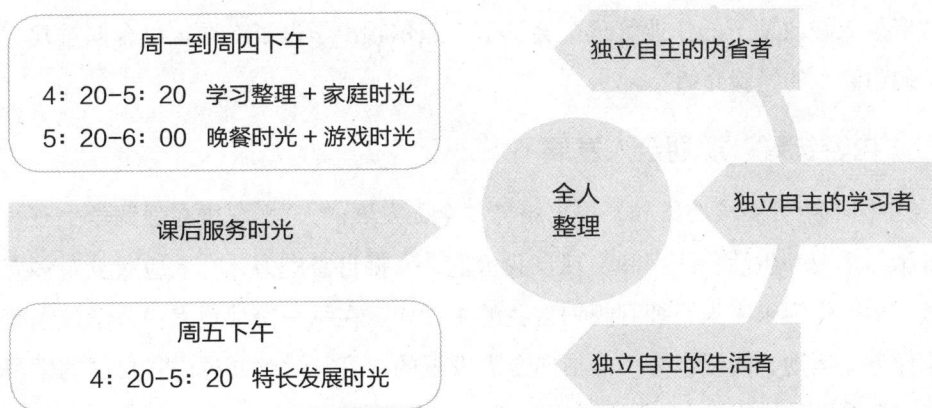

周一到周四下午

4：20-5：20 学习整理＋家庭时光

5：20-6：00 晚餐时光＋游戏时光

课后服务时光

周五下午

4：20-5：20 特长发展时光

独立自主的内省者

全人整理

独立自主的学习者

独立自主的生活者

一、"整理规划"统筹课后服务，培养独立自主的内省者

就课后服务时间段的现实情况来说，小学生自我管理能力较弱，心理状态不够成熟，导致部分学生常常处于茫然、低效的状态。在我校"整理教育"改革逐步深入的探索中，整理规划越来越成为学生自主发展、质效双增的重要环节。

（一）时间统筹，养成规划意识

整理是我校的一种生活方式。实践证明，规划需要一个重复的过程，只有保证有时间，重复才有可能发生。如果没有预留的规划时间，那么规划有和没有是一样的。我校整理规划时间分为晨间规划、整理课规划、一周规划、学期规划。"双减"政策实施以来，因每日整理课和课后服务时光相邻，所以学生在做整理课做规划时，有课后服务需求的学生会将课后服务时光纳入规划统筹安排，从而有效提高了学生课后服务时间段的学习效率及"家庭时光"的参与热情。

（二）学段统筹，分层规划方法

小学六年时间跨度较长，低、中、高不同年段的学生，身心发展规律不同。为此，学校的规划方法也分为几种类型。适合低段的"全科作业合同＋数图式"半开放规划，适合中高段的"学科作业合同＋规划单"以及"项目/主题学习合同＋日历表"全自主规划，引领学生聚焦内省做好规划。课后服务时间，学生以规划为导航，独立自主地安排学习与生活，激发自我成长内驱力。近期，《浙江教育报》及温州新闻网均对我校的"作业合同"及规划成效做了相关报道。在前不久召开的温州市"聚焦双减政策下的作业管理"会议上，道尔顿小学做了专题《以合同重建"育人"的内涵》的经验介绍。

（三）内容统筹，规划全人发展

《中国学生发展核心素养》提出培养"全面发展的人"，它重在强调学生有效管理自己的学习和生活，认识和发现自我价值，发掘自身潜力，有效应对复杂多变的环境。学生作为未来人，拥有规划自我的主动权。在每一份规划表中，学校涵盖了学业任务、运动、阅读、劳动等指向全人发展的内容，学生通过内省自己的学习情况、兴趣爱好，均衡规划一周的在校时间与在校资源。

二、"整理课"模型深耕学业整理，培养独立自主的学习者

整理课及课后服务时段的学业整理，学生不仅仅是单纯地完成作业，还会在教师的指导下复习所学内容，总结学习方法、经验、技巧等，同时学会发现问题并解决自己的困惑。"双减"背景下，道尔顿小学将两个时间段打通，采用整理课"四段式模型"安排课后服务的学业整理时间，分为"整理心情、整理规划、整理学业、整理评价"四个板块，采用"自我指导、伙伴支持、预约导师、项目化学习"四个学习模式，指向培养学生独立自主完成学业任务的意识和能力。

温州道尔顿小学课后服务学业整理"四段式"模型

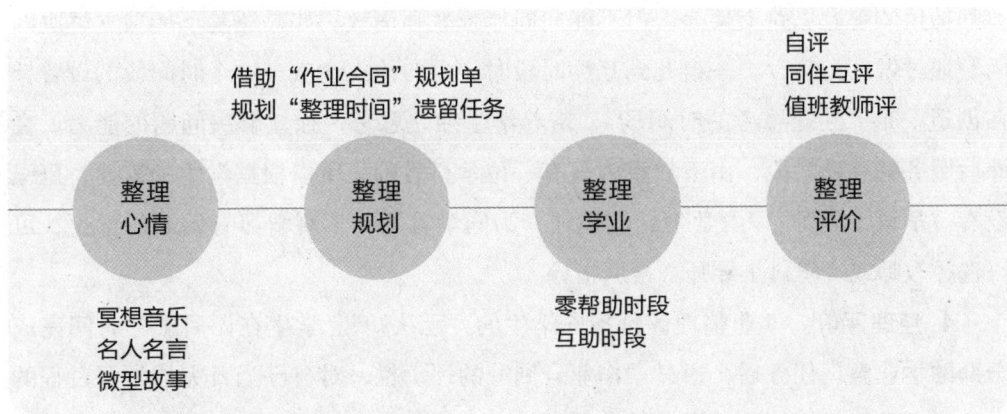

（一）"四段式"模型，提供独立自主学习路径

1. **整理心情**：学业整理开启的前几分钟，教师带领学生一起进行情绪整理，以便学生更加积极且专心地投入到完成学业的任务中。例如低年级的老师们会为学生们播放一段冥想音乐，教会学生放松与平静的方法；中高段有的班级轮流由"学生主播"每日为大家分享"名人名言"，有的班级开展3分钟致谢"微故事"等。心情整理还有一个目标指向内省，学生通过整理"作业合同"上的特质成长项目，对自己当天的行为表现进行自评。

2. **整理规划**：完成心情整理后，学生拿出"作业合同"，对照当日整理课的规划，将未完成的学业任务继续完成。因我校的"作业合同"包含了一周的学业内容，所以学生拥有很大的自主性，可以根据自己的学习节奏修改自己的规划。无论学生选择提前或延后，只需在契约时间内完成即可。课后服务的规划时间，教师帮助学生一起评估他们的学习过程，在发现学生自我规划不适应学习过程时，及时指导学生进行调节。例如项目化学习或私人订制需要去整理室查阅资料或预约导师来完成，自己难以独立完成的订正或难题，可以邀请伙伴一起去走廊或阳台讨论等。校园内的空间都是孩子们的学习场所。这些规划训练有效帮助学生进行内省，使学生有意识地对自主规划的策略及运用情况进行反思，学习效率不断得到提高。

3. **整理学业**：学业整理分为"零帮助"和"互助时段"两个部分。在零帮助时段，学生独立完成学习任务，遇到难题可以选择独立查阅资料，使用教室内各学科教师提供的解题思路支架等，但不能向同伴或教师请教。如果还是不能独立解决的问题通过做标记暂存，一会儿到互助时段时，再向他人请教。这个时间段的设置旨在创造一个"独立思考的时间场"，培养学生独立思考，独立解决问题的能力。在课后服务的互助时段，由于教室内只有一位学科教师，所以根据学生的需要，班级设有"学科小导师"，由学生轮流担任，为同学答疑。学科学习有困难的学生，可以选择教师或"学科小导师"帮助指导。

4. **整理评价**：学业整理评价指向学生的"元认知"。学生在课后服务时间完成全部的学业整理任务后，通过"作业合同"的评价栏，对自己当日完成学习过程的专注度、学习目标的达成度、学习物品的整理等方面进行反思、自评，再请当日值班教师为自己做出诊断性评价。教室的值班教师也有一张当日班级所有参加晚托学生的学习情况记录表，记录每一位学生的学业整理完成情况及行为表现，以便班主任了解学情，及时跟进。每到周末学生还会针对自己一周的评价进行一次周末反思，发现本周内的问题，确定下周努力的方向，并寻求实现目标的方法。

（二）四种学习模式，提供独立自主学习支持

道尔顿小学课后服务的学业整理时间包含四种学习模式：自我指导、伙伴支持、预约导师、项目化学习。

自我指导的学习方式极大调动了学生学习的主观能动性，学生以"作业合同"为学习助手，以"零帮助时段的学习支架"为学习资源，养成独立思考，总结个人

学法的"内省式"学习法。

温州道尔顿课后服务"四种学习"模式图

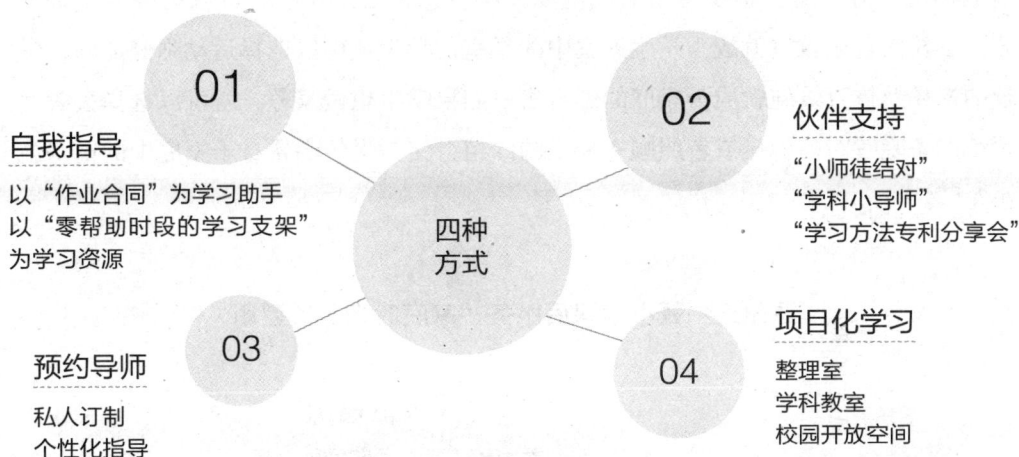

自我指导
以"作业合同"为学习助手
以"零帮助时段的学习支架"
为学习资源

01

**四种
方式**

02 伙伴支持
"小师徒结对"
"学科小导师"
"学习方法专利分享会"

预约导师
私人订制
个性化指导

03

04 项目化学习
整理室
学科教室
校园开放空间

伙伴支持是合作学习的重要载体，只有学生才会更懂得学生的问题。向伙伴请教，创设"小师徒结对""学科小导师""学习方法专利分享会"等多种平台，让伙伴成为最好的榜样。

预约导师是指学校需要完成私人订制内容的学生，和导师约定好讨论的时间与地点，通过导师的个性化指导，做到上不封顶，下要保底。每一个学生的充分发展是教育质量整体提升的前提，而私人订制，恰恰是教师从学生的能力、性格、志趣等具体情况出发，使教学的深度、广度、进度适合学生的知识水平和接受能力，让每个人的才能品行得到最适合发展的关键。

项目化学习是我校一项重要的学习方式。学生可以在课后服务时间段根据项目选择相应的校园空间，和项目组同学开展持续的研讨和探究。前不久，浙江省教育厅教研室公示 STEAM 项目化学习教师挑战赛第二轮评审结果，我校荣获浙江省"项目化学习实践奖"，刘西蒙老师领衔团队荣获浙江省第五名。"健康处方生成器"项目化学习历时 1 个月，层层递进，学生从成立"公司"，问卷调研，到针对"客户"需求，跨学科合作，一步步解决问题，成果丰硕。

三、"家庭"时光融入"五育"，培养独立自主的生活者

课后服务，学校提供的就是对原有家庭亲子时光的替代。因此，完成学业后的学生应该像在家里一样，享受自由自在的家庭生活。家庭时光，学生可以去书房尽情地畅游书海，那么学校的图书馆就成为学生的大书房；学生可以去练琴精进才艺，学校的音乐教室就成为学生家庭中的琴室；学生还可以选择运动强健体魄，学校的操场及体育设施就成为家庭的健身房；如果学生想做家务，就可以选择去餐厅帮忙准备晚餐时的碗筷或者照顾学校里的绿植，使学生仿佛置身于家庭中的厨房或小花园。

温州道尔顿小学课后服务"家庭时光"模型图

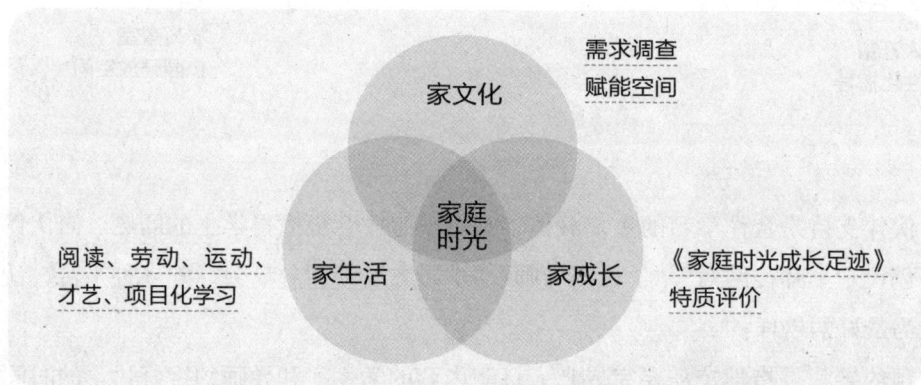

（一）"家文化"——校园空间的建构

校园就是学生课后服务时光的"幸福家园"。在这个大家庭里，学校和校学生联盟的孩子一起探讨，选择适合开放的校园空间，为不同的空间赋予"家文化"的内涵。根据学生联盟对学生"家庭时光"需求的调查，同伴陪伴、运动、阅读、劳动、练习才艺、完成项目化学习位居前列。为此学校相应地开放了操场、图书馆、整理室、餐厅、阳台、音乐教室，满足学生在家庭时光里的个性化需求。

（二）"家生活"——家庭时光的实施

学生根据自己不同的节奏，完成学业任务之后，就可以陆续离开教室自主选择

家庭时光的内容。教室的一体机上是校园家庭空间的可视化简图。学生选择去哪里度过自己的家庭时光，只需要将自己的姓名牌推至该空间即可。这样既让教室内的教师清楚地了解学生的去向，又避免某个校园空间的人数过多。学校根据对参加课后服务学生家庭时光项目意向的调查，预估了操场、图书馆、整理室、阳台每天大概可容纳的学生数，平均分给各班，保证了空间秩序的有序。例如二年级每个班级去图书馆阅读的名额是 3 人，那么当图书馆空间的三个姓名牌已满，接下来完成学业任务的学生就需要选择做其他的事情。琴房由于资源有限，采用学生主动预约的方式。开放的音乐教室门口有一张预约板，需要练琴的学生将自己的班级和姓名填写在不同时间段的预约栏内，额满为止。

（三）"家成长"——特质评价的融合

学生在家庭时光里的生活情况如何呢？每个空间的值班教师，也就是"大家长"，结合我校的"特质少年评价"体系，对学生进行每日的跟踪评价。学生人手一本《家庭时光成长足迹》，里面分为"书房、琴室、健身房、厨房、阳台"记录纸，每页分别注有学生参加该空间活动的日期。每一个空间，都粘贴了"大家长"与学生联盟代表讨论出的"家规"，包括当日的音量使用、同伴交往、物品整理等。这些评价的分数将作为学生期末"特质少年"评价的参考数据。

"双减"后每个周五下午的课后服务，是道尔顿小学全体学生的特长发展时间。我们希望道尔顿学生都能有一项自己的专长。学校采用家校社合作的方式，目前一共聘请了 13 个社会机构 25 名专长教师，共同助力孩子们的特长发展。

未来，为更有效促进"双减"课后服务落地，打造整理教育新生态，道尔顿小学将在延长课后服务时间、扩大服务范围、提高服务质量、丰富服务内容、健全保障机制等方面加大投入力度，为不同类型的学生设计更多不同的"跑道"，致力于每位学生成为独立自主的内省者、学习者、生活者。

第二章
创新3+N 班级建设，培养学生合作力

"教育的本质意味着：一棵树摇动另一棵树，一朵云推动另一朵云，一个灵魂唤醒另一个灵魂。"

——［德］哲学家卡尔·雅思贝尔斯

"创客班主任"其中一项的工作重点，就是提升和创新班级管理水平。当班主任开始面对 10 后、15 后等"新新人类"时，新型的班级管理方法势在必行。

通过多年实践，笔者总结出"创意 3+N"的班级管理模式。"3"就是构建和谐班级的三项重点：创意课程、创意管理、创意活动，"N"是指在每项创意中，为学生提供多种个性化路径。创意课程，可以帮助孩子与人类崇高精神对话；创意活动让每个孩子都拥有自己的梦，都有挑战自我的勇气和超越自我的精神；而创意管理，则让孩子们不断感受成功，从而不断相信自我、挑战自我。此外还可以综合运用设计思维和同伴教育，全方位提升班级管理艺术。▶

第一节
创意 3+N，建设和谐的班集体

在信息时代的今天，学生们的生活变得日益浮躁，应试的压力让学生们的学习负担很重。因此，给予学生一种积极健康的生活方式，培养他们健全的心智，让他们能从容地应对生活的诱惑与压力，幸福地度过童年时光，也就成为班主任义不容辞的责任。

"和谐班集体"，就是让学生在健康的集体舆论和舒畅的心理气氛中通过多样的人际交往、丰富多彩的自主活动，促进每个学生个性获得健全、充分、全面的发展而创设的一个友善、民主、平等、相互理解、相互进取的班集体。创意 3+N 的班级管理模式是和谐班集体建设的有效途径，"3"是指构建和谐班级的创意课程、创意管理、创意活动，而"N"是指每项创意中为学生提供的多种个性路径，体现了和谐班级管理的主体性、过程性、生长性。

一、创意课程促集体精神成长

1. 诗意儿童课程

晨间，我与学生用诵诗来共同舞动美好的晨光。晨诵的主要目的不在于记忆未来可能用到的知识，也不是为了针对记忆力的强化训练，而在于丰富儿童当下的学习生活。通过晨诵，既养成一种学生与黎明共舞的生活方式，又能习诵、领略优美的母语，感受诗歌所传达的情感、美感及音乐感。比如发现有的学生不够珍惜时间时，我会和他们一起分享《牵住时光的手》；发现学生们午餐有些偏食，我们就来诵读日本童谣诗人金子美玲的《全都喜欢上》……

午休，我和孩子们共读属于他们童年的非学科性质书籍。在娓娓动听的故事中，告诉他们和平、尊重、爱心、宽容、乐观、责任和合作。朱永新老师曾说："一个人的精神发育史，实质上就是一个人的阅读史。"记得共读《一百条裙子》时，我和学生们来探讨，你是书中的谁呢？班级里沉默了一会儿，羿汝举起手说："上次吴亦辰把西施说成了西拖，全班同学都笑起来，我觉得那时他就是旺达，而我们成了嘲笑别人的佩琪和玛蒂埃。"而后我看到了羿汝眼中闪烁的泪光，也看到了亦辰脸上那被理解的喜悦……通过共读，我和学生们拥有了越来越多的语言密码。

每天放学前，我和学生们静下心来共同反思一天学习生活中的得失，把它记录在《心灵日记》本上，给心灵加油。比如发言声音一向很小的彬尔在一次课堂上的发言突然变响亮了，同学们报以热烈的掌声，她害羞地说："我每天的反思都是自己说话声音小，就一直想着必须改变，我要加油！"每天短短的几分钟让学生们养成了日省吾身的好习惯，对不良行为的改变起着不容小觑的作用。

2. 影视课程

1996年广电部、文化部（文化和旅游部）、教育部专门成立了全国中小学生影视教育协调工作委员会，向全国中小学生推荐12批共241部优秀电影。国外亦如此，意大利教育部门在21世纪之初推出"电影课堂"计划，旨在帮助学生理解生活，树立积极的人生观，还把我国影片《一个都不能少》列入必看的12部影片之中。瑞典电影大师英格玛·伯格曼说："没有哪一种艺术形式能够像电影那样，超越一般感觉，直接触及我们的情感，深入我们的灵魂。"

我精选世界各国励志经典电影带领学生们观后研讨，潜移默化地对学生进行正确的人生观、价值观的培养。比如系列电影课程中的《走进成龙》：我组织学生们观影《十二生肖》后，召开了"走进成龙"的主题班会课。学生们搜集成龙的成长经历、练功经历、受伤经历，挖掘出成龙值得学习的吃苦耐劳、勇敢、坚持不懈、敬业、有责任感、爱国、乐于慈善等多种优秀品质。我又结合时机向学生们渗透科尔伯格的三层次六境界道德图谱。经过此次课程，我的班级少了"要奖励"的学生。比如在一次游泳课前，居然大部分学生告诉我："老师，我们第一个回来你也不用给我糖了。我们不是为了奖励才拿第一的。"

3. 励志歌曲课程

励志歌曲就是听到之后让学生热血沸腾，让学生振奋，让学生勇于挑战困难，激发学生积极向上精神的歌曲。励志歌曲的歌词内容一般都是积极正向的，有的也是作词者亲身经历或目睹的故事，都是发生在生活中的感悟和总结，由此写出来的歌曲就能引起许多学生的共鸣，容易在广大学生中传唱励志。记得一次运动会集体项目前，我正踌躇如何进行思想动员，没想到班长机智地说："老师，咱们来唱班歌

《努力》吧！"学生们欢呼雀跃，"齐心协力改变风雨天气，看见晴朗。不放弃，不抛弃，笑到最后才美丽。梦遥远，零距离，每一秒都要努力……"唱完班歌孩子们斗志昂扬，一举夺得了 25 米往返接力的冠军。

二、创意管理促集体走向自主

1. 个性化班级文化

每个班级都积极构建自己富有个性化的、有特色的班级文化。班级命名很重要，这意味着一个全新的生命，一段长长的旅程；意味着我们的意愿和目标，意味着我们都要为这个名字负责。要让班名得到所有孩子的认可，喜欢，就要让班名有生命力，班名有故事。班名要向全班学生征集，每一张设计图由班名、班徽、设计说明、班级口号、班级愿景、班级精神几部分组成，由学生们自由组队设计完成。从自行设计到表达设计意图再到全班商议，充分让孩子们体验小鬼当家的感受，把自主权、管理权还给孩子。从人人参与上交设计图到全班海选，从开始笼统地设计说明到全班一起逐字逐句勾画班级蓝图，曲曲折折，百转千回。如此大的参与面让更多的孩子拥有了一种主人翁的意识，也对班级共同努力的方向有了清晰的认识并愿意为之贡献自己的力量。

2. 双轨制班级管理

我们班采用个人自我管理和集体自我管理双轨并行的管理模式。个人自我管理做到制度明细，集体自我管理结合经济课程做到管理精细。

个人自我管理的课程策略是目标激励。分为"制定目标—自我执行—自我反思"三个步骤。

第一步：利用周末的闲暇时间，家长和学生采用家庭会议的方式，依据学生《班级行动手册》一周的表现记录，引导发现学生自身的不足，共同制定学生下周需要努力的目标。并以文字描述的形式记录在"个人目标管理小手册"上。确定目标后，和学生探讨要完成这一目标的行动策略是什么？可以寻求协助的资源与人有哪些？一周后，根据目标的达成情况该如何奖惩自己？

第二步：在"个人目标管理小手册"上设置周一到周五评价的五栏，每天整理课前一分钟，学生们会静静地反思自己当天目标的达成情况并做好记录。下一周的晨会前，四人小组进行评议，对每一位组员目标的达成情况做出评价。我会在"总评"一栏进行目标达成与否的最后认定。如果学生本周没有完成该目标，下周要继续朝这个目标努力。

第三步：每周周一的班会课上，我会轮流邀请学生做经验交流。比如你认为你能实现目标的理由是什么？通过这次目标的实现，你学习到了些什么？你对这一计划的合理性有何想法？以达到榜样激励的作用。

集体自我管理构建"班主任助理—班级部长—组长"的金字塔式管理链条。为培养学生的责任心、管理能力以及理财意识，集体自我管理采用经济制度模式。我在开学第一天便给学生们一份工作清单，上面有课代表等各种职务分工以及工作说明。每一份工作的薪资都有些微差异。每个学生都必须在开学日申请一份工作。有工作，就有月薪。他们必须存钱来支付使用课桌椅的费用。学生做额外工作或参加各级比赛获奖，就可以领取奖金；反之，如果他们没做事或偷懒，就会被罚款。每位部长每天负责监督本部门班干部的执行情况。由行长负责登记学生存款，财务总监负责登记学生取款，审计总监负责每月核对学生存款余额并公布个人财富榜。在具体实践的过程中，学生很快就发现如果遵守规则、勤奋学习，他们就会变得越来越富有，在学生变得越来越富有的同时，他们也逐渐体会到这些优秀管理模式的魅力所在。

3. 班级成长"绿皮书"

每个学期都会有一百多个日子在我和学生们共同生活的空间中流逝。每学期初，我会选择一本精致漂亮的日记本，作为《班级成长绿皮书》，请全班学生按学号每人每天轮流书写班级当天发生的一些事件，包括对事件发生时的情景再现及自己的感想、反思等。我希望学生们通过反复交互地书写班级新鲜事，彼此理解，并在不断的自我反思中加深对班集体的认同，将班级每一位学生凝聚起来，冲破个人主义屏障，打破人和人之间相互隔离的状态，恢复班级生活的整体性与人与人之间的联系，从而不断地创造班级新的更加美好的未来。《班级成长绿皮书》的互动应用，为全班打开了一个共同编织精神生活的通道。

三、创意活动促集体和谐向上

1. 情境诵诗

情境诵诗就是在特别的日子或者是特别的场景，我有针对性地选择一些诗歌，把学生的名字嵌入其中，再把他日常学习生活中的一些细节表现拍成照片，和诗歌一起做成漂亮的课件，送给这个学生，使他深刻铭记。情境诵诗的神奇魅力到底是什么呢？在为鲍昭程同学朗诵了《你是一个好学生》之后，他在心灵日记中续写了我的那首诗："昭程呀！好学生是一匹马，奔向远方。在这条道路上，你不要怕吃苦，天天向上，这样你才会走得更远。"这个曾经的小懒虫也变得愈加勤劳了。

2. 学生社团

以往班级管理都是采用小组或个人评比的模式，组员的组成都是教师事先安排好的，学生没有选择权，常常缺少共同奋斗的动力及凝聚力。而我用社团这样一个组织，把志趣相投的学生们集中在一起，将班级分成几个社团，每个社团有自己的奋斗目标与社团公约，团员之间相互帮助，共同进步。这样既可以由社团保障班集体常规的实施，又可以在课余时间为学生们找到发泄过剩精力，增长课外知识的通道。班会课上，有想法的学生带着自己制作的社团招募海报，轮流讲述了自己社团的一些构想。同学们踊跃报名，纷纷参与到自己喜爱的社团中。最终初步成立了羽毛球、篮球、足球、动物研究会所、设计、美术、军事科学七大社团。一个个丰富多彩的社团活动的开展，既开阔了学生的视野，又陶冶了学生情操；既启迪了学生思维，又发展了学生的个性特长，同时还活跃了学生的业余生活，全面提高学生各方面的素养。

3. 仪式、庆典

我会在学生的成长之路上不断给他们以郑重的仪式，以小小的庆典，嘉许他们能拥有幸福、快乐的童年。每个学期的开学，我都会为学生们举行一个隆重的班级开学仪式，传达出作为班级和教师的一种文化及理念：我们注重什么，提倡什么。我的班级会用自己的特殊的仪式，将我的理念渗透入开学第一天，继而是所有日子中。当学生们在不同阶段取得不同成绩的时候，我还会为他们送上颁奖词，举行隆重的颁奖典礼。

4. 家长讲坛

我充分挖掘"优秀家长资源"，开设"群星班家长大讲坛"，为学生的成长开拓更为广阔的空间与途径。我通过每次家长讲座以后的写作、调查、知识反馈，了解孩子们对讲座内容的兴趣，总结经验。通过"群星班家长讲坛"班本课程的教学，学生对社会、自然、他人、科学等方面有更多的人文关怀，对于学校家庭以外的大世界有更为深入的了解，从而极大地提高了学习兴趣，促进学业的进步。在教学中学习的内容很多时候与现实脱离，学生学习的目的性不够明确，更多时候是为了家长和老师而学。这一现象会随着家长来上课而逐渐有所改进，因为在家长的课上，会涉及很多问题，家长用孩子们已学的知识加以解释，有些不能解释的东西，家长都会说："等你们到初中就会明白了。"孩子们便对今后的学习充满了期待，为自己已经掌握的本领而自豪，从而对学习始终充满着饱满的热情。

　　总之，通过3+N模式的管理，班级的常规工作井然有序，扎实有效。我们的孩子在班级管理3+N模式中，相互唤醒，共建舆论，彼此监督，积极评价。班主任老师不再需要一个人费尽心思地管理班级，累得焦头烂额且管理低效；而是在3+N模式中把班级还给学生，确立学生的主体地位，利用"森林效应"增强班级管理的实效性。让孩子们不断地感受成功，从而不断地相信自我，不断地挑战自我，从一个成功走向另一个成功。创意3+N，向着和谐班集体的更深处漫溯。

第二节
聚焦用设计思维，创新班级管理

假期再次重读《设计思维》一书，获得很多启发。为自己的班级管理实践做个复盘，也为了下一次新的出发。这本书非常值得深入地阅读、研究和分享。

《设计思维》是一本关于设计思维理论与应用的工具书。设计思维（DesignThinking）是美国商业创新咨询公司 IDEO 提出的一种创新性解决问题的方法论。本书从设计思维的源起及在国际上的发展展开，以一个 mini 工作坊带你走进设计思维的世界，从设计思维的经典购物车案例、设计思维与创造力自信、设计思维方法论等方面展开叙述，并重点讲解其在管理上和商业上的应用。在讲究同理心、故事力、设计力、娱乐感、意义感的右脑时代，设计思维（Design Thinking）已然成为当前风靡全球的企业创新秘籍。我们可以不是设计师，但一定要学会像设计师一样思考和解决问题。

运用设计思维可以给我们班级管理带来的是什么？以学生情绪为原点，致力于班主任工作的创意、实践、重构，努力和学生共同创建一种美好的班集体生活。这也是一名"创客班主任"始终坚持的教育信仰。一起来复盘吧！

情景思维法

书中的情景思维指以"场景中的人"为思考对象、以交互关系为思维核心的思维方式。指基于场景观察儿童，更好地理解场景中儿童的需求。转变以物为中心的局限思维，在交互关系上做文章，为儿童营造更好的体验。

在这种心智模式下，我所关注的不再是学生在班级生活中获得什么？而是他将成为怎样的人？我们应视学生出现的各种问题为机会去建设，站在儿童中央的角度，创设适合不同年龄段学生特点的情景，和他们一起去"实践"，拥有我们共同的情绪密码。概括起来，"儿童心智模式"实践中的三个技巧：1. 观察——场景定格；2. 情景故事法——虚实结合；3. 造景——理解需求、创意设想、实际执行。

铃声响起，一年级小学生的课堂。七八个学生的小手在抽屉里玩课间草丛里捉来的蜗牛。我和风细雨地表明理解小朋友们的喜爱之情："听说今天这节课班级里来了一些新伙伴，王老师非常欢迎。"玩蜗牛的几个学生抬起头，眼睛开始发亮。我一边拿出同事送的精致喜糖盒子，一边郑重地宣布："这群小客人来咱们班有一个光荣的任务，就是担任本节课堂听讲小明星的评委。瞧，这就是它们的评委席，漂亮吧！赶紧带你的小蜗牛评委来选一个最佳位置吧！"几个玩蜗牛的学生奔向我，心甘情愿地将手中的小蜗牛放了盒子里。这比伤害师生感情的直接没收有趣多了，我在心中暗喜。"咱班哪位小朋友能替蜗牛评委们宣布一下课堂小明星的评选规则？"小手如林，我请了平时比较好动的小默，规则的宣布不仅是为他自己，也是为全班做了个温馨提醒。"谢谢小默，评委们要开始工作了，大家做好准备哦！"我把蜗牛的"评委席"移至教室后面的图书角，避免了上课分散学生们注意力。现代心理学研究证实了东西方先哲们的观点："从讲道理到接受道理，中间的距离可能很远。"一个学生能否接纳班主任的观点，首先取决于情绪，其次取决于班主任的行为，最后才是班主任的语言。半分钟的情绪接纳，一分钟的情境创设，整堂课的情趣贯穿，学生们的状态可想而知，各个精神饱满，态度认真。课末，人人上榜"课堂听讲小明星"，学生们欢呼雀跃。课间，我给学生们讲述了自创的《蜗牛妈妈寻子》的故事。"今天中午王老师从食堂回来的路上（学生们捉蜗牛的地方），听到了阵阵微弱的哭声。"学生们好奇的天性促使他们着急地问："老师，发生什么事情啦？"我故作沉痛，低声哀叹："草地上成群的大蜗牛很着急地寻找自己丢失的孩子，蜗牛妈妈的哭声好可怜啊。"我请学生们谈谈如果自己和妈妈走散了是怎样的一种心情，联系生活中的体验，佳琪小朋友泪流满面。情绪是会传染的，小朋友们又难过又着急，建议把班级的蜗牛评委们赶紧送回家。就这样，我和学生们一起带着蜗牛来到事发现场，举行了一场隆重的告别仪式。

冷冰冰的道理，只能影响学生的心绪，而不能决定学生的行为；它可以使学生相信它，但不能使学生按照它去行动。道理所揭示的是学生该怎样想，而不是学生应该怎样做。所以，本案例的问题解决运用了《设计思维》中的情景思维法。班主任可以在实践中运用到三个技巧：观察、讲故事、造景。可以利用工具故事板生动地展示情境，更形象地看到师生物的交互关系。针对低段儿童以具体形象思维为主，利用善模仿的特点，用儿童喜欢的故事情景和游戏法来处理问题，让我们的教育不仅仅是把知识从一个头脑装进另一个头脑，而是师生间每时每刻都在进行灵魂接触。

关联思维法

书中的关联思维指将看似不相关的一组事物、问题或想法关联起来思考的思维方式。

一个午间，在办公室改作业的我听到了本该安静自习的班级里传来了阵阵嘈杂声。我快速走到教室门口，我的意外出现让嘈杂声鹊起的教室顿时安静了下来。刚才还在手舞足蹈的几位同学立刻显得局促不安……我没有立即喝止而是选择了转身安静地离开了。

下午班会课时，我拿起一个空纸杯、一个装满水的纸杯、一把剪刀走进了教室。我将装满水的纸杯在同学们面前展示了一番，然后将水倒进了空纸杯。拿起剪刀，迅速地将刚才装满水的纸杯剪了一个缺口。再将刚倒出去的那些水重新倒回这个剪了一个缺口的杯子中，水哗哗地流着，继而慢慢地从缺口处溢了出来，安静的教室开始沸腾。稍停片刻，我意味深长地对学生们说："同学们，看了这个实验，你们有哪些想法或感悟收获？"

"我觉得这个杯子就好像我们自己，里面的水是我们的收获。剪开的缺口就像我们的缺点一样，我们收获的多少，不是取决于我们的优点有多大，而是那个缺点有多大。"

"我觉得这个杯子就像我们的大脑。里面的水如同知识。缺口代表着坏习惯。坏习惯越多，我们的知识就流失的越多。"

"我们班就好似这个杯子，里面的水就是我们的荣誉，剪开的那个缺口就如同个别落后的同学。如果落后的同学越来越多，那我们班级的荣誉就会越来越少。"

同学们畅所欲言地表达着自己对实验的看法。面对午休吵闹，传统思维的处理方式就是说教，然后学生在班主任的高压强权下修正自己的行为。而拥有"设计思维"的班主任，以实验代替说教，让学生通过联想进行反思，老师赢得了尊重，孩子们修正了思维。关联思维是探究、调查、熟思、探索和钻研，以求发现新事物或对已知事物有新的理解。学生在思维过程中获得的知识，才是具有逻辑的使用价值。

因此，具有设计思维的班主任应借助实验、活动等情境关联的创设，引导学生在情节的推动中去探索；在探索中去思考；在思考中去发现。学生的学习主动性在故事设计的情节调动下得以激发。"实验关联"建立在对事物深刻的洞察和理解的基础之上，需要一些巧劲儿和敏感度，最好还能加入一些幽默感。多阅读、多走、多看、多思考可以训练实验的关联思维，包括概念之间的关联、事件之间的关联、领域之间的关联等。

同理心思维

书中的同理心思维指站在他人角度看待和理解事物，在精神和情感上与对方产生共鸣，真切体会到他人的情感和感受，并做出符合对方期望的回应的能力。

一年级的一个午后，我走进教室，发现黑板上的四线格板贴被撕成了两半。一起损坏公物的事件，也是一个让学生懂得如何爱护公物之理的好契机。

我在黑板上郑重地写上"板贴的葬礼"，之后把板贴放到投影机上，开始了一场隆重的葬礼仪式。首先播放哀乐，全班默哀一分钟；第二步，为板贴写墓志铭，让孩子们说说板贴生前的"丰功伟绩"，从而使孩子们从中知道了认识到板贴的重要价值；第三步，天堂的采访。这个旧板贴去了板贴天堂，会和它的板贴朋友们说些什么？全面还原了板贴损毁的原因；第四步，创作使用说明书。针对原因，和孩子们探讨并形成了使用板贴的注意事项；第五步，形成班级公物"生命保护公约"。由一个"板贴"到一群"公物"，孩子们总结出了公物保护的具体行为实践内容：专人负责、及时整理、不当玩具、规范使用。

面对学生破坏公物，传统思维模式是班主任找到破坏者，再讲述保护公物的基本道理。而拥有设计思维指导的班主任，就可以通过"默哀共情、写墓志铭"让孩子们知错因；"天堂采访、创作说明书"让孩子们懂得了正行为；"保护公约"的产生则可以塑造孩子们的成长性思维。

弗洛伊德说："思想乃行动之父。"我们反复做什么，我们就是什么。拥有"设计思维班的主任"成为我专业成长的坐标，班主任工作不再是从前简单的"告诉"和被告知。"设计思维班主任"是有另外一种语言的，通过这种语言，他能说服学生的心，从而引导学生自主做出有效行动，构建一个引领学生们主动的和建设性的自我成长过程。

重读《设计思维》，通过日复一日的教育实践、写作反思、阅读重构，才能日日出新的教育思维、教育行为、教育语言，才能在班主任管理创新之路上走得更远更美好。不忘初心，方得始终，会使我们终将遇到教育路上一次又一次的生命庆典。

第三节
班级管理课程背后的"同伴教育"

孩子长大以后，家长最常感叹的是什么？是孩子们忽然不再时时需要我们了，不再缠着我了，与父母之间的沟通越来越少。转而和同学说个没完没了；或者父母刚一张口，他就烦了。

其实，这种忽然不被需要的失落感班主任老师也是如此且经常遇到。比如低年级时找你黏黏糊糊、说个没完没了的宝贝们，到了中高段，你若不召见他们，学生几乎很少光顾你，大有被打入冷宫之感。这说明什么？难道孩子们不爱我们了吗？不！恰恰说明孩子们长大了。

在孩子成长的时期，他们和父母、教师等成人群体的关系开始逐渐疏远和淡化，与同龄朋友之间的关系开始填补这种社会关系的空白。这样一来，朋友之间同龄同学的关系就代替或补充了亲子关系和师生关系，为个体提供支持和帮助。这时候，班主任该怎么办？或许我们就要由"一线演员"退居为"幕后导演"了。

作为班主任，只要把握大局和方向，适时调控、培训、引导、激励，班级同伴之间互相影响、团结协作。在这样的管理体系中，学生自主性会得到充分发挥，实现了同伴教育的班级管理。根据学生的这些特点，我"导演"了一幕幕的课程，让孩子们在班级课程中领悟同伴教育的魅力。今天就以小杨为例，和大家聊聊在班级课程的外衣下，如何包裹着形式多样的同伴引领。

小杨是我们班写作业困难户。经常忘记记作业或忘记把作业本带回家。写作业时为难情绪别严重，动作磨磨蹭蹭，明明半小时可以完成的作业，他要花1个多小时。究其原因：完成作业的准备不足，时间管理和努力管理能力欠缺。遇到这样一个孩子，作为班主任的您会怎么办？

一、同伴唤醒——诵诗课程

认知决定行为，行为决定习惯。我先从树立小杨对待作业的正确认知开始。小杨生日那天，按惯例，班级晨诵的形式自然是生日诵诗。我有意选择了《时间雕刻刀》这首诗歌，把他的名字嵌入其中，再把他的照片和诗歌一起做成漂亮的课件，全班进行诵诗。我们可以想象，这样的生日诵诗，可以为一个孩子的生日带来怎样的感动？他成长的路上，又会因为这样的诗歌而添加多少诗意与坚强？而同学之间的关系，又会因这样的相互吟唱，而达到一个怎样的令人憧憬的境界呢？一次诵诗满足了一个孩子归属感与爱的需要。

朗诵之后，就进入提善言环节了，全班每人写下真诚的祝福及建议送给他。我们需要用同伴的声音，来唤醒每一首被我们选择的诗歌，唤醒学生对生命，对生活新的诠释与理解。

"读《时间雕刻刀》，发觉你像被一股不努力学习的风刮到。但是，你必须站起来，不被这股风吹倒。因为你是时间的主人，所以你要用你的时间去完成作业。完成学习任务之后再去玩耍，这样你一定能成功，我相信你。"

"你知道吗？时间是个公平公正、铁面无私的人。他给大家的时间是一样多的，你要好好珍惜。作业不是负担，是巩固你一天学到的知识；作业不是恶魔，可能是一位老师。我相信你一定可以把作业认认真真地完成，你是最棒的！你要告诉自己，振作起来，这样会让你拥有更多自信。"

"希望你以后可以用这把刀给自己雕一匹大红马，丢掉那只乌龟。你做到这些，只需要一支笔、一张纸和一颗努力的心。你列一张表格，上面填写你几点到几点做什么，每天给自己评分。一周后，只要累积分数超过一定标准，奖励自己一下。两个月后，你会发现大乌龟不见了，取而代之的是一匹骏马。加油！只要你做到两个字——自律，你就可以改掉拖拉的坏习惯。面对困难不气馁，我相信你有这个能力！加油！我们一起努力！"

同伴句句温馨的话语唤醒了小杨，让他开始重新审视自己。他在当晚暮省中改写了这首诗歌："你是被时间雕刻刀刻成了一只慢吞吞的小乌龟，乌龟的壳里，却装载着对知识的渴望。只要你变得勤奋起来，时间雕刻刀会把你变成一匹汗血宝马，乌龟壳里对知识的渴望一下子全部散发出来。你就会像宝马那样，一直在前头，自由奔跑。"

一棵树如果孤零零地生长于荒郊，即使成活也长得有些低矮甚至畸形；如果生长于森林中，则枝枝争抢水露，棵棵竞取阳光，以致参天耸立，郁郁葱葱。管理专家们将这种现象称之为"森林效应"。这"森林效应"给了我们一个很深刻的启示：在教育个别同学时，摈弃光靠班主任的"单打独斗"，而是把被教育者放到集体大环境，借助集体的力量，唤醒个别同学。也就是把"孤树"放到"大森林"，用"大森林"的环境来唤醒"孤树"，往往会取得意想不到的效果。

二、同伴共读——午读课程

小杨虽然课外知识丰富的优点难能可贵，但总是不写作业的缺点也显而易见。如何让所有同学愿意与他一组呢？那段时间的午读课程我选择了共读童书《一百条裙子》，我和学生们来探讨书中人物。孩子们的感悟很多。

"同学之间都是平等的，没有贫富贵贱之分。"

"我们要善于发现对方的优点，关爱别人，而不能去嘲笑捉弄或者歧视同学。"

"即使你深受同学欢迎，也不能以自我为中心。"

"要有正义感。当有人成绩不好，我们也不应该冷漠与歧视他。"

互相关爱，彼此尊敬的种子在午读课程中播撒在了孩子们的心田。趁热打铁，下午我就启动了分组活动。分组活动时没有人对组员提出异议，而且同学们对共读时达成的不歧视他人的班级风气继续发扬。同伴舆论就像一个"道德法庭"，让曾经排斥小杨的同伴自己做出了道义上的抉择。

同伴共读并不仅仅是要用读书识字充塞孩子们的童年时光，而是让同伴间通过阅读后的交流形成积极的班级舆论，编织出一张美丽的网，在共读分享娓娓动听的故事中，同伴间达成了有尊重、有爱心、有宽容、乐观、责任和合作……让同伴共读呵护孩子们在漫长的成长旅途中保持纯真、快乐与勇气。

三、同伴互助——啄木鸟家经济课程

在共读《一百条裙子》之后，班级完成了同质分层，异质分组。这时，同伴互助就可以开始启动了。借助班级"啄木鸟经济课程"，让同伴帮助小杨落实完成作业的行为问题。班级每组有一本《啄木鸟手册》，上面是小组每天行规考核的量化表，每做到一项，小组可以赚到10元班币。班币用于购买班级活动券或图书等礼品。每月班币最多的小组将成为金牌小组。小杨组为了在作业这项上全组不丢失班币，他们商定了帮助小杨的办法。一人每天放学前检查他的作业记录情况，监督他按要求将作业本放进书包。一人负责在家校联系本上记录小杨的在校表现，与小杨妈妈进行互动，取得家长配合。后来听小杨妈妈说，每天晚上家里都会接到一个女同学的电话，和小杨核对每项作业是否完成了，让他妈妈特别的感动。如何确保小杨愿意配合同伴的约定呢？还有一个秘密武器，针对个人，每项负责人手中每周都有一张表扬卡，颁发给最有进步的同学。集够三张表扬卡也可获得班级心愿卡一张，小杨为了可以实现周末玩电脑2小时的心愿，非常在意作业表扬卡能否得到，也就自然服从了小组的管理。

博而诺夫的教育人类学认为，"遭遇"在教育中具有特别的意义。本质上来说，教育无非就是一种相遇。但每一种相遇，都应该是一个深刻的事件，而不应该是平淡无奇的故事。同伴互助，不应是一堆制度堆砌的简单拼凑，而首先应该理解为一个心灵事件，一次冲击或一系列的冲击。制定小组目标，确定实施策略，寻找策略保障，是同伴间一系列扣人心弦的事件，与自我内在灵魂的深刻遭遇。所以，遭遇惊奇，触及灵魂，生命在场，才是同伴互助的重要特征。

四、同伴评价——仪式庆典课程

不久之后，小杨这一组就成为金牌小组。如何用好金牌小组评价结果，去激励小杨在新的起点有更大的进步，同伴的评价就显得尤为重要！仪式庆典课程常常使教室这个"生命场"充满活力。我们班的颁奖仪式极其隆重，有奥斯卡颁奖音乐，还有颁发喜报、籍园金卡；有颁奖词，还有获奖者发表感言。这是我当时为他们组撰写的颁奖词："人心齐、泰山移，团结就是力量！冠军小组必定拥有共同的目标和理想。追求、超越、勇气，是冠军小组前行的动力；感恩、信任、和谐，是冠军小组凝聚的基石。醒目的成绩离不开你们每一个人的拼搏与努力，智多星小组闪烁的是整体的智慧和光彩。你们，是最有战斗力的小组；你们，是追求超越自我的勇士；你们，书写着啄木鸟般奋进的精神！"仪式庆典的最后一个压轴环节就是评选金牌小组中的"正能量"，由全班每人写出他对你的影响，粘贴在班级"我是正能量"墙壁上。那一期小杨因作业的巨大进步被小组推选为"正能量"，墙壁上挂满了同伴对他的评价。"你作业上的进步让我充满了克服困难的勇气。""你的小组集体荣誉感值得我学习。"同伴的评价不断激励着小杨。

雅斯贝尔斯在《什么是教育》中这样理解教育："教育的本质意味着：一棵树

摇动另一棵树，一朵云推动另一朵云，一个灵魂唤醒另一个灵魂。"同伴评价恰恰体现了这一本质。一批学生唤醒一位学生，一位学生带动一批学生。

小杨的故事结束了，但我们班还有许多的课程在为孩子而绽放。在这些课程中，同伴引领并没有把教育低俗化、侏儒化、平庸化，而是把教育当成是一种常态，像呼吸一样自然。同伴教育其目的应该指向"幸福完整"，而具体实施过程，也应该是幸福完整的。同伴唤醒、同伴共读、同伴互助、同伴评价，幸福完整。

同伴教育让每个学生都感受到自由阳光的轻轻照耀，使每个学生各取所需，各尽所能，各得其宜，都得到应有的发展。通过保证每个学生的幸福，保证每个学生给自己赋予生活意义的自由，来保证民族和社会的整体利益，这才应该是我们班主任的理想追求。

第四节
我的地盘我做主——班级自主管理模式的经验总结

一、问题的提出

（一）现实依据

随着我们班主任对教育的反思，已越来越认识到小学教育以学生为主体，让学生积极主动参与，探索班级自主管理这一创造性模式，是最富有价值的一种教学策略。

1. 班主任班级管理的需要

首先，班级管理不应是老师约束学生，而是学生自我约束。现代班级教育要以学生全面发展为本，着力培养学生自主教育的意识和能力。其次，学生作为班级的主人，只有主动参与到班级管理中去才能营造。再者，也就是班级教育关键所在，就是要教育和指导学生学会自主管理班集体，使每个小学生做到既是管理的对象，又是管理的主体，达到"管，是为了不管"的目的。

2. 学生自身发展的需要

小学教育不仅要关注学生掌握的知识和技能，为以后的学习打好基础，而且应立足于促进学生的发展，为他们的终身学习、生活和工作奠定基础。因此学生的发展需要决定了自主管理能力培养的必要性。

（二）理论依据

1. 主体教育论

教育的主要目的是把符合社会和学生健康发展要求的教育影响，逐步内化为学生的自我意识，发挥他们的主体性，培养他们的主体能力。自主管理要求学生把班级目标转化为个体目标，以主人翁态度参与集体管理，从而实现教育与自我教育统一，集体与个体共同发展。

2. 动机激发论

动机激发论旨在创设一种每个人对达成集体目标做出努力的公开承诺的情境，其本质体现了一种人际关系相互作用，建立起积极的彼此依赖关系。自主管理通过共同的班级目标、管理任务分工、角色分配与轮换、集体奖励等方式实现，使每个人都感到自己对班级的贡献是班级取得成功不可缺少的，从而牢牢树立"荣辱与共""人人为人，我为人人"的共同意识。

3. 集体教育论

集体教育论的倡导者教育家马卡连柯认为：集体教育的根本特点是将学生从原来的"班级消费者"转变为"公益劳动者"，每个学生在班级中从旁观者、消费者变为集体参与和共同工作者，发挥公益的作用和加强凝聚力量的作用。每个人在班级承担一项任务，不管能力大小，都能为班级做出独特贡献，通过集体教育来发展学生。由此可见，我们的自主管理模式与集体教育原理是一致的，它也是我们的理论论据之一。

4. 促进发展论

维果茨基、皮亚杰等促进发展论的倡导者认为：儿童认知发展和社会性发展是通过同伴相互作用得以促进的。维果茨基曾指出："在儿童的发展中所有的高级心理机能都两次登台：第一次是作为集体活动、社会活动即作为心理间的机能；第二次是作为个体活动、作为儿童的内部思维方式、作为内部心理机能。"在"最近发展区"概念中，他强调教育创造着最近发展区不仅表现在教师的教之中，同时也体现在与能力较强的同学的合作之中，作为集体活动与个体活动结合的学生自主管理，通过学生内部的急诊、磋商、讨论、协调等方式，达成某个问题的共同意见与解决办法，是学生心理发展的社会关系渊源。

（三）需要解决的问题

由于学生年龄小，管理能力和自制能力都比较低，尽管有导师的指导，学生自主管理的效果还是不够理想，特别是低年级学生自主管理的难度更大。强调学生自主管理，教师管得少了，个别自我约束能力差的学生在各方面不能严格要求自己，对班干部的管理还不够理解，不服从班干部的管理，使个别班级的管理效果不够好。学生的自主管理意识增强了，但形成了小团体，不服从他人管理，或者存在不正当竞争的心态。或者还没有培养出得力的班干部，有些工作还不能放手让学生去做，部分班干部依赖性强，工作缺乏积极性和主动性。

二、实践模式的建构

（一）基本理念

我认为班级自主管理是一种自觉自愿、启发引导式的管理，它是在班主任指导下依靠学生自身的力量进行自我教育和发展的一种管理方法，其理念的核心是"以人为本"，前提是"尊重人，依靠人"。自主管理体现得越充分，学生的积极性就越高，班风学风就越好。

（二）实践模式和操作要点

讲明道理

1. 按照先入为主的规律。在开学的第一周定为常规养成教育周。向同学宣读《小学生日常行为规范》以及学校的各项要求。并根据本班的特点，增补制定适合本班的班规。以小组为单位组织学生联系实际逐一进行认真的学习、讨论。对学生进行文明礼仪、常规养成教育时，注重让学生明确怎么做，为什么要这样做，以及如何去做。使学生一进学校就在头脑中深深地打下常规、礼仪的烙印。尽管培养良好的行为习惯是一个长期的过程，不能寄希望开学的第一周、第一个月的强化教育活动就一劳永逸，但毕竟通过开学初扎扎实实的养成教育，可使学生熟悉校纪班规。多数学生能够在教师的提醒、引导下，逐渐地由"他律"发展为"自律"。

2. 在引导学生养成好习惯的同时，必要纠正不良习惯。对学生存在的问题应"晓之以理，动之以情"，注意利用课内外的一切有利时机对学生进行理想教育，良好行为习惯教育，学习方法态度指导。我利用板报、手抄报、看书、开班会、队会等各种途径，以生动的故事、真实的事例告诉学生，养成良好的行为学习习惯将会使他们终身受益，它对人的成长，发展起着不可估量的作用。

比如：写字姿势三个一，我给他们讲《眼睛的话》《胸部的苦闷》等意义深远的故事。再如：讲守信用时，我给他们讲《岩石上的小蝌蚪》的故事。又如：三个轻轻，我和他们一起讨论怎样做才是三个轻轻，它有什么好处等等，让学生明白其中的道理，给他的行为起到很大的指导作用，同时，我们还以老师的一言一行，用自己高尚的人格力量，高超的课堂教学艺术打动学生、影响学生，引起学生思想上的强烈共鸣。

规矩约束

俗话说："没有规矩，不成方圆。"开学初，我便依据《小学生守则》《小学生日常行为规范》《中小学生礼仪常规》，从学习、纪律、卫生、礼仪等几个方面制定了一套《二（6）班学生自主管理细则》，做到学生有章可循。老师、学生依据细则要求，采用加分、减分的办法记录自己一天的表现情况，每一周进行一次小结，评选出本周的"捉虫小能手"。同时，还在开学初，指导学生每人制作一只"承诺纸鹤"，写下自己本学期的想要达到的目标或自己要改正的缺点，挂在班上，让它时时提醒着自己，如果违反时，就拿下来看一看自己的话，说一说感受。就这样坚持不懈地规矩约束，有利于学生良好习惯的养成，也有利于学生自主管理能力的提高。

正视自己

通过班级教育活动，让每一个孩子正视自己的班级角色，让每一个孩子面对班级都能自信地说："我很重要！"从而提高他们参与班级自主管理的积极性，实现从他律走向自律。

本学期，我在班级围绕"六个好习惯之星评比"这一重点，展开了一系列有针对性的竞赛评比活动。它对班级里每个同学在早读、两操、课堂纪律、课间秩序、卫生值日等各方面表现进行监督评比，突出奖励班内那些言行举止文明、学习活动表现优异的同学。当孩子上课举手发言积极了、作业整洁了、学习进步了、助人为乐了、保护环境了、爱护公物了……都能获得相应的"小明星"称号，他们的照片都出现在教室后墙上的"班级亮相台"中。一学期下来，很多孩子都在亮相台中找到了自己，他们的自信心得到了增强，言行举止变得更为文明，学习也认真了不少。

发展自己："我能行"

培养班级学生学会自主管理，促进学生自身发展，实现班级管理"从自律走向自觉"。通过学生班级自主管理实践，学生人人心服口服，个个心情舒畅，每个学生都能自豪地说:"我能行! 我是真的很不错!"从而更加激发他们蓬勃向上的决心和信心。

为此要发挥班委会的核心力量。俗话说:"火车跑得快,全靠车头带。"一个好的班集体,班干部所起的作用不容忽视,其作为班级的火车头,起着"唯余马首是瞻"的作用。我马上组织班级同学自己选举班干部,要求新当选的班干部既要以身作则,身先士卒,从小事做起,从我做起;又要积极开展工作,大胆管理。刚开始时他们能力很欠缺,需要精心指导,在恰当的时候还要放权给他们管理。如:班干部有权力对班上的好人好事给予加分,给予表扬;对一些不良行为要及时用恰当的方式进行批评指正;树新风,扬正气。

班级事务人人做,自己的责任自己承担。加强自主管理,丰富班级管理角色,还应让更多的学生在集体中担任责任、服务集体。增强同学们的集体意识和班级的凝聚力,激发学生的积极性和主动性,锻炼他们的管理能力,并让他们从管理者的角色中学会管理他人、学会自我管理,使"班级的事,事事有人做;班级的人,人人有事做。"

本学期,我班除了通常的班级干部岗位外,增设了许多管理岗位。如:"领读员"负责组织班内同学进行早读;"红领巾、监督员"督促同学戴好红领巾;班级实行"岗位负责制",对班委干部、课代表和其他同学都有明确具体的岗位职责,使班级的每一扇窗、每一扇门、每一样物品、每一件工作都有负责人。例如:负责电灯的同学,教室内光线暗时及时开灯,教室内光线明亮时或室内无人时及时关灯;负责擦黑板的同学,要保证每节课前黑板和讲台的清洁,同时负责对不爱护粉笔乱涂乱写、乱扔粉笔头的同学进行教育和处罚;负责开窗户的同学,要及时开、关窗户,保证人在窗开,人走窗关……半学期下来,班级产生了一批"岗位能手",同时对部分不能胜任岗位的同学也做了适当调整。

孩子们人人有管理服务的岗位,在让他们知责任、明责任、负责任的过程中,逐步尝试让他们自我服务、自我监督、自我管理。这时候,被动的管理变成主动的管理。"他律"将转化为"自律",前进、向上的内驱力在此得到了激发。

超越自己:我还可以做得更好

通过我的疏导,实行班级学生自主管理,使每一个学生从单一的被管理者成为管理者，从自律走向自觉、自为，主动营造一股"为集体争荣誉光荣"的热潮。参与班级自主管理的学生都能自信地说："我还可以做到更好！"学生乐于自主管理，善于自主发展，能够在班级生活中充分发挥主体性并实现有效的自我超越与创新。

例如有时候课堂是孩子在开展活动的时候由于一时兴奋过度，许多孩子都有些得意忘形。好像已经忘记了讲台上的我存在。这个时候有的班干部发现了我的脸色变化，马上配合起来喊口令："请坐好！""请安静！"几声口令下来，孩子们很快静下来，坐得端端正正。不仅节省了时间，还帮我维护了在大家心中的形象，避免了我在课堂上大声喊叫或者是发脾气。又如：周五放学是我最忙的时候，那时候被家长缠着交流孩子在校的学习情况，就顾不上指导孩子打扫清洁，摆好教室的桌椅。但有好几次在我忙完过后，小班干部已经指导孩子们把教室打扫得干干净净。每次有这样的表现，我都会抓住几个"小老师""小能手"在班级大大表扬。而那些被表扬的孩子就越干越有劲，没有表扬到的孩子也铆足了劲争取老师的夸奖。这样一人行动带动几人行动，几人行动带动全班行动，整个班级的孩子都在小班干部的带动下自觉去做老师要求做到的事情。

当然，良好的自我管理能力的培养必须持之以恒，同时还要不断地根据情况的变化细化修改，使之用于调控学生的《自主管理细则》更完善、更科学。在学生实践的过程中，教师还应密切关注进展情况并对方法不断地加以指导。正是这样，在教师与学生双方的共同努力之下，增强了孩子们的主人翁意识，很多孩子的自我管理能力得到了提升，改变了以前的一些不良习惯。

（三）操作的注意事项

策略一： 1. 学生个体自我教育体系的建立。通过引导，使学生从思想上重视做人，重视学习，从行为上严格要求自己，努力实现自己的理想。2. 班级学生自主管理体系的建立。班级管理要成功必须解放学生，把班级还给学生，让班级成为培养未来社会公民的实验田，使学生成为个体精神生命发展的主人。同时解放教师，把创造力还给教师，让德育塑造人格的实质得以实现。完善学生评价体系，激励学生自主管理的主动性。通过学生中开展评优活动，为学生树立可亲、可信、可敬、可学的榜样，让他们从榜样的感人事迹和优秀品质中受到鼓舞，汲取力量。3. 学生自治组织（学生会）管理体系的建立。学生会是学生自主管理的最高权力机构，学生会成员的采取竞聘上岗的方式。

策略二：开展班级活动，挖掘学生潜能，增强班级、集体意识。学生打分，促教促学。学生每学期对班主任进行量化评分。建设班级啄木鸟文化，形成合力。开展英语达人秀、数学小能手、朗读大赛等主题班队会，搭建学生自我管理及个性特长展示的平台。

策略三：班级是学校开展教育教学和管理活动的基层组织，是一个有共同目标、领导核心、组织结构、能产生巨大教育作用的教育有机体。在班内，班主任不仅传授知识，更是在传递一种积极向上的人生态度，引领着一群青春激情、团结向上的同学们为着一个共同的理想而奋斗。

策略四：许多时候我们必须争取家长的积极配合。这就要求我们班主任必须有建立与学生家长的有效沟通体系。一是及时了解班级学生思想、学习方面的动态，二是增强了班级管理的力量。与班级里的每一个学生建立起有效的沟通体系。经常性地找学生谈话、进行个别教育，这是我们每个班主任都能够做到的。

实践模式包含的要素和所要达成的目标的关系，以及模式的突出特征。叶圣陶老先生就教学也说过一句话——"教"是为了"不教"，同样的道理，对班级管理而言——"管"是为了"不管"。那怎样才能营造一个自信、快乐、和谐、实力强大的班集体呢？

当下，强化学生的主体地位，强化学生对班集体的责任感和义务感，强化学生的主动性和创造性，让学生实现自主管理成为目前教育的重要任务。应逐步强化学生的主体意识，充分发挥学生的主体能动性，让学生以主人翁的态度参与到集体管理中，培养学生的独立性，让学生们明白不管做什么事，要想成功，都必须积极主动地实现自主管理。当然，这种自我管理必须是正面的、积极的，是正确认识自己、他人与班级的重要前提，是逐步完善各项常规管理制度，实现小组目标管理，完善班干部竞选制度，建立班务工作评价机制，使班内每个成员"人人有事做，事事有人做"的重要保障。

总之，让学生确立好自我管理目标，学会管理自己的时间，管理自己的行为，培养学生的自主管理能力，启发学生的主人翁意识，提高学生自我管理，自我教育的能力，探索培养班级学生在班级活动中的组织能力和协调能力是研究学生自主管理的主要内容。

三、成效与分析

(一)成效

1. 转变学生观念,唤醒学生主体意识。

2. 倡导"自主化"管理,培养自主管理能力。

3. 走进学生,创设自主管理氛围。

4. 家校携手,共同培养学生的自主管理能力。

5. 引导和调动全班的每一位同学,发扬主人翁精神,成为班集体管理工作的积极参与者。

6. 本着"以人为本"的理念"以法治班"的管理思想,建设和完善学生的自主管理机制,通过学生的自主管理,潜移默化地培养学生的自我教育能力,达到学生自我发展的目标。

7. 班主任实现角色的自我转变,由牧羊人到领头羊,实现班级学生的自主管理。

(二)原因分析

首先,让学生明确自尊是获得别人尊重的前提,是培养自尊自爱的人格特征。小学生的情感世界丰富而细腻,他们与成人一样希望获得老师的尊重。当"亲切""微笑""公平"成为师生共同追求的理想境界时,大家的自觉性就提高了,纪律性有了保障,班风会逐渐优良。大家在这样的环境中学生生活才会既轻松愉快,又学有所成。只有自尊自爱的人,才能获得别人的尊重。这就要求大家首先做到遵守纪律、主动学习、积极上进,把自己当成学习的主人。

其次,让学生体会自身价值的重要性。著名科学家爱因斯坦曾经说过:"在学校里和在工作中,工作最重要的动机是获得结果时的乐趣,以及对这个结果的社会价值的认识。"要让学生自觉自主地参与到教育教学活动中,引导他们懂得适应社会,需要有强烈的竞争意识和高素质的人才。

再次,激发学生自主参与班级管理的积极性,并为学生设置多种岗位,让每个学生都有机会上岗"施政"、为同学服务、锻炼自己的机会。

1. 在班级内采取班干部定期轮换制的方法,设立"值日班长",这样既可以给更多的学生提供锻炼的机会,又有利于激发学生的自主管理欲。

2. 在班级管理中建立起一套"事事有人干,人人有事干"的制度,比如:检查桌椅摆放是否整齐，检查个人卫生，检查教室卫生等，使学生在集体中找到自己的"位置"，察觉到自己是班级的小主人，从而形成责任意识。

3. 在班级上主张一个理念：人人都有一个竞争对手。让每个学生找一名水平相当的同学当自己的对手，排座位时特意将他们安排在一起，竞争对手比学习（课堂积极性，家庭作业情况等）、比思想（互帮互助，看见垃圾弯一弯腰等）、比体育（每天早上进行体育锻炼等）。

再者，教师集思广益为班级发展谋略，优化班级管理。为了使学生成为班级管理的主人，要求学生各司其职，每开展一个活动，做出一项决议都要集体讨论，在广泛听取各方面意见的情况下形成最终方案，再由班委向老师汇报。

最后，家长和老师共同努力，用自己的一言一行对学生起到良好的引导和影响。平时，有些学生家长都比较忙，很少有机会和我沟通，了解自己孩子的学习情况。因此，我们教师要多利用家访、电话交流等形式，加强与学生家长的联系，及时交换学生的有关信息，让家长积极参与对自己孩子的教育和管理，为孩子提供好的学习环境，做个好榜样，多关心孩子的学习及身心健康，与学校携手培养德、智、体、美、劳全面发展的有用人才。

第三章
创意班本课程设计，
提升学生幸福力

"没有丝毫兴趣的强制性学习，将会扼杀学生探求真理的欲望。"

——［俄］教育家乌申斯基

作为班主任，关注的不单单是学生的学科成绩或艺术修养，而是学生的整体成长状况，包括他们的具体困惑、烦恼，以及面对困难的看法等等。为了不断回应学生们的成长需要，始终聚焦于关注每一个鲜活生命的成长，笔者探索自主开发个性化的班本课程，为带过的每一个班级构建富有特色的班级文化，同时通过笔者在语文学科的专业所长，尝试在教育测查和诊断基础上，创新"语文差异作业设计"。最终，通过以班本课程为支点，以诗意童化课程、创意管理课程、智意习学课程为内容路径，帮助学生学会思考和选择，成为拥有信念、自由以及获得幸福能力的人。

第一节
班级微课程——班本课程开发的新实践

什么是"微课程"？《小学语文教师》杂志执行主编杨文华先生给出的定义是，"教师从教育实践出发，面向学生成长需要，而自主开发的一种个性化的微型课程。"

作为一名班主任，我所关注的不单单是学生的学科成绩如何，或他的艺术修养如何，而更关心他现在是不是一个快乐的小孩？学习生活中他是如何对待出现的困惑？他有烦恼吗？他对困难是什么看法？这一切更是需要我们教给成长中的孩子们。一个人一生从事什么职业或成为什么人，只是个游戏和游戏身份的不同，相比较他的身份而言，他是否是个活得安宁踏实的人更重要。

开发系列班本课程的初衷，就是让自己从关注教育的内容上抽离回来，来关注身边每一个鲜活的生命，关注他们那接受教育内容的"心"！因此我们必须是一个十分关心孩子们"心"的人，我们所进行的教育才是充满价值的。而班集体是孩子们心的外化，当孩子们心的正能量逐渐增加，班级自然充满了爱与力量的磁场。我的班级建设从人的角度出发，以"班级微课程"为抓手，立足于"自我省觉、自主管理、自我完善"的价值体系，在实践中引领每一个孩子不断成长。

哈佛大学的《幸福课》风靡全球，教授这门课的泰勒·本—沙哈尔（TalBen-Shahar）教授认为，幸福取决于人有意识的思维方式。将班本课程的着力点放在孩子"心"的本身，积极培养孩子们有意识的思维方式。持之以恒坚持下去，我相信我的孩子们一定会慢慢成为学会思考、选择，拥有信念、自由，以及获得幸福的能力的人。

一、个人微目标课程促学生自我完善

人的教育按照重要性依次为：价值观体系的建立，心理行为能力的培养，思维能力的培养，知识体系的建立。其中，价值观体系和心理行为能力，他们的联系是比较紧密的。如果用简单的话来概括的话，价值观体系是"我要成为怎么样的一个

人，我要选择怎样的生活"，心理行为能力是"我怎么成为这样的人，怎样追求我的生活"。行为微目标，无异于为学生装上一个成长导航仪，让学生始终朝向"我怎么成为这样的人，怎样追求我的生活"而努力前行。

小宇是一个生活习惯比较邋遢的学生，多次下决心要成为一个整洁有序的人，但往往三分钟热血，坚持不了几天。其实像小宇一样的学生不在少数，调查表明90%以上的学生都无法完成自己的计划，因为他们通常都制定了宏大而抽象的愿望，想要变成另一个人——努力、尽责、更有条理，然后寄希望于意志力来完成彻头彻尾的改变。但意志力是有限的，而习惯的力量是强大的，所以这些决心无法实现。

行为微目标则是要反其道而行之——让学生聚焦于做不同的事，而不是要变成不一样的人。行为微目标让学生的意志力专注于细微的行为改变，这种改变是具体而且绝对可实现的。因为这种行为改变是合理的，所以每次都有可能会成功。实践行为微目标最让人惊奇的莫过于发现这些目标一点都不"小"——根本不存在不重要的改变。学生可能无法在一夜之间变成一个整洁的人，但是他可以保证每次坐到椅子上时都把地上的垃圾捡起来。如果学生可以自觉地建立这种行为习惯，他会发现自己逐渐变得越来越整洁。

我们一起来看看小宇是如何制定他的行为微目标：

第一步，确定微目标。和小宇分析他的卫生习惯后，小宇确定以捡起地面垃圾，保持地面整洁这一微小的行为改变作为当月的目标。

第二步，明确提示。小宇要求自己只要一坐在椅子上，就低头捡起地面的垃圾。坐到椅子上是一个基于环境的提示，可以利用现有的这个习惯来触发他捡起垃圾的新行为。二者之间的联系将加速他的新行为变成自动运转的习惯。于是，坐在椅子上成为小宇的微目标的行为启动器。

第三步，体验有效。每个课间小宇都会有离开位置重新坐到椅子上的行为，由于行为微目标的连锁设计，保证了他每节课间都会坐下后立即低头捡垃圾。所以他每天都能感受到很多次由为行为微目标而带给自己地面越来越整洁的变化，继而为获得的奖赏而欢呼雀跃。那么未来的问题自然会慢慢在潜移默化的体验习惯中解决。

第四步，积极措辞。用积极措辞来构建自己的行为微目标，会使学生乐观向上，不断进取，最终改变学生的思想倾向。例如小宇行为微目标前后不同的两种表述形式："我决定坐下就低头捡垃圾"和"我决定坐下先捡起垃圾，干干净净真舒服。"我们发现，后者的积极措辞改变的不只是小宇的行为，还慢慢影响了他的思想倾向。

第五步，暗示的力量。我们都听说过"小孩是海绵"这句话，儿童比成年人更容易受到暗示的影响。短小精悍、敏锐智慧的语言有助于学生建立联想，产生暗示，即自我提示。鉴于此，小宇每次捡完地面，都会暗示自己："随手捡地面，真的好干净。"小宇成功地养成坐下就捡起地面垃圾的新习惯，打破了惰性在卫生方面对他自我完善的控制，使他做得更好，进步更迅速。

于是，在这个当月的微行为目标实施过程中，我特意安排了一个尽职尽责的同桌帮忙提醒，让他对自己的微目标行动，次次落实，做到坐下没有捡垃圾的零容忍。一个月过后，小宇的地面逐渐变得干净整洁。

行为微目标的设计宗旨是，在学生不需要付出任何意志力的状态下，去明确地改变一种自动运转的行为，重点在于做什么。每一个行为微目标的实现都会使学生精神振奋、精力充沛、信心百倍，它不断带领着学生走向更大的自我完善。其实一个非常简单的秘诀就是首先要找到一个突破口，为学生装上成长的导航仪。

二、集体小鬼当家课程促学生自主管理

19世纪英国著名哲学家斯宾塞在《教育学》一书中就提出过："记住，你管教的目的应该是培养一个会自我管理的人，而不是一个靠别人来管理的人"。那怎样才能营造一个自信、快乐、和谐、实力强大的班集体呢？"小鬼当家课程"中，班级每一位学生都是志愿者，人人有事做，人人有责任。志愿精神的核心是服务、团结的理想和共同使这个班级变得更加美好的信念，学生的内心带着这样的精神去完成自身承担的班级工作。维果茨基曾指出："在儿童的发展中所有的高级心理机能都两次登台：第一次是作为集体活动、社会活动即作为心理间的机能；第二次是作为个体活动、作为儿童的内部思维方式、作为内部心理机能。"在"最近发展区"概念中，他强调教育创造着最近发展区不仅表现在教师的教之中，同时也体现在与能力较强的同学的合作之中，作为集体活动与个体活动结合的集体自主管理，通过志愿者内部的急诊、磋商、讨论、协调等方式，达成某个问题的共同意见与解决办

法，是学生心理发展的社会关系渊源。

（一）志愿者岗位

学期初，我和学生们根据班级管理的需要，共同商定了班级自治管理必备的岗位及岗位细则。

（二）志愿者权利和义务

1. 每人每周选择一个班级服务岗位。志愿者分为固定志愿者与流动志愿者两类。

2. 志愿者上岗前仔细学习岗位职责，阅读上周志愿者的工作记录，并接受固定岗位志愿者的岗前培训。

3. 担任志愿者期间，尽职尽责完成本职工作，及时在"班级成长档案"上做好工作记录。

（三）志愿者组织和管理

1. 每周五放学前学生自主申请并在班级公务栏粘贴好自己下周志愿者岗位。

2. 将本周志愿者工作简短进行小结，发现亮点，找出不足。如有突破班级管理难题的金点子，"班级英雄榜"上直接晋升一级。

3. 每天放学后班主任检查"班级成长档案"记录情况，个别点拨。

（四）志愿者激励和表彰

1. 一周内获得五星评价的志愿者将被评为星级志愿者。

2. 连续三周被评为星级志愿者将在"班级英雄榜上"升一级。

3. 根据志愿者级别的高低，决定在班级各项活动中是否拥有优先选择权。

作为班主任，我的职责是细心指导班干部工作，及时发现学生疲劳周期。在放权、放手让学生管理班级的同时，我做得更多的是多观察，多协调，培养学生自主的管理能力。

集体教育论的倡导者教育家马卡连柯认为：集体教育的根本特点是将学生从原来的"班级消费者"转变为"公益劳动者"，每个学生在班级中从旁观者、消费者变为参与集体共同的工作，起到了公益的作用和加强凝聚力量的作用。每个人在班级承担一项任务，不管能力大小，但都能为班级做出独特的贡献，通过集体教育来发展学生。由此可见我们的"小鬼当家课程"与集体教育原理是一致的。在学生自主管理模式的创建中，班级渐渐形成了自己的制度文化链。制度规范行为；行为形成习惯；习惯培育传统；传统积淀文化；文化润泽制度。

三、完美学期课程促学生自我省觉

今天是开学第一天，我和孩子们开展了"开启完美学期"的活动课程。

首先，向孩子们提出一个大问题："你们认为怎样的学期可以称为是一个完美的学期？"孩子们开始头脑风暴。

地面亮晶晶是完美的学期

说温暖的话，做温暖的事是完美的学期

上课专心听讲是完美的学期

和同学友好相处、不吵架是完美的学期

及时做好物品的整理是完美的学期

积极运动是完美的学期

……

孩子们边说，我边画出简单图示方便记忆。根据孩子们的讨论，大家达成了一个共识，我们要遵守规则才会拥有一个完美的学期。我在工作纸上写道：我们要遵守规则。

具体该怎么做才是遵守规则呢？我们将空间分为在家和在校两部分。

在校我们将空间分为了课上和课间的两个时间段。课上的规则汇总了几个孩子的意见：老师讲课的时候我们要手停下来，眼睛看老师，耳朵用心听，身体坐端正，嘴巴要安静。因为一共是五点，我们概括成"集五福"，并且约定当称赞你是个"小福娃"的时候，一定是因为你全部做到了。课间的规则围绕整理，孩子们讨论出需要整理的个人物品和公共物品。个人物品包括：桌面课前准备、书包、柜子、水杯、衣服、红领巾、被子；公共物品包括：地面、书架、扫除工具。整理完的课间可以选择阅读或者玩耍，玩耍的规则是2级音量，友好相处。

在家又该怎么做呢？孩子们讨论后归纳为作业、运动、整理三部分。作业要根据"全科任务单"，回家后马上先写作业；运动要坚持跳绳3组，每组1分钟；整理包括文具盒要有5支以上削好的铅笔、1块4B橡皮、1把直尺，书包睡前做好整理，书桌物品摆放整齐。

最后是交流遵守这些规则对我们有什么意义呢？小组讨论后，孩子们意识到这些规则可以帮助我们身体更加健康，学业更加优秀，生活更加快乐。

在师生共同讨论中，班级新学期的规则跃然纸上。这不是老师单方面的规定，而是和孩子们共同商讨后形成的约定。形成后，我们邀请了几位学生逐条进行大声朗读，确保每一位孩子都理解并知晓我们的约定。之后我们又创设了几个不同的情境，通过戏剧表演的形式，让孩子们将规则在实践中内化。

开学第一天，师生一起完成了"开启完美学期"的活动，通过约定，形成了班级的共识。接下来的日子就是把这些班级约定整理形成可视化图片，挂在班级最鲜明的位置，然后全体孩子集体签名，共同承诺遵守。而且我们要每日带领孩子们及时反思，认真做好执行情况的监督和反馈。对于违反规则的孩子给予帮助和支持，陪伴他们一起寻找问题行为背后的原因。对于遵守规则的孩子，要多多去鼓励。然后通过不断地实践内化，促进学生自我省觉。

行走在班级微课程建设的路上，通过每个课程中一次次的师生、生生互动，为全班打开了一个共同编织精神生活的通道。因为我们首先是从人的角度出发，思考这个课程是否符合孩子们的心理发展规律，是否体现了育人为本。其次，目标明确，是针对某类特定年级、特定学生类型、特定问题的解决方案，可以在相同条件下的班级中被复制、推广。第三是形成了系统的活动方案。每一个活动方案有明确的适用范围、适用对象、适合解决的问题，它不是包治百病。第四是优秀的班本课程实施后有成功转化学生的案例。

如同席慕蓉在《无怨的青春》中所写："长大了之后，你才会知道，在蓦然回首的一刹那，没有怨恨的青春，才会了无遗憾，如山岗上那轮静静的满月。"我们班的班级微课程本身是具象化和可视化，在实践中引领每一个孩子不断成长。

第二节
班本课程的介绍与特色案例分析

"我的班级就是一根扁担，它一头挑着课程，一头挑着生命。"一个班本课程，如果能够影响几个学生的生命，真正走进学生的心灵，真正地成为学生生命中的"贵人"，这个课程就非常有价值了。为了学生的幸福成长，我经过不断"摸索"，探索了一套适合班级学生的特色课程，也见证着一个个小生命的成长，而这也许就是我做班主任的一种幸福吧！

班级文化课程

我带的每一个班级都会积极构建富有个性化的、有特色的班级文化。班级命名很重要，这意味着一个全新的生命，一段长长的旅程；意味着我们的意愿和目标；意味着我们都要为这个名字负责。要让班名得到所有学生的认可、喜欢，就要让班名有生命力，班名有故事。

开学初，星蓉同学一边交班徽设计图，一边在我耳边轻声说："老师，让我们自己来设计班徽真好，我们很喜欢这个活动。"这是上午始业教育前的一幕，我一共收到了 28 张班徽设计图。每一张设计图都由班名、班徽、设计说明、班级口号、班级愿景、班级精神等几部分组成，是由学生们自由组队设计完成的。然后每组的小设计师就设计理念与全班交流后，大家小组商议，最后锁定了群星班和三叶草班。再由这两组设计师进行最后的阐述拉票，最后全班举手表决，群星班获胜。从自行设计到表达设计意图再到全班商议，充分让学生们体验到了小鬼当家的感觉，把自主权、管理权还给学生，学生们会比我们想象的能干。

群星班的设计备受大家推崇，是因为它强调了让每个人的个性闪闪发光，成为最好的自己。经过近一周的反复修改，新的特色班班名、班徽、班级口号、班级精神终于在全体师生的努力下于开学第一周敲定下来。下午全体学生掌声通过的一刻，忽然有一种孕育了生命的感觉。因为只有我们全班知道，这一切凝结了我们多少的智慧与汗水，也饱含了多少我们共同的期望。我想，这样的特色班诞生过程才会折射出应有更强大的凝聚力。从人人参与上交设计图到全班海选，从开始笼统地设计说明到全班一起逐字逐句勾画我们的蓝图，曲曲折折，百转千回，但如此大的参与面却让更多的学生拥有了一种主人翁的意识，也对班级共同努力的方向有了清晰的认识并愿意为之努力。群星班，一个富有朝气的集体，真好！一起来欣赏一下吧。

班名：群星班

班徽：群星班是由 46 颗璀璨的星星汇聚而成。每人都是班级一颗闪耀的星。每颗星的独特之处在这里被尊重，每颗星的闪亮之处在这里被欣赏。每颗星都努力让自己闪出耀眼的光芒，乐于把光芒与集体分享。你闪亮，我闪亮，大家齐闪亮，群星璀璨是班级共同的志向。

班级口号：你闪亮，我闪亮，群星璀璨放光芒。

班级精神：做最闪亮的自己，创群星闪耀的班级。

班级愿景：让每个学生成为一颗充满自信、乐于努力、善于分享的闪亮之星。

班歌：《努力》

"你们有班歌吗？"我们班的朱昱颖常常会自豪地问校合唱团的队友，在他们的心中，班级文化已成为学习生活中不可缺少的部分。当班级建设的总体目标如此清晰之后，我们便可从容地着手去建设我们的集体。

影视赏析课程

我曾组织学生们召开《走进成龙》系列主题班会课。学生们搜集成龙的成长经历、练功经历、受伤经历，挖掘出成龙值得学习的吃苦耐劳、勇敢、坚持不懈、敬业、有责任感、爱国、乐于慈善等多种优秀品质。之后我带学生们去电影院观影《十二生肖》，观影后向学生们渗透科尔伯格的三层次六境界道德图谱。

一位学生在日记中这样写道："成龙有一种令人敬佩的精神，那就是不放弃，大无畏，他拍戏从来都不用替身。在《龙兄虎弟》中，他在一座山上正表演着一个环节的内容，不料头却重重地撞在了石头上，当场挂彩，鲜血不断地流出。但成龙凭着坚强的毅力在一段时间的休养后，马上投入了拍摄工作。他让我的心中充满了正能量。现在的游泳课，我不再像以前那样畏手畏脚了，开始勇敢地尝试憋气，我相信只要像他一样不放弃，我一定会学会的！"

观看前，向学生讲明要求，并通过"提问题""设置悬念""介绍影片梗概""谈影片拍摄背景"等，激发学生的观看兴趣，提高观看效果。观影后引导学生回味影片精彩情节和印象深刻之处，进行表演、复述或交流观后体会等，及时辅导学生撰写观后感，并在全班开展影评活动。我们的宗旨是："让学生在最好的年纪，遇上最经典的电影和最优秀的导师！"

励志歌曲课程

励志是一种外在的激励，是指从主观上认同一种价值观，确立明确的目标，然后才能产生内动力，使人积极，意志坚定。励志既有时刻提醒你保持方向的意思，也有鼓励奋进的作用。我们都知道音乐的熏陶能令人的情感世界更加丰富且美丽，培养出完整健康的审美观和生活情趣以及观察、思考的能力等。励志歌曲就是听到之后让学生热血沸腾，让学生振奋，让学生勇于挑战困难，激发学生体内积极向上精神的歌曲。

励志歌曲的歌词内容一般都是积极向上的，有的也是作词者亲身经历或目睹的故事，都是发生在生活中的感悟和总结，由此写出来的歌曲就能引起许多学生的共鸣，容易在广大学生中传唱励志。有些励志音乐在我们最失意的时候陪伴着我们成长，因为经典励志歌曲它有一股力量，它注入我们的血液，全身充满力量。同时欣赏音乐可以消除大脑的高度紧张和疲劳，使大脑各部分的兴奋和抑制有序交替地出现，就会很好地调动学习的兴趣与动力，同时可以宣泄情感，使心理得到平衡。

对于长期处于紧张学习状态的学生来说，适当地欣赏音乐可以使精神饱满，活力旺盛，而且通过欣赏音乐可以培养人的气质和风度，保持鲜明的个性，形成完美的人格。我们唱过的励志歌曲有：《异想天开》《阳光总在风雨后》《真心英雄》《我相信》《相亲相爱》《我的未来不是梦》《飞得更高》……

仪式庆典课程

仪式究竟是什么？我在一次次的实践与思索中清楚地认识到：仪式是一种庄严神圣的氛围，一场内涵丰富的活动，一次意义深远的庆典！一个个与众不同的日子，一段段刻骨铭心的记忆……仪式可以主题不同，形式不同，但是其中的灵魂总是相通的，那就是我们所努力营造和朝向的文化品质。我们开始认识到：仪式作为一种文化或者说文化象征，具有特别重要的作用，它可以使一些我们所经历的看似普通的事件，被赋予一种别有深意的甚至是无法言说的意义，直至触及人的心灵。

　　岁末的最后一天，我和学生们举行了"告别坏习惯"的仪式。上课伊始，我给每个学生发了一张白纸，请学生们把自己最想抛弃的坏习惯写在纸上。学生们不假思索，奋笔疾书，可见他们对自己是有一定深层次的认知，已经可以由他律转向自律了。沙沙的书写声在教室回荡，仿佛学生们要与自己恨之入骨的坏习惯彻底决裂。少卿过了一会，看全班学生基本上完成了书写。我便请学生们把这张纸用力地揉皱，想象自己身体里的所有坏习惯都被揉进了这张纸里。瞧！那一双双小手，揉、捏、挤、搓，"十八般武艺"都来了，还觉得不过瘾，有几个学生还把纸团放在脚下，踩了又踩，大有让这些缺点永世不得超生的架势。一番折腾之后，我觉得学生们心里的压力释放得差不多了，用虔诚的态度对学生们讲："亲爱的宝贝们，你们把纸团放在掌心，双手合十，心里默念坏习惯再见了！"学生们静静地完成这个仪式之后，我拿出了一个纸箱，请学生们按照小组的顺序轮流上台，郑重地把这个纸团扔到纸箱里，也就意味着让这些坏习惯与自己永别了。学生们迫不及待地奔向那个箱子，使出全身力气扔出纸团，扔完的每个学生都如释重负般地微笑着回到自己的位置。学生们扔完之后，我告诉他们："我会把这个箱子牢牢地封住，让这些纸团永远都跑不出来。"学生们坚定地点点头。告别了坏习惯，接下来的日子我们该给自己树立怎样的新目标呢？我请学生们拿出《心灵日记》，写下最想对自己说的话。

　　我们班会在学生成长之路上不断给予他们一个个郑重的仪式，一个个特色的庆典，确保他们能拥有童趣、幸福的童年。每个学期开学的第一天，我都会为学生们举行一个隆重的班级开班仪式，传达出作为全班师生的一种文化及理念：我们注重什么，提倡什么。我的班级会用自己别具一格的仪式，将我们共同的理念铭刻在第一天，然后是铭刻在今后的每一个日子。当学期中学生们在不同阶段取得不同成绩的时候，我还会为他们送上颁奖词，举行隆重的颁奖典礼，送上颁奖词，为每一个闪亮的生命行为颁奖。

书写成长课程

　　学期初，我会选择一本精致漂亮的日记本，美其名曰《班级成长绿皮书》，请全班学生按学号每人每天轮流书写班级当天发生的一些事件，包括对事件发生时的情景再现及自己的感想、反思等。

我希望学生们通过反复交互地书写班级新鲜事，彼此理解，并在不断的自我反思中加深对班集体的认同，将班级每一位学生凝聚起来，冲破个人主义屏障，打破人与人之间相互隔离的状态，恢复班级生活的整体性与人与人之间的联系，从而不断地创造班级新的更加美好的未来。同时通过阅读学生们的记录，作为班主任，我能更加清楚地了解到一些我不在学生们身边的时间里，发生了一些什么事情，可以对班级的动态进行更好的把握。

下午最后一节课，我以陈羿汝的记录为例，引导学生学会如何选择班级当天发生的典型事件进行记录，如何写出自己的思考。首先学生们集思广益，列出今天自己认为可以记录到成长绿皮书中的事件。学生们说到了午餐新变化、音乐课伤眼事件、别样英语课、午餐排队挨罚记、阅读与成绩规律图等事例。在列举每个事件的过程中，我请学生把事件的来龙去脉进行清楚、完整、客观的表述，意在给接下来记录的学生做示范。第二步，我们分类反思，哪些是班级的正能量，哪些是需要改进的地方。学生们说到了珍惜粮食、对英语学习充满热情、午读极其安静等，无形中全班对正能量的行为进行了价值认同，同时也提到了排队不够自觉，开玩笑要把握好尺度、阅读还需要更加深入等需要共勉的地方。最后由当天记录员朱川磊同学来阐述如何安排以上事件的详略，按照怎样的顺序来记录。

《班级成长绿皮书》的一次次互动，就为全班打开了一个共同编织精神生活的通道，今后在实施过程中，还将对此书的使用进行不断的完善，使其功能得到最大的发挥。

情绪整理课程

早上的自主晨会时间，我和孩子们一起做了分享。首先我来做表情，孩子们通过看表情来猜测我的情绪是什么？我的各种表情引得孩子们哈哈大笑，对于表情背后传递出的情绪也基本猜得八九不离十。而从一些孩子的回答，我似乎也能捕捉到他们内心的想法。例如小翔说："这个表情可能是没有得到老师的表扬而感到生气了。"说明小翔非常在乎老师的肯定，这使我不禁开始反思自己对他的肯定是否足够。

在认识情绪的过程中，我重点讲了孩子们常见的却又不大理解的嫉妒、多疑、厌恶这三种情绪。先是列举了生活中的例子来帮助孩子们理解这三种情绪，再结合班级之前发生的一些事件，邀请事件中带有这三种情绪的孩子来谈谈此时的想法。例如嫉妒：这次考试王聪比我好。原来的想法：有什么了不起，他没有我聪明。如果你是小乔，你觉得怎样想才是对的？小乔说："我只要努力，会和王聪一样聪明。"同学们也建议小乔改为："祝贺你，向你学习，一起加油！"

那么我们有了不良的情绪，该怎样去调节它呢？我和孩子们讨论出了恰当的做法是：哭、运动、找人倾诉、唱歌、娱乐、阅读等。偶尔可以用的方法是：睡觉、美食。最不可取的发泄情绪的方法是：狂哭、狂睡、狂吃、生闷气、扔东西、打架。

最后我们一起学习了三种具体的情绪整理方法。1. 转移法：把不开心的感觉转移到别的东西上去。例如自己考试考得不好，很不快乐，那就想想上个周末全班去郊游的事情，或者想想昨天老师表扬自己勤奋学习的时刻。这时，我们会变得快乐，积极起来！2. 呼吸调节法：当自己觉得很不开心的时候，闭上眼睛，深吸气，然后把气慢慢放出来，再深吸气……如此持续几个循环。你会发现自己呼吸变得平稳，整个人也平静下来了！3. 表情调节法：当自己不开心的时候，到镜子面前对着自己扮鬼脸。你会发现自己也可以逗自己笑，笑起来的自己其实也很可爱，不开心的情绪也就不见啦。

小鬼当家课程

苏霍姆林斯基曾说过："真正的教育是启发寻求自我教育的教育。"我们班所追求的自我教育，就是充分调动学生的内部动力，发挥其主观能动性，让学生自觉地进行自我锻炼和修养，对自己的品德表现进行自我认识，自我督促，自我克制，自我改正，从而形成良好的品德行为。实践证明：班级运行的"小鬼当家课程"是一种行之有效的管理方法。"小鬼当家课程"采用的是个人自我管理和集体自我管理双轨并行的管理模式。个人自我管理做到制度明细，集体自我管理结合经济课程做到管理精细。

个人自我管理的课程策略是目标激励。分为"制定目标—自我执行—自我反思"三个步骤。第一步：利用周末的闲暇时间，家长和学生采用家庭会议的方式，依据学生《班级行动手册》一周的表现记录，引导发现学生自身的不足，共同制定学生下周需要努力的目标。并以文字描述的形式记录在"个人目标管理小手册"上。确定目标后，家长和学生探讨完成这一目标的行动策略是什么？可以寻求协助的资源与人有哪些？一周后，根据目标的达成情况该如何奖惩自己？第二步：在"个人目标管理小手册"上一共设有周一到周五评价的五栏，每天整理课前一分钟，学生们会静静地反思自己当天目标的达成情况并做好记录。下一周的晨会前，四人小组进行评议，对每一位组员目标的达成情况做出评价。我会在"总评"一栏进行目标达成与否的最后认定。如果学生本周没有完成该目标，下周要继续朝这个目标努力。第三步：每周周一的班会课上，我会轮流邀请学生进行经验交流。比如你认为我能实现目标的理由是什么？通过这次目标的实现，你我学习到了些什么？你对这一计划的合理性感觉如何？以达到榜样激励的作用。

集体自我管理构建"班主任助理—班级部长—组长"的金字塔式管理链条。为培养学生的责任心、管理能力，从小培养学生的理财意识，集体自我管理采用经济制度模式。我在开学第一天便给学生们一份工作清单，上面有课代表等各种职业以及工作说明。每一份工作的薪资都有些微差异。每个学生都必须在开学日申请一份工作。有工作，就有月薪。他们必须存钱来支付使用课桌椅的费用。学生做额外工作或参加各级比赛获奖，就可以领取奖金；反之，如果他们没做事或偷懒，就会被罚款。每位部长每天负责监督本部门班干部的执行情况。由行长负责登记学生存款，财务总监负责登记学生取款，审计总监负责每月核对学生存款余额并公布个人财富榜。在运作的过程中，我的学生很快就发现了，如果遵守规则、勤奋学习，他们就会变得越来越富有，在学生变得越来越富有的同时，慢慢地，他们就体味到了这些优秀管理模式的魅力所在。

班级成长课程

"班级成长课程"就是以班级为课程实施的载体，以班级的实际情况为前提，以满足班级学生发展需求为宗旨的课程。班会是我班班级成长课程实施的主阵地。每周一次的班会课是我的"自留地"，也是实施班级成长课程的主阵地。班会课在班级成长课程中占有特别突出的地位，除了学校或年级有统一安排之外——我将其全部用于保障课程的实施。学期之初，我会结合自己班的建设在调查讨论的基础上把一学期班会课内容安排出来，这就减少了安排的随意性，有效地提高了班会课的价值。例如我们班曾开展的班级成长课程《护绿行动》。

开学第一天，学生们按照我的布置带来了自己的一盆绿色植物。课上，我们班举办了一场隆重的开班典礼。其中有这样一个环节"我与种子共成长"。我先和学生们共同分享了一首小诗《新新的》，为学生营造一种张开了眼的全新之感。接着，我和学生们分享了植物也是有情感的故事及科学研究的一些成果。顷刻间，每个学生面对桌上的这盆植物，神圣感油然而生。我请学生们闭上眼睛，对着自己的植物说会自己的心里话，这些有生命灵性的植物都会感应到的。因为有了前面故事的铺垫，学生们对植物是有感情的深信不疑，开始了心灵世界的沟通。一分钟……两分钟……五分钟过去了。教室里静得连呼吸都显得那么大动静。看着学生们那张张真诚的小脸，你会感受到学生的世界是多么的澄澈而透明。当仪式结束后，我让学生郑重地对着自己的植物许下本学期自己的心愿。他们的心愿会随着这些植物一起长大，开花、结果。

接下来的日子里，护绿行动成了班级一道亮丽的风景线。当天学生们的成长日记中都选择了这个仪式记录下来，可见，学生们把这当成了一天中最有意义的事情。阳光灿烂的日子，走廊里都是在给自己植物进行日光浴的可爱的学生们。浇水、松土、除草、施肥，忙得不亦乐乎。随之而来的是很多花草在学生们过度的照顾下，根有些松动或者水分过足了。面对新问题，我们班利用班会课，开展了"专业园丁"评比活动。每个学生通过查找资料，了解并记录自己所养植物的名称、种类、养护注意事项等，让学生们科学地照顾这些植物，同时了解一些科学知识。光合作用、叶绿素不再是学生们陌生的词汇了。学生们在交流这些活动心得的时候，也讲述了自己的一些感受。比如联想到父母养育自己的不易，懂得科学的重要性，要善于观察等等。植物在学生们的呵护下一天天健康地成长，希望学生们的梦想随着这些植物一天天地成长，最终梦想成真。

几周后，学生们期待已久的护绿行动分享活动开始了。课前，学生们进行了精心的准备，查找关于自己植物的一些基本常识。上课了，每盆植物摆在了学生们的桌上。一分钟的沉默，悄悄话时间，学生们又开始了和植物叙旧。接下来以四人为单位进行交流，再小组推荐进行全班汇报。小组交流时，思想经常游离课堂之外的郑贤辉今天却意外地认真，小家伙不停地招手叫我，让我去看看他的风信子。他自豪地说："老师，您看，我的风信子居然开出了两种颜色的花。"看着他的兴奋劲，我知道我等到了唤醒他的一个机会。我也特别仔细地端详着他的花，不住点头称赞。集体交流的时候我把他请到了讲台前，他很开心地介绍自己花的奇迹。借此机会，我请班级中所有养风信子的同学捧着自己的花都来到讲台上，全班同学一起观察有什么不一样。同学们总结出风信子可以开出五种颜色的花等等。有意思的是朱川磊和郑贤辉的花都开出了两种颜色，但是川磊的花型号上足足比贤辉的小了一圈。我问大家有什么发现吗？方歆焯大声地说："我知道了，一个是养在土里，一个是养在水里，不一样的。"我说："是啊，就像我们，成长在不同的集体，养分是不一样的，你们想把我们的班变成土还是水呢？""水里。"学生们异口同声地回答。学生们领会了我的用意。随即，我们召开了班会课《做一名积极向上的水分子》。

在护绿行动的过程中，每一节班会课都有很多的精彩，护绿行动带给了我和学生们太多的惊喜，也许这就是课程的魅力。

家长共建课程

每一位学生家长都来自不同的行业，从事着不同的职业，其中还不乏行业的精英、道德的模范，有着丰富的人生阅历、广泛的兴趣爱好、特色绝活，这是每一位学生身边最宝贵的资源。为了让学生们近距离地接触生活、亲近生活、感受生活，获得更多的课外知识，拓宽视野，在学习中理解生活的真谛，养成良好的品德，邀请每一位学生家长走进我们的课堂。

例如群星班家长大讲坛第三讲开讲啦！在蔡歆禾爸爸的联系下，温州职业技术学院团委副书记刘海明，团委干事王涟，工商管理系辅导员老师林景带队，带领来自温职院工商管理系酒店专业的礼仪队员们，为五（6）班带来了一堂精彩的礼仪课。在礼仪队队长沈增渔的带领下，队员们分别针对站姿、坐姿、蹲姿、微笑以及鞠躬等姿态开展了一堂礼仪展示课程。通过此次活动，学生们懂得了真正甜美的微笑是发自内心的，自然大方，真实亲切的。要与对方保持正视的微笑，有胆量正视对方，接受对方的目光，微笑要贯穿礼仪行为的整个过程。

我们班还定期召开家长读书沙龙活动。第一期沙龙主讲人兼主持人是温州大学国际合作学院副院长包含丽女士。内容分享的是沙拉的《特别狠心特别爱》。包含丽女士认为："我觉得社会教育的核心是家庭教育，家庭教育是社会教育的重中之重，只有家庭教育搞好了，社会教育才能搞得好。如果大家更重视比如说学校的教育，在其他社会环境的教育，如果家庭教育搞不好，我想教育会出很大的问题。文化就是人，环境就是人，有什么样的家风就会培养出什么样的人。"在包老师的引领下，大家畅所欲言，探讨沙拉很多非常好的观点和方法。

学校德育工作实践不被人认可的原因有很多，让家长走进课堂，用他们的经历和经验同学生交流，可避免学校教师德育的空洞说教，能大大激发学生的学习兴趣。让家长走上讲台，一定程度上可让家长意识到自己对学生成长的重要性。他们发现，学生的教育不只是学校的责任，尤其是学生的道德品行更与家庭教育息息相关。通过融入学校生活，家长逐渐理解了学校的办学思想，了解了老师工作的繁杂，必然会更加支持老师与学校，会在家庭教育中加强对学生的引导，从而提高德育的效果。

学校邀请家长走进课堂，对包括自己学生在内的学生进行德育教育，不是随意安排内容，其教育主题是经过精心挑选的，主要针对本班学生品行、言论中需要解决的问题进行教育，或者根据相关学生年龄阶段所需德育知识和道德判断能力进行教育。家长进课堂为社会教育与学校教育的整合带来了契机，能使家长把德育信息带到家庭中和社会上，从而提高德育的社会整合。

日本教育家佐藤把课程分为两种类型："攀岩课程"和"阶梯课程"。班集体建设课程是由教师和学生共同创建的课程，属于"攀岩课程"的类型。它的特点是以大主题为中心的一系列学习路径。"攀岩课程"在实施中，由于其开放性，鼓励学生通过各种方式的探索和体验来到达目的地。尽管有些学生因其不同的学习能力而没有达到顶峰，但他们参与了课程的实施过程，并增强了经验，这就是实际收获。

课程，让我们的孩子与人类崇高精神对话；课程让每个孩子都有自己的梦，都有一种挑战自我的勇气，一种超越自我的精神；课程，让孩子们不断地感受成功，从而不断地相信自我，不断地挑战自我，从一个成功走向另一个成功。

第三节
新课程背景下的语文差异作业设计

从教育心理学角度看，学生的身心发展由于先天禀赋以及后天诸多因素的影响存在着差异。多元智能理论、发展性理论以及新课程的实施，都要求语文教师要根据学生不同的语文能力布置不同的作业，增加作业的差异性，让每位学生都能体验到成功的喜悦。

长期以来，教师在语文作业的布置上，只是根据个人的观察和经验，对学生的学习情况做一般的推测，语文作业的形式往往局限于再现式的范畴内，极大地限制了学生学习活动的空间和语文素养的提高，更重要的是制约了学生的个性化发展。

新课程背景下，教师布置怎样的语文作业，才能使不同能力的学生都获得该有的进步呢？一是了解学生一定时期内语文学习的基础状况与学习目标之间存在的共性差异和个性差异，并以此作为设计语文差异作业的目标；二是了解学生对当前语文作业形式的需要和兴趣，以此作为使作业目标达到明晰化的根据。结合实践，我想谈谈自己在语文差异作业设计中的一些做法。

一、依据课标，科学测查

为了解学生当前语文学习的基础状况与语文学习目标之间存在的差异，我们可以充分发挥评价的监控、导向、激励、促发展的功能，以教材为凭借，以学生差异为出发点，依据课标，通过科学测查，确定学生的"最近发展区"。引导不同的学生都适度地"跳一跳"，增加作业设计的弹性。依据《课程标准》，对学生进行科学性的测查要遵循以下原则。

（一）测查内容源于新课标，全面评价学生的语文素养

《语文课程标准》（以下简称《课标》）要求评价既要关注"三维目标"，又要落实"五大板块"；既要注重书本知识的学习，又要注重课外知识的积累，从而全面评价学生的语文素养。

1.落实"三维目标"。《课标》要求从"知识与能力""过程与方法""情感与价值观"三方面进行全面评价。因此，隐性目标要现实化，就必须渗透于显性目标的考察之中。如："读了短文，提出你发现的最有价值的问题。""短文中哪些词语、句子能引起你的注意，如果在平时，你会摘抄些什么？"这样的测查关注了学生情感态度和价值观。

2.渗透综合性学习。《课标》从全面培养和提高学生的语文素养出发，设置了识字、写字、阅读、习作、口语交际和综合性学习五大板块。为此，应增加"口语交际"与"综合性学习"两方面的客观测查内容。如：我们学习了许多关于环保的文章，请你发挥聪明才智，设计一份"保护母亲河"的规划。

3.衔接课内与课外。《课标》强调扩大学生的阅读面，增加阅读量，倡导"多读书、好读书、读好书"。为此，测查内容要延伸到课外，促使学生学会观察、学会思维、学会表达、学会生活、学会做人。如："滚滚长江东逝水，浪花淘尽英雄……"是根据古代长篇小说_____创作的电视剧主题歌歌词。小说中塑造的人物有"桃园三结义"的_____、_____、_____。

4.传播乡土文化。《课标》指出：中华民族文化丰厚博大，吸取民族的文化智慧、感受汉语言文字的无穷奥妙是语文肩负的使命。为此，测查要着力于实现传播民族文化的新功能。如：学校举办以"保护温瑞塘河"为主题的公益广告词征集活动，你拟定的广告词是_____。

（二）测查的形式要灵活多样，体现评价促发展的功能

《语文课程标准》要求测查要富有生气和活力。测查形式的设计活泼新颖，体现趣味性；语言亲切生动，融入人文性；设置情感体验，注重实践性；增加开放性测查，张扬学生个性；提供自主选择，关注差异性；倡导学生自评，实施评价多元化。

二、望闻问切，综合诊断

"语文差异作业设计"是建立在教育测查和诊断基础上的作业设计策略。教育临床诊断是差异性作业设计的前提，没有临床诊断，就无法在真正意义上实施有差异的作业设计。教育临床诊断主要是指"运用心理学、教育学等理论和方法技术对

测查和诊断学生个体内和个体间的差异和教育上的不同需求，找到学生的优势和不足，为他们制定特定的教育计划，促进其发展"。

（一）"望"：对教材一个单元内学生的课堂回答、书面作业、课外阅读、单元试卷等测查记录进行分析、诊断，掌握学生近期语文的学习动机、学习情绪、学习行为等基本情况。针对学生存在的共性差异和个性差异，拟定下个阶段班级语文差异作业所要达到的基本目标。

（二）"闻"：就是在教材单元内容的学习过程中，教师要注意挖掘学生语文学习能力的个性差异，通过量化的记录来了解每位学生知识掌握的程度，确定每位学生的"最近发展区"，思考如何进一步通过语文作业的导向作用，引导学生从此岸向彼岸靠近。具体来说，一是闻全体：上个阶段的养成性作业是否达成了这一阶段语文作业设计的基本目标。二是闻个别：这也是对学生语文学习个性差异的一种诊断，教师要善于发现测查中体现出的每一位学生的闪光点和不足，然后加以循循诱导，使每位学生明确自己下一个阶段语文作业的侧重点。

（三）"问"：俄国教育家乌申斯基指出："没有丝毫兴趣的强制性学习，将会扼杀学生探求真理的欲望。"因此，我经常以调查问卷或个别谈话的形式，了解学生喜欢的作业形式。要注意几点"问"的技巧：第一，询问的结果要对作业形式具有启发性。如：对于书写暂时落后的学生，可以问："什么情况下你觉得写字最有乐趣？"第二，询问的结果要对完成作业的目标具有导向性。如：对于这段时间的语文学习，你觉得自己哪些方面还需要努力？第三，询问对象要具有广泛性和代表性。教师对学生的语文学习情况进行调查诊断时，不能偏爱询问语文学习中一个方面有困难的学生，而应该有意无意地询问多方面学习有困难的学生，要善于发现他们的兴趣点，使这些学生意识到老师在时刻关心着自己的学习，对于老师提供的作业指导有足够的信任。

（四）"切"：在语文作业设计过程中，教师要注意切对学生的"闻"与"问"。从切"闻"的方面来说，就是要求教师善于诊断学生在语文学习道路上遇到哪个方面的困难，则提供哪方面的作业内容。而切"问"呢，是要求老师能诊断出学生喜欢怎样的作业形式，从而激发学生写作业的兴趣。总而言之，在教师对学生语文学习进行综合诊断的过程中，"望、闻、问、切"不是单独存在的，而是整体存在的，它们之间的关系是互为联系互为补充的，正确掌握并运用它们，定能使我们的语文差异作业充满科学性，学生某方面的语文学习困难得到解决。

三、确诊不足，配方作业

教师在布置语文作业时，一定要重视学生在教育诊断中体现出的个体差异，体现学生的主体地位，使作业有一定的差异性和发挥性，便于学生针对自己的不足，通过自己喜欢的或者擅长的方式弥补自己的不足。

通过对学生语文学习情况、学生作业需要的诊断，以及小学生的心理特点，我将语文差异作业设置为既兼顾整体的共性差异，又照顾个体个性差异的——"养成性作业＋配方制作业"。

（一）养成性作业——"读书心得"

苏霍姆林斯基说："必须教会少年阅读。能够在阅读的同时进行思考和在思考的同时进行阅读的学生，就不会在学业上落后。"因此，我根据大多数学生喜欢读课外书，喜欢交流读书心得的学情，设计了全班性的养成性常规作业——"读书心得"。学生每天抽出约半个小时的时间读课外书。我让学生找一本自己喜欢的书，我在书的扉页写上一句鼓励的话："让阅读成为你的一种生活方式""书是人类的食粮""黑发不知勤学早，白首方悔读书迟"等等，然后写上要求："每天读半个小时"或者"每天读 5 页"，签上我的名字和日期，每周开一次班级读书交流会，抽查一次读书的情况。

"播种习惯，收获性格；播种性格，收获命运。""我爱阅读"养成性作业有利于学生养成良好的读书习惯。读书习惯的习得与养成是孩子受用一生的奠基性工程。

（二）配方制作业——"我爱 A、B、C"

以教材的单元内容为单位，根据学生在教育测查中的差异性，教师确定出学生语文学习的最近发展区。例如，有的学生在字词的识记方面出现问题；有的学生在阅读理解方面出现困难；还有的学生在习作方面比较薄弱等等。根据学生的差异，教师科学地布置配方作业，引导学生根据自身的具体情况，有针对性、目标明确地完成 A 类、B 类或者 C 类作业。

同时，根据小学生的心理特点，在不同类型的配方制作业中，教师还要设计不同的作业形式，以激发学生完成作业的兴趣。

1.A 类作业：根据教师对学生语文学习能力进行的阶段性个体差异诊断结果，对于字词等基础知识学习有困难的学生选择完成 A 类作业。其中包括以下三种作业形式。

（1）趣味语文

兴趣是最好的老师。在节假日时，教师可以布置学生和父母逛街的时候，记录大街上的一些广告语，商店名……"逛街学语文"让语文回归原生态，让语文成为生活，使学生感到亲切。

（2）组词成文

低年级的小学生，想象具有模仿、简单再现的特点。随着年龄的增长，到中高年级，他们对具体形象的依赖性会越来越小，创造想象开始发展起来。因此，教师可以布置学生把课文中需要识记的词组，编辑成一篇文章。低年级的学生组词成文，是对词语的巩固与课文内容的复习。到了中高年级，学生进入了创造性使用课文词语的阶段。组词成文既锻炼了学生思维的发展，又促进了学生逻辑记忆能力的提高。

（3）循环书写

小学生的自制力还不强，意志力较差，在完成某一任务时，常是靠外部的压力，而不是靠自觉的行动。为了改变个别孩子的不良书写习惯，调动学生书写的积极性，我请书写有困难的学生自由组成循环书写小组，共用一个练字本。组员每天轮流抄写一页自己喜欢的文字。通过教师批改时的不断强化以及采取一定的奖励机制，学生练字的兴趣逐渐浓厚，对汉字的审美能力有了一定的提高。

2.B 类作业：根据教师对学生语文学习能力进行的阶段性个体差异诊断结果，语文学习过程中在阅读理解方面有困难的学生选择完成 B 类作业。其中包括以下两种形式。

（1）"小编辑师"

把握文章的主要脉络，初步知道文章的大概内容，是学生理解课文的第一步。因此每次在预习课文的过程中，学生在借助拼音初步读通文章之后，我就让学生当上"小编辑师"，根据自己的理解给课文的内容来个剪辑梳理。久而久之，学生的阅读能力得到了提高，对文章的认识也得到了升华。

（2）写读后感

经常写读后感，可以提高学生阅读和写作能力；增长知识，提高认识事物的能力。每天完成课外阅读任务以后，学生运用课堂上积累的阅读技巧，如采用"引、议、联、结"的方法，记录自己的阅读感受，在每周的读书交流会中与小组同学进行探讨，不断提高自己的阅读理解水平。

3.C 类作业：根据教师对学生语文学习能力进行的阶段性个体差异诊断结果，语文学习过程中在习作方面有困难的学生选择完成 C 类作业。其中包括以下两种形式。

（1）流动日记

小学生随着年龄和见识的增长，他们已不再完全依靠教师的评价来估计自己，而是能够把自己与别人的行为加以对照，独立地做出评价。他们能够同时看到正面和反面、优点与不足。习作能力比较薄弱的学生自愿组成流动日记小组，每天轮流完成。这样，学生在独立完成自己日记的同时会去阅读老师对同组中其他同学日记的评价，从而取长补短，不断提高自己的写作技巧。

（2）经典默记

小学生的记忆最初仍以无意识记、具体形象识记和机械识记为主。随着年龄的增长，他们的思维理解能力不断提高，对词的抽象识记和意义识记的能力都会不断提高。学生每天在课外阅读中积累背诵自主选择的好词佳句，第二天早上到校后利用晨读的时间，默写到"默记本"中。久而久之，学生的习作中不再是晦涩的语言，而是充满灵性的积累与创造。学生的识记能力也逐渐得到提高。

语文差异作业设计，是教师备课的重要一环。其实质是指教师以教材为媒介，以学生差异为出发点，诊断学生语文学习的"最近发展区"，有效利用和照顾学生差异，根据小学生的心理特点，在作业设计的指导思想、目标、内容、方法、策略、过程、评价等全方位实施差异策略，促进学生在原有基础上得到充分发展。

而建立在教育测查和诊断基础上的作业差异设计，不仅可以巩固教材一个单元内要求学生掌握的知识，而且可以激发学生的学习兴趣，开发学生智力，拓展学生的知识面，点燃学生创造思维的火花，从而培养学生独立分析问题和解决问题的能力。

案例
我的磨课记——低段语文课也能"四两拨千斤"

有时候，高效的低段语文课堂也能造就"四两拨千斤"的奇迹。我就以自己执教过的一节校级研讨课《自选商场》为例进行分析。

《自选商场》是人教版小学语文实验教材一年级上册的一篇识字课。学习重点是要认识 10 个词语，渗透一定的识字方法；会写"毛巾"；通过创设情境，引导学生建立学习与生活的联系，培养学生在生活中主动识字的兴趣。

一次尝试：把作业挤进课堂

【教学片段 1】

基于低段的学情特点，在认识本课的"场"字时，我采用了反复复现法记字形、明字义。

师：场字的偏旁是？

生：提土旁。

师：所以场是指地方的意思。

师：打球的地方叫——球场；种庄稼和瓜果的地方叫——农场；那学校里做操的地方叫——操场；许多人聚集活动的地方就叫——广场了。

【教学片段 2】儿歌巩固识字

在全部生字学习结束后，为了把所有的生字进行复习巩固，我进行了这样的教学设计：

师：一位小顾客回家还写了一篇购物日记。

自选商场东西多，牛奶甜，面包香，我还买了火腿肠。

铅笔、尺子、作业本，学习用品少不了。

牙膏、毛巾、洗衣粉，生活用品真不少。

A．学生自读。

B．小老师带读。

C．集体拍手读。

这一次试教班级的学生课后独立完成《语文课堂作业本》第4题时，老师反馈错误率较高。发现学生对"场"字字义理解仅仅停留在图文结合的肤浅层面，掌握得不够扎实。作业本第4题的题目要求是：想一想，连一连，说一说。

商场	打球
球场	买东西
牧场	养牛、羊、马
渔场	做早操
操场	养鱼

课罢，教研组老师围坐在一起，进行"沙龙式"研讨，首先由我对这两个环节设计意图进行阐述（省略描述），再由其他老师提出质疑或发表观点，现场摘录如下。

教师1：在"场"字这个环节教学中，是不是可以选择作业本中涉及到的几个词呈现画面，解决学生作业中遇到的难点。

教师2：如果选取作业本中的词语来理解"场"字，为何不把这道题放在课堂中完成呢？这样把作业挤进课堂，既提高了学生的学习效率，又通过校对环节增加学生对场字的理解。

教师3：儿歌巩固的目标没有达到，有一种匆匆走过场的感觉，没能面向差异，让不同的孩子在原有水平上有所提高。

教师4：课堂作业本上的第3题连一连，就是考察学生的生字掌握情况，何不把这道题引入课堂让学生亲自练一练，效果会更好。

教研组长：最近看了一则报道，根据调查发现：导致学生负担重的两大因素是教师的教学方法和作业的完成情况。学生最头疼的事情就是：课堂里没搞懂，就势必会加重回家作业的负担；课堂里该完成的作业没做，也会加重回家作业的负担。

鉴于此我们关注的重点应是学生在课堂上的学习质量，探索最有效的"轻负担高质量"语文教学，使孩子们真正减负，快乐学习，爱学语文。我觉得本学期的减负做到位，就需要把作业挤进课堂。

集中了同教研组老师们的群体智慧，我进行第一次修改，把作业挤进课堂，如下：

【修改后的教学片段 1】

师：场字的偏旁是？

生：提土旁。

师：所以场是指地方的意思。看这是哪里？

生齐说：这是球场；这是牧场；这是渔场；这是操场。

师：他们都是干什么的地方呢？请打开作业本第 42 页，把这道题连连线就知道了。

（学生完成后）老师请一位学生带着作业本放在幻灯下。

师：商场是买东西的地方，请你像我这样说说接下来的题目。

生：球场是打球的地方；牧场是养牛、羊、马的地方；渔场是养鱼的地方；操场是做早操的地方。

师：你们也是这样做的吗？真能干！请把作业本合上，在左桌角放好。

【修改后的教学片段2】

miàn bāo　huǒ tuǐ cháng　zuò yè běn
面　包　　火　腿　肠　　作　业　本

máo jīn　　chǐ zi　　xǐ yī fěn
毛　巾　　尺　子　　洗　衣　粉

yá gāo　　qiān bǐ　　niú nǎi
牙　膏　　铅　笔　　牛　奶

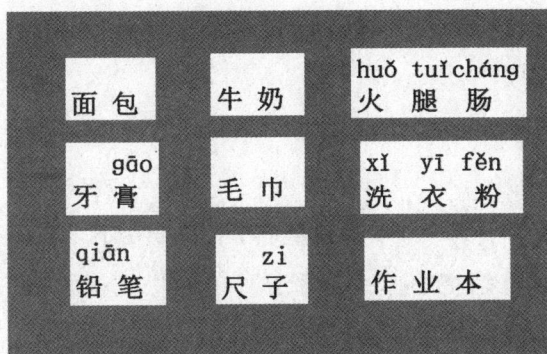

师：整理好的小朋友可以用唇读法读读这些生字，看看自己都认识了吗？不会读的小朋友用手指告诉我你还有几个不会？一会要认真听，老师请一个同学来帮助大家。谁来读一读？

师：现在都记住了吗？考考你自己吧！打开《课堂作业本》第41页，完成第三题读一读连一连。

师：请校对，错的同学改正过来。

二次尝试：把整理融入课堂

教学设计经过第一次的修改，让课堂高效了许多。学生不仅在课堂上能完成一部分作业，减轻了回家的负担，同时对知识的掌握也更加扎实。但教无止境，在第二次试教中我们组又有了新的思考，如何在语文课上使孩子养成良好的复习习惯。

【教学片段3】

师：哈哈，商品被你们以火箭般的神速抢购一空了，我们整理的时间也到了。同桌一起理一理，标签装进小袋子，商品一起放抽屉。比比谁最会整理？

在课堂上，孩子们表现出的整理很无序，声音也很吵。针对这一问题，我们组再一次进行研讨，如何在课堂中让孩子养成整理的好习惯。

教师1：整理对于一年级的学生应该做到手把手地指导，有示范，有环节分解。

教师2：整理应分为学习用品的整理和知识的整理，把他们分成两个环节指向性会更清晰。

教师3：整理的理念不应只停留在整理课堂，还应该带到每一节的学科课上。

教研组长：整理意识的渗透我们时时都要有，这是我们学校的一大特色，在课堂中应有体现，也应该落实到教学环节中，为培养孩子一生的好习惯奠基。

根据同事们的建议，我把整理的理念带进课堂，在学习完所有的生字后，进行了这样的一个教学设计：

【修改后的教学片段3】

1. 理物品

师：在商场里忙了一天，我要整理整理了，你们是不是也该整理整理啦？

请同桌合作，静静地把小标签全部送回袋子里，然后和商品清单一起放进抽屉。开始吧。

师整理教具，生自己整理。

2. 理知识

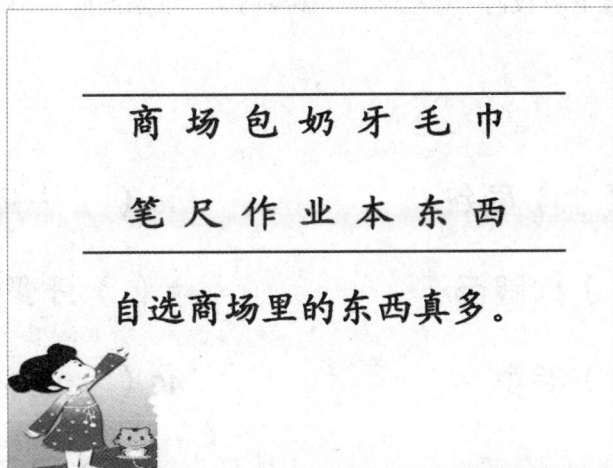

商场 包 奶 牙 毛 巾

笔 尺 作 业 本 东 西

自选商场里的东西真多。

师：整理好的小朋友可以用唇读法读读这些生字，看看自己都认识了吗？

师：不会读的小朋友用手指告诉我你还有几个不会？一会要认真听，老师请一个同学来帮助大家。谁来读一读？

师：现在都记住了吗？考考你自己吧！打开《课堂作业本》第41页，完成第三题读一读连一连。

出示一位学生的作业本放在幻灯下。

师：请校对，错的同学改正过来。

三次尝试：把口语交际渗入课堂

《小学语文新课程标准》中指出一年级口语交际应做到：学讲普通话，逐步养成讲普通话的习惯；能认真听别人讲话，努力了解讲话的主要内容；听故事、看音像作品，能复述大意和精彩情节；能较完整地讲述小故事，能简要讲述自己感兴趣的见闻；与别人交谈，态度自然大方，有礼貌；有表达的自信心。积极参加讨论，对感兴趣的话题发表的意见。因此在识字课中如何提高孩子们的口语表达水平成为了我们研讨的重点。第二次试教中我是这样处理的：

【教学片段4】

1. 量词训练

师：老板我要看看我们商场里准备了多少商品？谁来汇报一下啊？

10（个）面包　　　　10（　）牛奶

8（　）火腿肠　　　　7（　）牙膏

6（　）毛巾　　　　　10（　）洗衣粉

20（　）铅笔　　　　15（　）尺子

9（　）作业本

2. 语言训练

师：为了感谢大家的帮忙，本商场决定举行一天优惠大促销活动啦！仅此一天，大家抓紧时间哦！同桌赶快商量一下，把你要买商品的标签选出来拿在手里说一说。

你要买些什么啊？买多少啊？

试教后，发现口语交际的目标达成度不高。一堆的量词集中出现，学生填起来既费时又低效，同时与别人交谈要做到自然大方、有礼貌还不能得到很好的示范和训练。因此，我们针对这一环节开始了新的研讨：

教师1：量词前面的数字太大了，孩子读起来都比较费力，数字简化些。

教师2：口语交际的情境性不强，师生不能入境，肯定达不到效果。

教师3：是否能把量词的训练和口语交际、生字复现结合在一个环节里，既省时又高效。

研讨过后，我开始了新一轮的教学设计调整，如下：

【修改后的教学片段4】模拟购物，口语交际训练。（配乐）

1. 创设情境：商场在你们的帮助下隆重开业啦！真是太感谢你们啦！我决定举行优惠促销活动，时间只有一天，抓紧时间哦！谁想成为我的第一位小顾客哦？

2. 量词的训练（口语交际）

师：欢迎光临，请随便选选吧！选好了请一起拿到收款阿姨这里结账。

生：阿姨您好！我慢慢选啦！

生一边摘下贴在黑板上的商品卡片，一篇读出来我要牛奶、面包……

师：小朋友，你都买了些什么啊？

生：我买了火腿肠、铅笔、尺子、洗衣粉。

师：买了多少呢？比如我买了一个面包、两瓶牛奶。你能这样说说吗？

生：我买了一根火腿肠、两支铅笔、一把尺子、一袋洗衣粉。

师：一共20元钱。欢迎下次光临。

生：谢谢您，阿姨再见！

师：你真是有礼貌的孩子，会和阿姨说礼貌用语。

3. 谁还能像他一样，做个有礼貌的小顾客来购物啊？

这次的试教非常成功，口语交际的效果非常好，教师对量词的教学做到了润物细无声，同时调动了学生的学习积极性，在情趣中再一次复习了生字。

这次的课教经过一次又一次的研讨、磨课，教学设计越加地省时高效。也使我更加地意识到，高效的课堂不仅需要大容量、快节奏、严要求。而且要看学生表现是否主动，学生学习感受是否快乐，教师组织的课堂教学是否千方百计挖掘了学生的潜力，调动了学生的积极性。

总之，一堂高效的语文课堂，应该是让学生成为最好的自己。使每一个教学环节都能达到"四两拨千斤"的效果。

第四节
行走在班本课程的创新之路上

学文学的人都知道有这样一句话："有一千个读者就有一千个哈姆莱特"，学艺术的人也都知道有另一句类似的话："有一千位演员便有一千个哈姆莱特"。我想套用这一格式说下面这句话："有一千个班主任便会有一千种班级风格。"

作为一个带班十几载的小学班主任，我的带班风格又是什么呢？我想，也许就是带着一颗童心去关心孩子们的心，以班本课程为支点，在诗意童化课程、创意管理课程、智意习学课程中培养学生成为学会思考、选择，拥有信念、自由，以及获得幸福的能力的人。

一、诗意童化课程促学生自我完善

人的心理过程指认识、情感、意志等心理活动过程。诗意童化课程以学生的心理活动过程为经，以"诗歌之情—游戏之趣—传记之志—行动之力"为纬，让每个学生在课程中不断编织自己的内心，朝向完美，自我完善，努力做最好的自己。

1. 诵、辨哲理诗

每周一的早晨，我会根据不同的课程主题和学生们分享一首哲理诗，深沉浑厚、含蓄隽永的内容，将哲学的抽象哲理含蕴于鲜明的艺术形象之中。首先出示诗歌，师生反复诵读、理解之后进入学生的思辨小结，即联系生活实际谈认识，最终促使全班学生对某个问题形成正确的认知，达成共识。例如团队微课程，我们读了余亚飞的《观钱塘江潮》："钱塘一望浪波连，顷刻狂澜横眼前；看似平常江水里，蕴藏能量可惊天。"意喻看似平常的组员可能会蕴藏巨大的潜力，看似平常的现象后面会蕴藏巨大的能量。

2. 体验游戏活动

游戏与发现问题、解决问题是融为一体的，学生在实现游戏意图的过程中会不断碰到这样或那样的问题，他们需要面对不同的问题进行思考，探索解决问题的各种方法，体会其中的乐趣，使游戏得以继续下去。例：团队微课程中通过"坐地起身"的游戏，学生在游戏中表现出不同的态度和评价体验，这一情感过程使大家懂得了小组成员之间配合的重要性。

3. 悦读传记，交"高人"

导读课阅读与分享《古今中外人物传记》系列，帮助学生找到"崇拜的人"，树立内心中的"高人"，从而为了实现某个目标而联想"高人"产生克服困难的意志。首先，把这个人的经典话语作为学生的"座右铭"，时刻放在书桌上，提醒学生；第二，随时阅读这个人的人物传记，用这个人的人生经历不断地激励自己；第三，和学生不断地探讨这个人的故事，让学生成为"研究"这个人的专家；第四，不断让学生扮演这个人的角色，让学生问自己："如果这个人遇到这件事情的时候怎么处理？"；最后，引导学生常常进入这个人的状态，"我应该像他一样……"

4. 践行行为微目标

行为微目标的设计宗旨是明确地改变一种自动运转的行为，重点在于做什么。每个月初我发给学生一张月"行为微目标卡"，请学生仔细思考、认真分析自身习惯，采取明确的、可衡量的行动制定微目标，将微目标行动同一个已有的习惯联系在一起，确保一天得到多次提示。在这个月接下来的每一天，学生对自己的行为省思，对目标的达成情况评价。月末班级评出班级实现目标的"目标达人"，举行隆重的颁奖仪式，并将获奖学生照片粘贴于班级"我是目标达人"展板处。

二、创意管理课程促学生自主管理

需要、目标、动机和行为的一般规律，即需要—（引起）心理紧张—（产生）动机—（导致）目标导向行为—目标行为—需要满足—新的需要的产生。遵循这一规律，使班主任能从宏观上掌握学生的心理，从而制定相应的较为科学的创意管理课程，高效地实现组织目标。

1. 班级经济制度

为培养学生的责任心、管理能力，从小培养学生的理财意识，班级实行经济制度管理模式。学生的财产以班币计算，班币用于班级内部流通、购买班级礼物、购买拍卖物品、购买班级活动参与券等。每学期初，同学们根据自己的优势申报一项自己最擅长的班级岗位参加班干部竞选演讲，全班每位同学均要承担一定的管理职责，有岗位才会有工资。随后班级学生共同商定经济运行规则，在该制度的管理下，孩子们会发现越遵守规则越努力就会越富有，慢慢体会到优秀课程的魅力。

2. 共写班史

面对班级每天发生的多如牛毛的事件，如何帮助孩子们抓住重点事件进行班史记录呢？起初，我常常利用放学前的一段时间和孩子们交流一天的学习生活。第一步，孩子们集思广益，列出今天自己认为可以记录到《班级成长绿皮书中》的事件；第二步，共同思考哪些是班级的正能量，哪些是需要改进的地方；第三步，由当天记录员阐述如何安排以上事件的详略，按照怎样的方式写实。这样反复的分享记录大概持续一个月左右，学生们就能较为恰当地书写班级成长中发生的有意义事件了。

为了更好地发挥"共写班史"所营造出的班级积极舆论的互动功能，我和孩子们约定好每天晚上记录故事的同学第二天早上一到校就把本子放在班级指定位置，每当课间、午后等课余生活时间，同学们都可以自由阅读，并在预留的位置涂鸦下自己的所思所想，类似于论坛跟帖。一个小小的举措让孩子们慢慢走出封闭的自我，开始关注他人感受，关注班级发展，同学之间的互动增加了，师生之间的交流增加了，人际关系也变得更加和谐融洽。

3. 仪式庆典

学生成长的过程中需要给他们很多的仪式。仪式庆典常常使教室这个"生命场"充满活力。仪式感对于教育的意义就在于，用庄重认真的态度让孩子们品味到努力后丰收的喜悦。班级的仪式庆典包括：将获奖者的事迹整理成故事的形式，配以照片进行展示的故事叙事型；根据获奖者的成功经历，选择合适的诗歌改编，将获奖者名字放入其中，与照片一起做成 PPT 的情境诵诗型；由单一的教师评价变为多元评价的同学、家长共写颁奖词型；颁奖证书附一张"努力证明"，全班同学轮流写一句称赞他的话，即优点轰炸型。

三、智意"习学"课程，促学生自觉学习

影响学生对学习负责的因素有三点：是否建立正确的学习认知、是否有浓厚的学习兴趣、是否具备学习动机（学习目标）。学习认知、学习兴趣和学习动机教师

都不能靠"讲道理"来传授给学生，生活是最好的老师，教师只要在"习"上做足功夫，学生自然就会对自己的学习负责。《论语六则》的第一句话就是"有朋自远方来，不亦乐乎，学而时习之，不亦说乎"。这句话的核心是在"习"上，这里的"习"是"实践"，"学了知识之后去尝试去实践，那是一件非常快乐的事情"。"习"的快乐可以让学生更爱去"学"，对自己的学习更加负责。

1. 星爸星妈讲坛

每月一期的星爸星妈讲坛课程，家长们跃动的身影让孩子们对社会、自然等方面有了更多的人文关怀；让孩子们的知识面相应扩大，对世界有着更美好的向往；让孩子们对于班级家庭以外的大世界有了更为深入的了解；让孩子们更多地懂得如何保护自己，如何做得更出色。班级因为有了家长的参与，极大地促进了孩子们学习兴趣的提高，促进了学业的进步，让学生各方面健康地成长。一次曾妈妈带着钻石真品、鉴定仪器来到了班级，为孩子们上了一堂生动的宝石鉴赏课。课后有些孩子情不自禁地说："太震撼了，我长大了要做一名珠宝设计师。"曾妈妈语重心长地告诉孩子们："学好美术及基本学科知识很重要，从小打好坚实的学科基础，初中时学好物理、化学等等，将来才有可能成为一名珠宝设计师。"那节课以后，班级爱上美术学科的孩子又多了。

2. 组建班级社团

社团这样一个组织，把志趣相投的学生们集中在一起，既可以由社团保障班集体常规的实施，又可以在课余时间为学生们找到发泄过剩精力，增长课外知识的通道。班会课上，有想法的学生带着自己制作的社团招募海报，轮流讲述了自己社团的一些构想。同学们踊跃报名，纷纷参与到自己喜爱的社团当中。最终初步成立了羽毛球、篮球、足球、动物研究会所、设计、美术、军事科学七大社团。一个个丰富多彩的社团活动的开展，既开阔了学生的视野，又陶冶了学生的情操；既启迪了学生思维，又发展了学生个性特长，同时还活跃了学生的业余生活，全面提高学生各方面的素养。

回首我和孩子们共同穿越的课程，"不忘初心，方得始终"八个字深深镌刻在心头。我们必须始终牢记，要做一个非常关心孩子们"心"的人，我们所进行的教育才是充满价值的。只有将班本课程的着力点放在学生"心"的本身，才能在个人行为微目标课程、集体小鬼当家课程、共同书写成长课程中，积极培养学生成为"自我完善、自主管理、自我省觉"的人。

第四章
创设自主管理样态，
唤醒终身学习力

　　"记住，你管教的目的应该是培养一个会自我管理的人，而不是一个靠别人来管理的人。"

——［英］斯宾塞

　　以往的德育或学生行为习惯养成教育，多数采取单向灌输的形式，既忽视学生的年龄特点、心理实际，也让学生在实际操作中缺乏具体策略，没有可实践的媒介，最终无法产生"内在认同"和高效的内化规范。针对这些弊端，笔者探索创建以学生为中心的自主管理三元结构，围绕"认知、体验、监控"三要素，开展"小鬼当家""校园自由日""模拟校园社区"等体验活动，结合《少年自主管理手册》、数据分析、六步思维法等，以及打造"教育＋资源融合"空间、"手册＋目标"等方法来全方位提升小学生的自主管理能力。

第一节
小学生自主管理三元结构模型的新探索

根据当前德育教育单向灌输的传统模式及小学生自主管理能力薄弱的现状，基于"中国学生发展核心素养、学校育人理念、国内外学生自主管理的研究"等，我探索建立了小学生自主管理三元结构模型，并进行了一系列的实践研究。

一、背景与意义

（一）当前社会现状

当前多数学校的德育教育是传统单向灌输的形式，脱离学生的年龄和实际心理发展水平。他们将复杂的学生习得行为规范过程等同于学校、教师枯燥的说理，片面地将"知道"行为规范等同于学生内心的"认同"。学生在实际操作过程中不知道自己缺失什么，目标、具体策略是什么，也没有可实践的中介，不能将固有的"道德知识""行为规范"内化于心，导致学生"知而不信"。这些规范显然也不能"外显于行"，不能支持和指导学生行为习惯，导致其"言而不行"。长期对学生"整齐划一"的德育教育培养出来的是被动型、麻木的人。这样被动型人格缺乏自己的思考力，不能高效自主管理，成为一个自主发展的人。长久来说会阻碍社会发展。

（二）基于核心素养

《中国学生发展核心素养》提出要培养"全面发展的人"。其主要分为文化基础、自主发展、社会参与。自主发展是人作为主体的根本属性。它重在强调有效管理自己的学习和生活，认识和发现自我价值，发掘自身潜力，有效应对复杂多变的环境。因此核心素养为本书提供了政策和理论依据。

（三）围绕学校理念

我校是一所面向未来的现代化小学，致力于培养学生适应终身发展和社会发展需要的必备品格和关键能力。在这样的环境下，学校德育教育摒弃传统单向灌输式，让学生学会自主、自律，提升小学生的自主管理能力有其必要性和重要性。

（四）调查学生现状

2017 年，本书选取温州市同类型三所小学（含我校）学生作为研究对象进行《小学生自主管理能力》问卷调查。共发放问卷 350 份，回收 342 份，有效问卷 312 份，有效率 91.2%。对收集数据用 SPSS17.0 进行统计分析。

1. 小学生自主管理能力普遍情况

		年级	性别	生活自主管理	学习自主管理	时间自主管理	人际自主管理
N	有效	312	312	312	312	312	312
	缺失	0	0	0	0	0	0
均值		4.51	2.00	11.3863	15.2932	5.3273	10.9854
中值		4.52	1.56	12.0000	18.0000	8.0000	12.0000
众数		6	3	10.00	16.00	6.00	11.00
标准差		1.104	4.97	2.488	4.63902	1.56502	2.95303

如表所示：3 所小学学生自主管理四个维度均值均小于中值；生活自主管理众数 10 分（最高 17 分），学习自主管理众数 16 分（最高 24 分），时间自主管理众数 6 分（最高 10 分），人际自主管理众数 11 分（最高 19 分）。由此可见这 3 所小学学生自主管理现状都不好。

2. 小学生自主管理能力状况

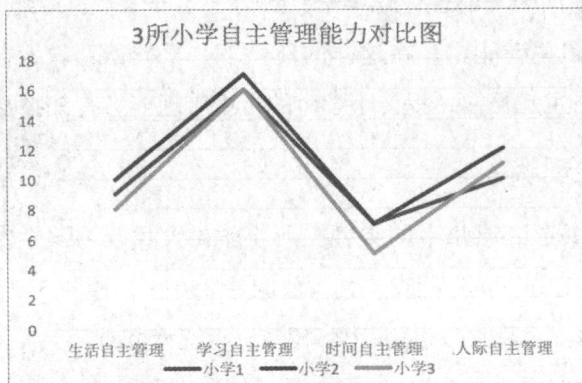

3所小学自主管理能力对比图

如图所示：三所小学学生自主管理现状较差，我校学生自主管理能力现状也不容乐观，提升我校学生的自主管理能力迫在眉睫。

（五）开展研究的价值和意义

基于国内外自主管理研究现状的基础，建立了"小学生自主管理三元结构模型"。该模式引导学生正确进行自我认知，习得"道德知识"和"行为规范"，通过实践活动，吸收合理内容，发展和改善原有认知。使学生处于"认知—开放式体验—评价与反思"的动态更新、不断完善的状态中，最终使小学生自主管理能力走向高效。

改变传统德育的单向灌输形式，并发现之前国内外学者均表示大力发展主体性教育，但大多停留在经验层次开展工作。因此本书突破学者层面研究的评判化，进行有计划、有系统的实践研究，促使德育教育从"行为范型"向"认知范型"转变。期间还将研究经验进行推广，为广大学校和德育工作者提供可直接操作的教学手段和可借鉴的方法，具有一定的研究价值与现实意义。

二、研究设计

（一）概念界定

1. 自主管理

将自主管理分为四个维度：生活自主管理、学习自主管理、时间自主管理、人际自主管理。与我校育人目标"自由、合作、自律、担当"相符合。通过自主管理模型的建立，引导小学生发挥主观能动性，在生活中养成健康生活的好习惯；在学习中乐学善学，独立思考；在时间上能有效利用时间，合理分配时间；在人际上善于沟通、合作，能正确解决问题。

2. 小学生自主管理三元结构模型

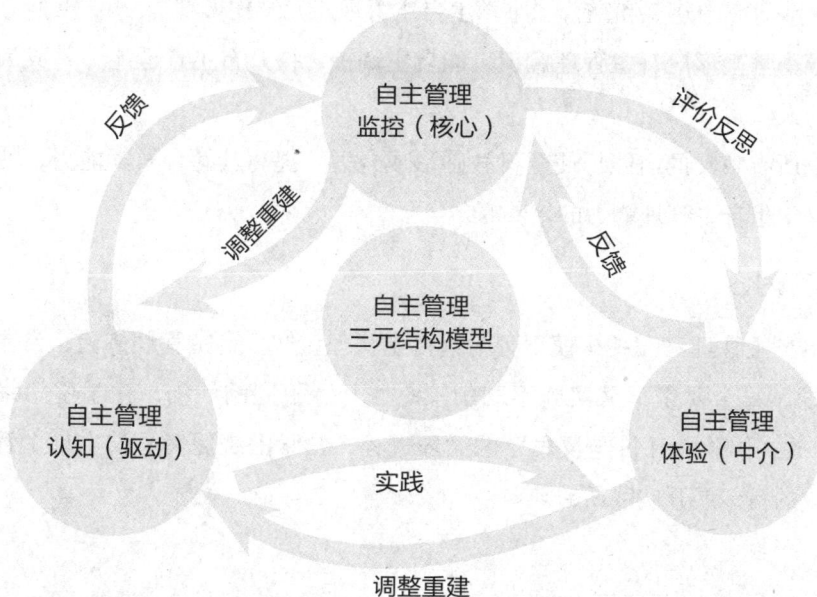

模型三要素内涵：

（1）自主管理认知指学生能正确认知自己，了解自己现在所处的位置，清楚知道自己努力的方向，即目标。通过不同课程使学生习得实现目标的具体策略。自主管理认知能驱动学生开启自主管理，并对之后的体验活动有一定的指导。

（2）自主管理体验指学生带着认知去进行自主管理的实践，随着实践活动产生不同情况或发生变化，学生也能相应地改变策略或方法，积累经验，深入分析思考，从而调整或重建自己的认知。自主管理体验是提升小学生自主管理能力的中介。

（3）自主管理监控指学生在实践过程中能自主监控自己的状态，对实践结果进行检查与评价，对体验现状进行反思和总结。自主管理监控是提升小学生自主管理能力的核心，促使小学生自主管理走向高效。

建立小学生自主管理三元结构模型作用

该模型的建立主要帮助小学生建立自主管理系统，提升其自主管理能力，促使其成为一个自主发展的人。该模型三要素紧密结合、循环往复、相互作用、不断调整，缺一不可，成为一个共同体。

（二）研究目标

1. 在实践研究中建立和完善"小学生自主管理三元结构模型"。

2. 引导小学生形成自主管理意识，能自主调控、提升自主管理能力，成为一个自主发展的人。

3. 激发所有教师的潜能，使全科教师形成合力，提高其教育教学能力，使每一位老师都是学生自主管理能力的培养者。

（三）研究内容

小学生自主管理三元结构模型分为：自主管理认知、自主管理体验、自主管理监控三要素。每个要素下又实施不同的策略、开展不同的活动，让学生始终处于"认知—开放式体验—评价与反思"的循环过程，紧紧围绕促使小学生自主管理能力走向高效的目标展开实践研究。

三、研究实施

小学生自主管理三元结构模型的实践研究得到了华东师范大学课程与教学研究所周博士的引领，也得到温州市教育教学研究院专家们的悉心指导以及县市区中同行教师的助力，研究得以顺利开展。课题组成员致力于开发适合本校学生的自主管理课程、开展从班级到学校的自主管理体验活动、设计适合小学生的自主管理手册等。学生的自主管理能力在实践中形成并逐渐提升。下面从小学生自主管理三元结构模型的三要素谈谈具体的研究。

（一）自主管理认知

自主管理认知：学生正确认知自己，了解自己当前位置，清楚自己努力的方向。通过课程引导学生习得目标实现的具体策略。

下图为自主管理认知的具体实施策略：

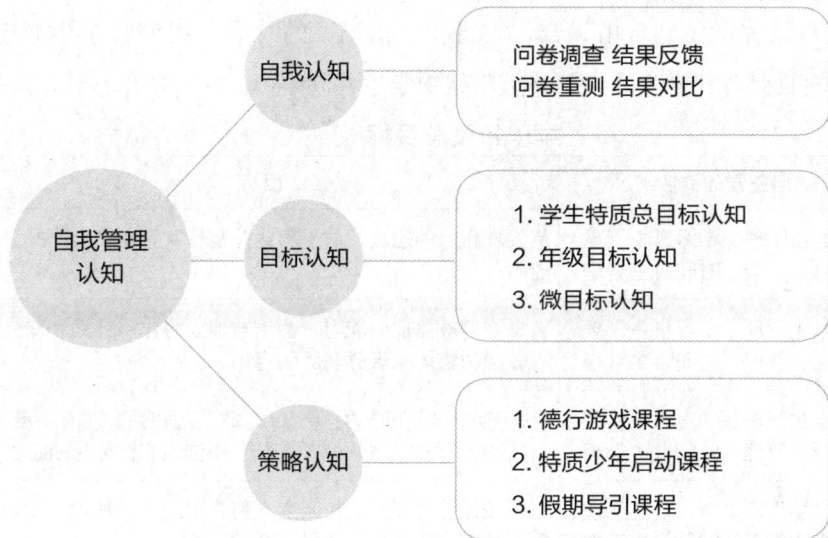

自我管理
认知

自我认知 —— 问卷调查 结果反馈
问卷重测 结果对比

目标认知 ——
1. 学生特质总目标认知
2. 年级目标认知
3. 微目标认知

策略认知 ——
1. 德行游戏课程
2. 特质少年启动课程
3. 假期导引课程

策略 1：自我认知

小学生缺乏自主管理的重要原因是他们没有正确认识自我，不知道自己究竟哪里做得不够，哪里还需努力。当老师和家长跟他们提出要"自主管理"的时候，他们显得非常迷茫。

因此我校在学生刚入学第一个学期初让每个孩子进行《小学生自主管理能力》问卷调查，并将结果反馈给孩子。以后每个学期末进行问卷重测，让孩子将每学期的结果进行对比，对自己的情况做到"心中有数"。

每个学期学生都会有一份他的自主管理能力反馈结果及其学期间自主管理能力对比图。学生能横向了解自己与他人自主管理情况，自己所处的位置，做得好的和需要努力的地方；纵向了解自己每学期的成长和需要继续努力的方向。

策略 2：目标认知

目标对做成一件事有巨大的导向性。自主管理，不是由学生盲目发展，而是根据目标有计划积极主动进行。小学生年龄尚小，认知水平和能力尚未达到较高水平。在引导其进行自主管理时，必须要明确告知自主管理目标，教会他们设置合理目标。

目标认知分为三个步骤：

（1）学生特质总目标认知

根据我校培养学生"自由、合作、自律、担当"的特质，我们为学生制定了"学子特质总目标"。在学生入学第一天就组织学生共同学习。

学子特质总目标

特质	自主管理维度	目标
自由	生活自主管理、学习自主管理、人际自主管理、时间自主管理	能发现自己的想法，敢于表达并坚持，具备"会选择"的能力
合作	生活自主管理、学习自主管理、人际自主管理、时间自主管理	有良好的群体适应能力，善于与他人协作、互助、交流，有较强的集体荣誉感和团队意识
自律	生活自主管理、学习自主管理、人际自主管理、时间自主管理	有很强的自我管理能力、意志力，敢于直面自我、直面困难，勤奋且坚持不懈，会独立做事，具有一定能为自己负责的能力
担当	生活自主管理、学习自主管理、人际自主管理、时间自主管理	有着较强的责任心、校园主人翁意识、公民意识、国际视野、社会担当意识，并付诸行动

"学子特质总目标"起引领作用，实则给孩子描绘了小学最终的"毕业生形象"，引导孩子们朝着这个美好的愿景努力。

（2）年级目标认知

研究遵循学生自然成长规律和其发展具有连续性、阶段性的特点，针对不同年级提出不同教育阶段的自主管理目标。学生是自主管理的执行者，本书提倡全科教师共同育人。因此年级目标均是由学生和全科教师共同讨论，再修改完善，最后经过学生表决通过后生效实施的。

年级学生特质培养目标分解

级段	自主管理维度	自由	合作	自律	担当
低段	生活自主管理、学习自主管理、时间自主管理、人际自主管理	选择做无害于他人，班级、学校的事情	先理解别人，再争取让别人理解自己	有安全意识与自我保护能力，自己的事情自己做，不给他人添麻烦	文明礼貌，宽和待人；孝亲敬长，有感恩之心
中段	生活自主管理、学习自主管理、时间自主管理、人际自主管理	做自己的主人，独立思考、独立判断，理性	牢记所在群体的共同目标，并遵守大家共同认可的规范	重要的事情要先做，合理分配和使用时间与精力，有达成目标的持续行动力	热心公益和志愿服务，乐于奉献，具有团队意识和互助精神
高段	生活自主管理、学习自主管理、时间自主管理、人际自主管理	能思维缜密、多角度、辩证地分析问题，做出正确的选择和决定	抱着人人都能成功的双赢想法，协作增效	自信自爱，坚韧乐观，有自制力，能调节和管理自己的情绪	能主动作为，履职尽责，对自我和他人负责。能明辨是非，具有规则与法治意识

之后，本书研究坚持"纵向衔接、横向贯通、分层递进、螺旋上升"的原则，按照不同年级的特点和要求，全校制定了《温州道尔顿小学特质少年成长手册》(手册见附录)，更系统更整体地引导小学生自主管理能力的提升。

（3）微目标认知

目标太宽泛会使大脑产生抗拒任务执行的阻力。对小学生来说，需要将目标分解得细小再细小，直到孩子很清楚地知道自己该做什么、怎么做，没有消极情绪地行动起来。于是，本书在年级目标的基础上再进行分解，设置年级微目标。如图节选的是自由特质的年级微目标。

微目标

	级段	级段目标	自主管理维度	微目标
自由特质	低段	选择做无害于他人，班级、学校的事情	生活自主管理	1. 保护校园、班级中的公物 2. 公共空间中材料、物品使用后及时整理 3. 垃圾不丢能捡
			学习自主管理	1. 能遵守学科公约 2. 先学习再游戏
			时间自主管理	1. 能先学习再游戏 2. 准时到校，按时上、下课，按时回家
			人际自主管理	1. 会使用礼貌用语 2. 不抱怨、不指责他人 3. 想想自己可以为他人做什么
	中段	做自己的主人，独立思考，独立判断，理性、自觉地选择正确的行为	生活自主管理	1. 校园公共空间轻声慢步 2 餐厅就餐保持安静，排队有序，残渣分类扔，餐具轻拿轻放
			学习自主管理	做好学习计划，合理规划好自己的合同作业
			时间自主管理	能合理分配自己的时间
			人际自主管理	1. 能控制自己的情绪 2 能换位思考
	高段	能思维缜密、多角度、辩证地分析问题，做出正确的选择和决定	生活自主管理	1. 先思考规则再行动 2. 多角度地看待问题，寻找解决方法
			学习自主管理	1. 合理规划自己的学习 2. 学习上多帮助他人
			时间自主管理	1. 合理分配学习和活动的时间 2. 多参加或组织有意义活动
			人际自主管理	不以他人或情感作为处事的方法，应以原则作为自己的准绳

我们让全科教师们根据班级学生的实际情况，尤其是低段教师，和学生一起设置"超微目标"，即将微目标再逐条分解，便于学生理解和执行。

示例：二年级教师带学生一起讨论设置低段"超微目标"。以"能自主选择喜欢的活动，公共空间物品使用后及时整理，垃圾不丢能捡。"这条年级微目标为例。二年级学生讨论后设置的"超微目标"如下：

微目标 1：能自主选择喜欢的活动，公共空间物品使用后及时整理，垃圾不丢能捡	
选择合理	时间较短的课间，我都会选择附近的活动空间玩耍，每次回教室上课都很准时
使用规范	乐高区我能轻拿轻放，不破坏桌上模型；考古区：我能轻挖沙子不抛撒；滑滑梯我能有序从上往下不倒爬。离开时，每次能把乐高或拼搭墙器具放回板槽内
及时整理	每次离开图书角，总是会把图书有序摆放整齐。主动擦黑板、整理讲台桌
不丢能捡	我自己的垃圾都会送进垃圾桶，校园内每次发现地上有垃圾都会及时捡起扔进垃圾桶

目标分解得更具体，低学段学生一看就非常清晰，执行毫无阻力，并且每条目标的主语都是"我"，体现学生的主体性，让学生充分感受自己的主体地位，促使自主管理能力的形成和发展。

策略 3：具体策略认知

小学生年龄小，尤其是低学段学生，缺乏生活经验，不知道有效进行自主管理的方法。因此对小学生进行具体策略认知、问题解决方法指导就显得尤为重要。于是我校就设置三种课程指导学生有效自主管理。

（1）特质少年启动课程

总体安排：

特质少年启动课程是一个阶段性课程，班级全科教师都参与。每月围绕一个特质，不同级段有不同目标开展。每次启动课通过故事、体验活动等让学生明白该主题的重要性。然后通过训练活动让学生习得达成该目标的具体策略。启动课最后都会让学生进行宣誓，形成契约，用一种庄重而又无形的力量告诉学生它很重要。该月全科教师都要特别关注每个学生该特质的养成情况。

具体内容：

示例：低学段第一次启动课是养成好习惯。教师通过《三个小金人》的故事让学生领悟倾听的重要性。然后通过"警察抓小偷"和情境练习的活动引导学生找出倾听的具体策略。

级别	行动指南
☆倾听小雁	1. 倾听时，停止自己正在做的事情。目光看着讲话的人 2. 不打断别人的说话，耐心听他人把话说完
☆☆倾听小雁	3. 身体前倾。表示对谈话感兴趣 4. 以点头的动作和面部表情回应说话者
☆☆☆倾听小雁	5. 告别"走神、假装在听、时听时不听、听话只听声、以我为中心地听"这五种坏习惯，用你的眼睛、耳朵、心去听 6. 先理解别人的意思，再让别人理解自己

最后全体学生起立，右手握拳放在太阳穴旁，按照《特质少年成长手册》中的个人宣言书，进行庄重的养成好习惯的宣誓。

在这个月中，全科教师都特别注意学生的倾听习惯，提醒学生正确的倾听方式，帮助其自主管理能力的提升。

（2）德行游戏课程

每个月启动课后，必须对该主题进行延续和深化，巩固学生的记忆和行为，于是我校设置了德行游戏课程。

总体安排：

德行游戏课程是系统性、具体化课程。根据每月特质少年主题进行了深化。一月一主题，每周一节课。研究一年多时间中，我们已经完成了德行游戏一、二年级四册教材。

学期目标	单元	课题	学科核心素养	自主管理维度
一年级上册 适应新生活初步学会生活、学习、时间、人际上的自我管理，由原来自然的生活方式，转向有目的有理性的生活方式	第一单元 我们的校园生活	1 倾听真重要	自主发展—学会学习—乐学善学	生活、学习、人际
		2 做个合格的听众	自主发展—学会学习—乐学善学	生活、学习、人际
		3 我能如厕讲文明	自主发展—健康生活—自我管理	生活
		4 小小警报记心中	自主发展—健康生活—珍爱生命	生活、人际
	第二单元 我会整理物品	5. 爱护学习用品	自主发展—健康生活—自我管理 社会参与—实践创新—劳动意识	生活
		6. 我会整理小书包	自主发展—健康生活—自我管理 社会参与—实践创新—劳动意识	生活、时间
		7 我是柜子整理小能手	自主发展—健康生活—自我管理 社会参与—实践创新—劳动意识	生活
		8 家务事儿我来做	自主发展—健康生活—自我管理 社会参与—实践创新—劳动意识	生活、时间
	第三单元 我会整理心情	9 我的心情	自主发展—健康生活—自我管理 健全人格	人际
		10. 做只笑笑兔	自主发展—健康生活—自我管理 健全人格	人际
		11 和依赖说"bye-bye"	自主发展—健康生活—自我管理 健全人格	人际
		12 不做小太阳	自主发展—健康生活—自我管理 健全人格	人际
		13 新年的礼物	自主发展—学会学习—勤于反思	生活、学习、人际、时间

这是一年级上册德行游戏教材框架。每单元都是特质少年启动课的延续。如第一单元是对第一次启动课"养成好习惯"的延续。第一、二节课都是让学生深入学习"认真倾听"的好习惯，紧密联系学生生活。后两课时基于学生学情，对好习惯指导的深化，使学生养成其他好习惯。每节课都指向核心素养中让学生自主发展，都引导学生学会自主管理。

（3）假期引导课程

"特质少年启动课程"和"德行游戏课程"是对学生日常自主管理能力的养成和提升。当小学生在经历忙碌的一学期学习后，突然面临漫长自由的寒暑假，顿时无所适从，不知道怎么规划自己的时间，自主管理能力不知所踪。因此在假期前对学生进行具体的自主管理策略指导非常重要。

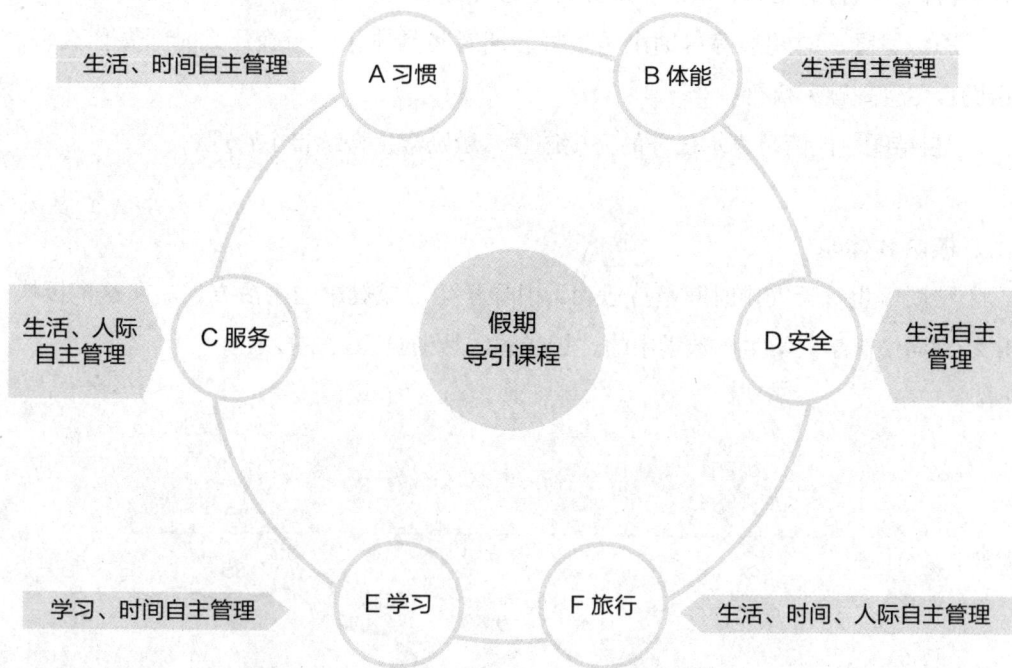

总体安排：

本书为小学生量身打造了《寒假导引课程》和《暑假导引课程》。每个课程有三个课时，第一个课时由课题组教师为全校学生解读假期导引。后面两个课时由班级科任教师给学生进行假期生活的具体指导。

具体内容：

假期课程分为六个板块：习惯、体能、服务、安全、学习、旅行。每个板块指向不同的自主管理维度。每个板块下有具体的策略、方法指导，鼓励学生探索适合自己的自主管理方法，给自己"私人订制"假期规划。

板块 A 习惯

是帮助学生合理规划假期，养成好习惯，学会自主生活。在这个板块中我们向学生具体介绍了规划和记录的方法。如设置"微目标"、画思维导图、制作"甘特图"等。

"微目标"能帮助小学生合理设置假期目标，将大目标进行分解细化，让学生看到目标有执行的动力和信心，确保自主管理得以开展。

思维导图、时间表等帮助小学生将假期时间具体化，明确什么时间做什么事，帮助自主管理顺利执行。

"甘特图"能清楚表示任务的完成进度，激励学生持续自主管理。

板块 B 体能

帮助学生每天安排时间坚持运动，引导学生形成健康的生活方式。在这个板块中特别向中高学段学生用数学中的"折线图"帮助自己自主打卡。

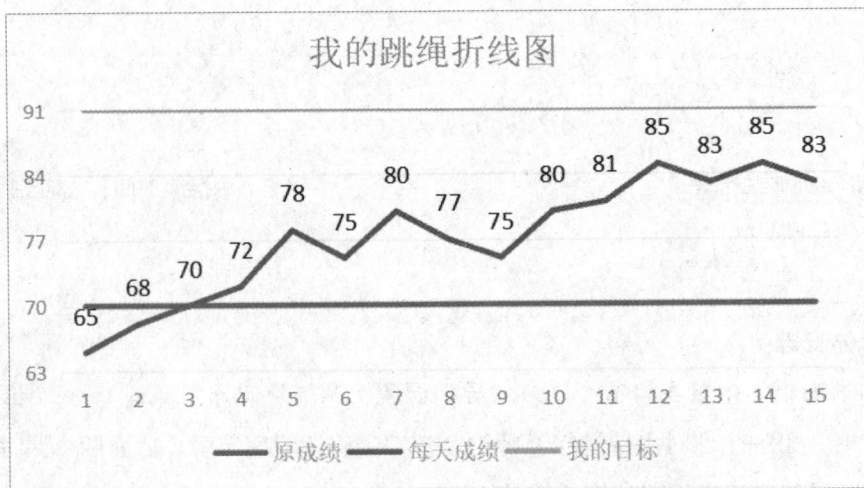

我的跳绳折线图

折线图中横轴是学生锻炼的天数，最下面的横线代表自己原来的成绩，而最上面的横线则是自己的目标成绩，中间的折线是每天锻炼的成绩。通过折线图，学生可以清晰地看到自己每天坚持锻炼离目标成绩越来越近，从而达到学生自我激励坚持运动的效果。

（二）自主管理体验

自主管理体验是对自主管理认知进行实践，转化为实际经验，进而调整不合理认知或重构认知的最佳方式。本书大力丰富小学生自主管理体验，让体验紧密联系生活，真实发生在每一个学生身上。

策略1："小鬼当家"

（1）班级管理零门槛

国外小学，每一位学生都有公平的机会，轮流承担班级中各项事务，注重学生个体自主发展。我校各班级取消班干部制度，教师将班级事务划分出与学生人数相等的岗位数。学生拥有自主申报权利，自主参与。

而学生上岗后，为了提醒自己积极主动为集体服务，会想出很多招数。

比如水杯管理员上网学习"4S定位法"，在每个柜子相同位置贴上标签，水杯统一摆放，让柜子变得整齐。领读员给同学们画的晨读规则，温馨提醒大家。地面管理员制作贴在桌面的提醒自己打扫的"时间轴"。此外，学生还评议权利、监督权利，促使其在自己的岗位各司其职，认真完成。这种开放的形式无形中提高了每个小学生的自主管理能力。

（2）学生联盟项目式研究

我校学生联盟是一个学生"当家做主"的组织。学生联盟由2～6年级学生组成。其中"项目式研究"是由不同年龄学生组成不同的项目组进行调查研究。小组合作去发现校园中存在的问题，共同商量解决问题的方法。如一个项目组开展了"学生联盟走进课程中心"的活动轰动全校师生。他们自行设置问卷，进行关于"学校课程设置"的问卷调查，分年级进行学生采访，形成一份强有力的研究报告。最后邀请课程中心老师、学科教师代表、学生代表举行听证会。与老师面对面沟通反映不同年级同学的心声，协商解决方法。

同时也在晨会中做了宣讲，引导全校同学自觉遵守学校课程规则。

一年多时间里，不同项目组成员开展五次大型活动，小型项目十多次。学生联盟项目式研究引导学生主动探索世界，是学生自主管理的一种新方式。

策略2：混龄活动

（1）混龄社团

研究引导学生自主创设各种混龄社团。学生向学校提出创办社团申请，经学校同意，就可以自制海报，招收学员，开展活动。一年多时间中，我校学生共自主创办12个社团。每周五中午是各社团活动时间。其中最风靡全校的就是我校二年级学生创办的"数学魔法学院"和三年级学生创办的"MappingWorld"社团。每次上课总是座无虚席，连下课的时候，同学们都围着"小老师"探讨问题。

学生在担任"小老师"角色时，为了让自己在同学面前树立好形象，开展活动前他们会将相关知识进行系统学习，深入研究，将自己的知识库整理一遍，能够接受"学生们"不断提问。而"学生们"选择自己感兴趣的社团，又是"同伴教学"，学得也格外认真。混龄社团使小学生学习自主管理能力大大提升。

（2）爱心学长

一年级新生入学，每一个新生都有1～2个爱心学长带着他们认识校园。后两周，同样由这个爱心学长带新生到校园各个空间游戏，在游戏中告知他们规则，对他们的行为进行具体指导，充分发挥"服务、管理、指导"的作用。

一年级新生入队前，这些爱心学长们担任两周的小辅导员。他们主动了解小朋友的需求，用心构思受小朋友欢迎的队课方案，再收集资料策划组织整个活动。他们还与小朋友自主协商时间去教授佩戴红领巾、系鞋带等知识和技能。有些小辅导员还发给小朋友自己制作的小奖品。小朋友同爱心学长们建立了深厚友谊。爱心学长们离开的时候，他们依依不舍，会到爱心学长的班级找他们，会给爱心学长写信写贺卡，会跟爱心学长分享小秘密。

"大手牵小手"活动几乎全校学生都参与。小朋友懂得关爱和尊重哥哥姐姐；爱心学长学会爱护弱小，与人相处的方法，使学生的人际自主管理能力大大提升。

策略3：社会情景模拟

（1）城镇模拟

本书引进城市社区管理机制，把学校作为一个微缩的"城镇"——"xxx 小镇"在学校的指导下，交给学生自主运行。每个学生都以"居民"的身份在小镇中学习生活。

学生有自主设计、创新小镇的权利和义务。去年，我们开展了"学生联盟走进校园文化艺术中心"。在学生联盟成员们的带领下，全校同学共同参与了"xxx 小镇"的设计和完善。我们共收到了"xxx 小镇"设计稿 68 份。有的学生想在校园中造一个从四楼到一楼的滑滑梯，有的学生想在校园中打造一个航空观察站，有的学生想在空间中添置一个手工制作区，有的学生想在校园中搭建一个树屋。学生可以动手完成的，让学生自主完成；学生不能自己完成的，我们帮助学生实现。

学生更有自主管理、自主服务的权利和义务。学生联盟是"xxx 小镇"最高服务和管理机构。学生联盟中设置调研协调部、管理部、宣传部、服务部、知心学长部负责小镇日常工作。"居民们"民主选举自己的会长、部长。

"xxx 小镇"开展志愿服务活动，为"居民们"提供了 20 多个服务岗位，如空间志愿者、家校互动区志愿者、空中花园"小花农"、图书馆管理员、餐厅管理员、知心学长等。每位学生可以到大队部领取一张服务卡，自主申报参与岗位服务。每次完成服务后在卡上写好服务的地点和时长，让老师签名认证。在学期结束时，服务时长累积满 300 分钟的学生才有资格申报学校的奖学金。

"城镇模拟"让小学生在校园中进行"准社会化"自主管理，他们在学习生活的同时"扮演"不同社会角色，在情景模拟中大力培养其自主意识，增强其自主管理的能力。

（2）校园自由日

为了让学生们更好地实践自主管理，我校每个学期都设置"自由日"。

"自由日"期间全校没有教师（教师在办公室观察，尽量不出现），开放全校场馆。中高学段由班级同学竞聘"班主任"岗位和"任课教师"岗位，低学段班级由中高学段哥哥姐姐自主申报当班主任或当任课教师。此外，每个学生人手一张"自由日活动空间菜单"和"服务空间菜单"。学生可以自由选择到空间活动或是申报担任空间服务者。

"自由日"前一天，老师们引导学生根据两张菜单做好自由日一天的规划。

"自由日"当天，"小保安们"早早地来到校门口，为同学们开车门，跟同学问好；"小班主任们"纷纷上任，带班级同学晨读、进行整理；课堂上"小老师们"讲得非常投入，同学们听得津津有味；空间中，同学们自主有秩序地进行自己的活动，空间志愿者们做好了服务和整理工作。在一个"无师"的校园中，学生们真正成了校园的主人，自主规划自己的时间、自主进行学习、自主开展活动，大大提升了小学生的生活、学习、时间、人际的自主管理能力。

（3）自主管理监控

自主管理监控是小学生自主管理三元结构模型的核心。它可以帮助小学生了解自己的状态，对体验进行评价、反思和总结，调整和重构其认知，促使小学生自主管理走向高效。具体有三种实施策略。

策略 1：多彩少年自主管理手册

传统德育管理中的记分、扣分、监督等手段压抑学生天性，让学生"被动"地接受管理，严重阻碍学生自主管理能力发展。课题组成员基于《中国学生发展核心素养》与生活、学习、时间、人际四个自主管理维度，设计出适合小学生使用的《多彩少年自主管理手册》1.0 版本。

在第一个学期使用后，研究者发现，每个班级、每个学生的具体情况不同，应该给班主任和学生更多的自由，才能因材施教，有效帮助小学生自主管理能力的提升。于是第二个学期设计了《多彩少年自主管理手册》2.0 版本。

具体实施：

全校学生在固定时间使用该手册。每天晨间时光，学生拿出手册念一念这个阶段的主要目标，想一想，写一写自己的"今日目标"。平时学生会不自觉地将自己的行为与目标进行比对，看看是否符合目标，自主管理、调整自己的行为。

能够高效自主管理的人，一定要拥有自我反思与评价的能力。每天整理时间，教师会带着学生做一日梳理，对"今日目标"的达成度做评价。或将一天得失用文字或绘画的方式记录下来，成为每日的"行为日记"，并对自己一天的行为进行反思与小结，进行自我表扬或自我批评，及时反思自己的行为并随时进行修正，达到反思、修正、提升自我的目的。

自主管理促进学生每日进行自我教育，良好的"自主管理"生活方式逐步进入学生的潜意识，让学生的自主管理意识生根发芽。

策略 2：德行综述

要高效地进行自主管理，就要阶段性对自我进行监控。因此我校推出每个学期末每个学生进行德行综述。

学期德行综述就是学生根据自己每个学期制定的目标，将自己为达成这个目标所做的努力进行归纳、整理，最后陈述给老师和全年级的同学听。

策略 3：多元评价

每个学生都是有差异的，注重学生个性化发展，评价方式要多样化。

我校推行"生活＋学习＋人际＋时间＋班级特色"多维评价内容。小学生不能正确认识和评价自己，因此评价主体也要多元化。我校采取"自评＋同伴评＋师评＋家长留言"相结合的方式，让学生多方位认识自己，学会正确评价自己，能辨别自己的言行。同时班级开展日评、周评、月评和学期评，评价周期多元化。使学生学会时时自我整理、自我反思，逐渐使行为达到自觉，管理自主的程度。

四、研究成效

（一）促进小学生自主管理能力提升

经过一年多的实践探究，研究者对所在小学进行了重测，结果如下：

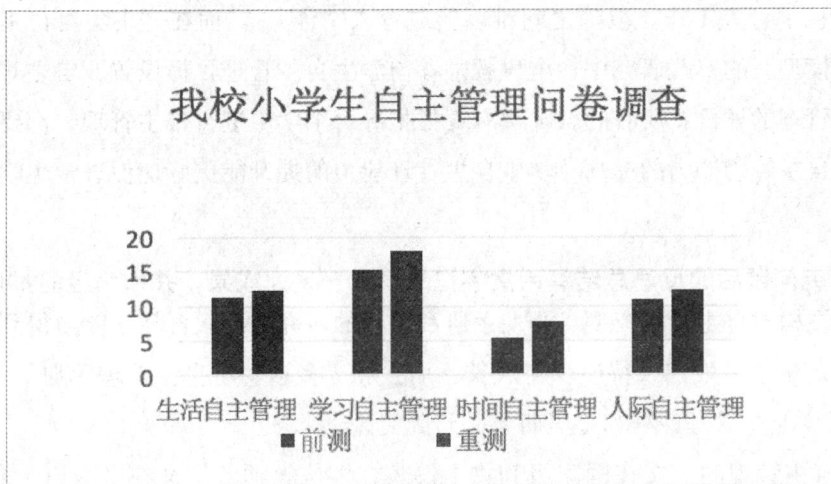

我校小学生自主管理问卷调查

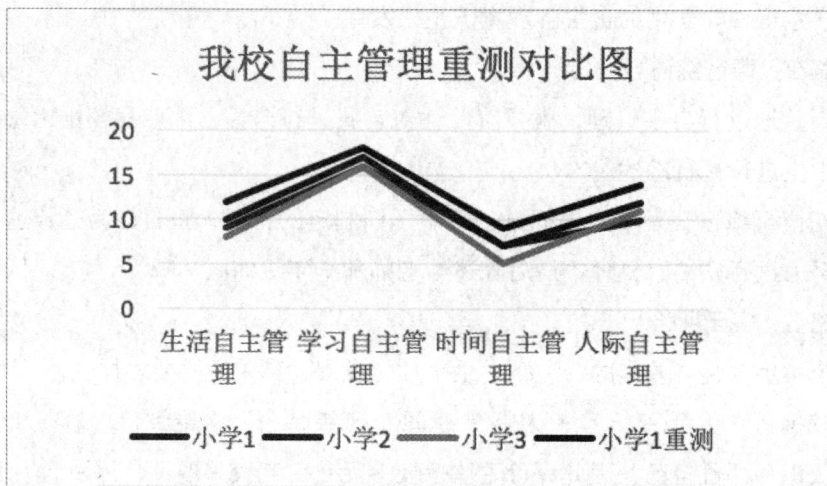

我校自主管理重测对比图

通过问卷重测，我们发现在"小学生自主管理三元结构模型"的实践研究下，我校学生的生活、学习、时间、人际自主管理能力比一年前提升了很多，每个维度都超过了均值。尤其是学习自主管理和时间自主管理提升得最快。而与其他两所学校相比，我校学生的自主管理能力已经提升到了第一位。

（二）形成一个专业的教师团队

1. 全科教师合力育人

传统的德育教育中，更多的是班主任对学生进行思想教育，而学科教师只重视学科，忽视了育人工作。教师之间难以形成育人"合力"。而在"小学生自主管理三元结构模型"的实践研究中，全科教师参与学生自主管理目标设置，自主管理体验和自主管理的评价。所有的教师都有责任指导每个学生进行自主管理，都要帮助每个学生自主管理能力的提高。学生自主管理能力的提升能更好地促进学生学科成绩的提高。

2. 研究问题后的反思总结等用文字记录形成一系列成果，并作为经验推广

教师在构建自主管理模型、开发手册和课程的研究中，教育教学能力得到了较大的提高。本书开发出《特质少年成长手册》和《多彩少年自主管理手册》、开发《德行游戏》自主管理课程和《假期导引》自主管理课程。

3 篇自主管理的论文在国家级刊物上发表，多位教师的论文在区级以上获奖。课题负责人多次将课题研究成果在区级以上论坛和各学校中进行经验交流，成果

推广。

（三）学生自主管理能力的培养已成为我校的办学特色

1. 成为温州市优质民办学校

学校以培养学生自主管理能力为特色，撬动各方面的发展，在社会和家长中的口碑非常好，是温州市优质民办学校。我校也积极参与温州市民办星级学校的评比，学生的自主管理成为评比的亮点。

2. 得到了家长肯定，促进家校和谐发展

经过一年多的实践研究，我们对学生家长进行了学生自主管理能力的问卷调查：

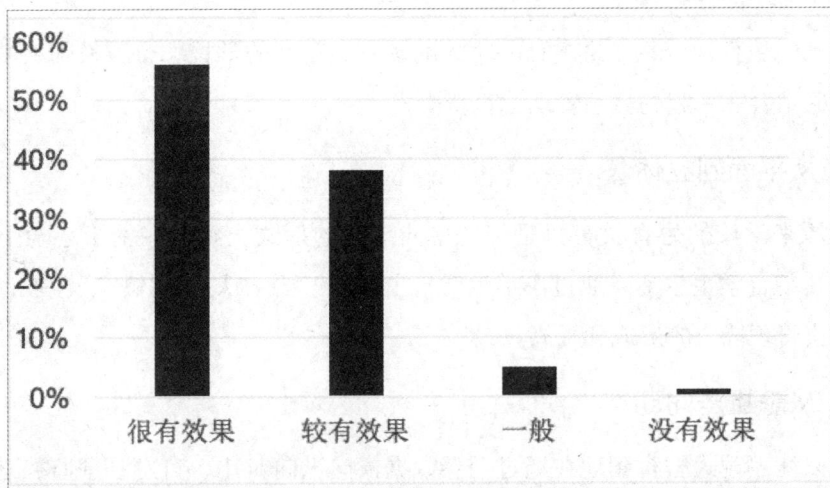

我们欣喜地发现，超过半数的家长都认为"小学生自主管理三元结构模型"很有效果，孩子的自主管理能力得到了大大的提升。高达94%的家长都对本书持肯定的态度，给予学校和老师大大的支持。家长们也都纷纷表示，孩子回家能自主完成作业，很少发生催着完成作业、作业拖拉等情况。假期中学生能自主规划假期生活，按时打卡，养成良好的生活习惯。

3. 得到专家的认可和社会的肯定

2019年1月14日浙江省侨联主席到道尔顿调研视察，他们参观了学生联盟项目式研究会议，对学生以校园主人的身份积极参与学校管理，踊跃提出议题赞不绝

口。2019 年 4 月 8 日，英国圣劳伦斯小学阎丽娟校长一行到我校参观交流。对我校学生联盟开展自主管理，对学生当家做主大为赞赏。2019 年 4 月 18 日，第十届长三角基础教育课程与教学改革论坛分会场在我校举行。我们学校的学生会规划自己的学习，会自主安排自己的时间，会选择和决策，会协作和沟通等能力，得到了浙江省教研室主任、上海市教委教研室主任等专家的一致好评。

五、成果创新

创新了德育教育模式，该自主管理模型体现小学生自主管理能力提升方法多要素融合的新样态，具体体现为四个方面。

（一）从一维到多维

原来的德育教育只是班主任一个人的教育到现在的学校、全科教师、学生三个维度紧密结合在一起的自主管理德育新模式。

（二）从平面到立体

从原来学校的德育教育只是传统单向灌输的形式，到现在基于小学生发展水平，紧密结合学生生活，通过小学生对自主管理三要素认知、体验、监控，促使小学生自主管理能力的形成和提高。

（三）从静止走向动态

从以往灌输式教育到现在通过问卷数据横向纵向对比、自主管理监控进行每日反思、阶段性综述总结、多元评价，动态跟踪了解学生的自主管理情况。

（四）从非专业到专业

教师从原来的简单说教到现在的开发课程驱动学生自主管理，开展各种体验活动践行自主管理，开发自主管理手册监控自主管理等，从实践到理论，继而用理论完善实践研究，教育教学能力大大提升，尤其是全科教师共同育人，促使所有教师不断成长为一名专业型德育教师。

六、研究思考

研究仅仅进行一年多的时间，取得了一些成效，当然还有很多需要完善和加强的地方。因此，我们的课题还将深化进行后续研究。

（1）目前的研究主要在学校、教师、学生三方面开展，家长力量还没有充分使用，在后续研究中必将家长纳入其中，学校、教师、学生、家长四个维度共同进行小学生自主管理的实践研究，相信成效会更好。

（2）研究需要专家进一步引领，对自主管理课程进行规划和设计，形成更系统更完善的课程。

（3）城镇模拟活动需要系统地设计，开展更多的自主体验活动，真正成为一个让学生能真实体验的"模拟社会"。

引导小学生自主管理认知，通过数据分析进行横向、纵向对比，深入了解自我。开发三种课程使学生学会设置合理目标、掌握自主管理策略来驱动其主动自主管理；同时开展"小鬼当家""校园自由日""模拟校园社区"等体验活动，作为中介，让学生可以在自由中践行自主管理，进一步提升小学生自主管理能力。用《七彩少年自主管理手册》引导学生每日监控自我，加上每学期的学生德行综述和多元评价方式最终促使小学生自主管理走向高效。

第二节
搭建学生问题解决的支架及案例

英语课后，班级里的孩子们都迅速做好了课后整理，带着美术工具陆续前往美术教室了。我坐在位置上改作业，发现只有欣翰一人皱着眉头呆坐在位置上。

作为一个二年级低段的情绪极易失控的孩子，我知道此刻他一定又是遇到了触动他情绪开关的事情。我把语气放得更加轻柔："你一定是有什么委屈了，来，跟王老师说说看，我想想怎么帮你。"欣翰情绪开始激动起来："刚才戴宏哲提醒我整理好地面，可是他太凶了，用指责我的语气，我很不舒服。""哦，是他命令式的语气让你感到不舒服，其实你是会做好整理的对吗？"欣翰点点头。我看了看墙上的钟表，又转头望向他："这件事情王老师一定会帮你解决的。但是现在要开始上美术课了，我们可不可以等到美术课下课再来处理。你可以有情绪，但先把情绪暂停在那，好吗？"我边做暂停的动作，边提醒他："如果因为别人的错误惩罚自己不上一节美术课，可是亏大了。快找找蜡笔在哪？"欣翰点点头，慢慢从椅子上挪起身，在柜子里翻出蜡笔朝美术教室走去了。

这只是每个孩子社会性发展中遇到的最普通不过的一件事情了。面对以后可能出现的层出不穷的成长问题，我们是否可以给他们一个处理问题的支架呢？小学阶段的孩子与同伴建立关系的能力需要依靠发展所有方面的技能，包括社会的、情绪的、认知的、语言的、身体的。我们可以抓住生活中孩子们遇到的这些问题，把问题转变为机会来引导他们的社会性发展。"四步思维法"的支架就这样应运而生了。

第一步：情绪换位

让孩子们感受发生冲突后对方的心里在想些什么？宏哲说感受到了欣翰因为自己的态度很生气，欣翰也觉察到了宏哲很大声是因为觉得他总是做不好，不配合。

我在黑板上画了两个小人，双方用心架起了换位思考的桥梁。遇事第一步先站在对方的角度想一想对方的想法，我们的情绪就会平静了很多。

第二步：明确规则

"孩子们，你们认为交警叔叔处理一起交通事故时，是依据什么来判定谁对谁错呢？"

"交通法规。"

"是的，规则是我们做事情之前要最先考虑的一点。规则就是我们要解决问题时使用的公式。"

以交警叔叔依据交通法规处理交通事故为例，孩子们达成了依据规则处理问题的共识。大家梳理出了自觉整理地面是欣翰的责任，检查并提醒是宏哲的责任。

我在黑板上添加了一只思考的大白。处理问题的第二步，想想这件事的规则是什么？

第三步：策略＋预测

"知道了规则和别人的感受，那我们就可以接下来思考有几种解决这个问题的方式，既让欣翰完成整理地面，又能让宏哲的提醒使欣翰和自己可以接受。"

孩子们开始纷纷出谋划策，共提出了四个方案。

方案一：宏哲提醒欣翰的态度温柔一些，用他可以接受的态度。

方案二：宏哲既温柔地提醒，又帮助他一起主动整理。

方案三：欣翰改变自己的整理态度，主动整理，学会运用语言告诉别人的感受，而不是罢工生气；宏哲用欣翰能接受的态度提醒，又帮助他一起主动整理。

方案四：把他们分开，不要再放在一个组里。

每一种方案，我们就用英文字母表示，在换位思考后我们可以得到很多种解决方案。

孩子们开始分小组纷纷出谋划策。我对他们的讨论结果进行了梳理（如下图），大家共提出了四个方案，并对每一个方案的解决效果进行了预测。

第四步：行动尝试

	策略	后果
方案一	宏哲提醒欣翰的态度温柔一些，用他可以接受的态度	宏哲的态度变好了，但可能欣翰的整理还是没做好就去上课了，小组的整理任务还是没有完成
方案二	宏哲既温柔地提醒，又帮助他一起主动整理	宏哲是一个更棒的"生活组长"了，不仅口头提醒，还用行动来帮助组员。工作职责非常落实。但是欣翰以后控制情绪不一定变好
方案三	欣翰学会运用语言告诉别人自己的感受，而不是罢工生气；宏哲用欣翰能接受的态度提醒，又帮助他一起主动整理	欣翰被提醒后自觉整理地面，宏哲检查并提醒的方式是别人可以接受的
方案四	把他们分开，不要放在一组	两个人在新的组里还保持着自己原来的做事方式

有了这样的一个思考过程，通过板画，孩子们一起自主总结出了遇事处理四步法。实践策略效果的时候到了，有请两位当事人到台前来。我们对欣翰给予了如何表达的指导，用"描述对方行为＋说出自己感受"的方式讲出了自己的不满。让宏哲知道了对方的感受后，换了一种表达方式和行动方式去帮助、提醒。二人重新愉快地解决了问题。下午的课间，当我望向欣翰时，我发现宏哲正在帮他一起整理柜子。回忆上午欣翰发脾气的一幕，我觉得"四步法"是搭建孩子解决问题的有效支架。

接下来，我们还可以用四步法解决我们遇到的哪些问题呢？我给每个孩子发了一张白纸，开始实践解决自己成长烦恼的"四步法"。

作为班主任，要帮助孩子达到正确的行为标准，但不要因他们不当的行为而限制和惩罚他们。以往最典型的教育和指导的策略就是讨论、示范、当场下达要求、提醒、纠正、强调、兑现承诺和贯彻始终。"情绪换位、明确规则、策略＋预测、行动尝试"的四步法思维实践后的一段时间，班级里的孩子面对自己成长中的问题不再是束手无策或情绪化处理，独立解决问题的能力不断增强，使每个孩子在一定时候都获得益处。

案例一
让"学会表达"架起孩子同伴关系的桥梁

前一天小隆通过电话向我提出换位置的要求。一早，我就把刚到校的小隆请到教室外了解情况。小隆一脸委屈地吐苦水："对面的小成每次把桌子拉到自己跟前，我都没有桌子可以用了。"我握着他的小手："嗯，王老师感受到你的生气了，那你是怎么做的？"小隆气愤地说："我就把桌子拉回来，小成就生气地骂我了。他还说要打我。""我理解你要换位置的要求了。但是有没有更好的解决问题的方法呢？我们等小成来了一起讨论一下。"

终于等到来校的小成，我把小隆反映的情况告知了他，想听听他的想法。小成是个直性子，马上皱起眉头嚷道："他也把桌子拉到自己那里，我没有桌子可以用了。"我想这件事恰恰可以成为教会孩子们如何表达自己情绪的一个契机。

铃声响了，我带领全班的孩子来学习表达自己情绪的方法。我先在黑板上画了两个发生矛盾的小人，在他们的后面分别画上一只手（表示动作）和一颗心（表示感受）。表达的意思是：当两个人发生矛盾时，其中的一个人用语言告诉另外一个人："刚才你怎样的动作，让我的心里有了什么样的感受？"另外一个人在听完之后告诉对方："我刚才做的这个动作，心里真实的想法是怎样的？"接下来两个人讨论共同解决这个问题的方法。

我举了几个生活中的例子，大家理解了"动作 + 感受"的表达法之后，我请小隆和小成来到讲台前，请他们用上刚才的方法来表达自己的情绪。小隆对小成说："每一次你把桌子拉到自己的那一边，我都没有桌子用了，我特别生气。"小成听完对小隆解释："我把桌子拉到自己这边，没注意到你没有桌子用了，我不是故意的。"当两个人表达完自己的情绪之后，我请他们开始讨论，怎么解决这个问题比较好呢？小成挠了挠头："老师，我想不出办法。"这时候，我告诉大家："当两个人遇到了解决不了的问题，就可以向老师或者是同学寻求帮助。"我又在黑板上画上了多个小人加入思考的图片。

班里的同学开始纷纷发表自己的观点。其中，有一位小朋友这样说："小成，你每次拉桌子的时候，可以轻轻地先拉一点点，这样就不会让小隆没有桌子可用了。如果一不小心力气大了，那你赶紧向小隆道歉，把桌子再推回去一点点。"听了这个方法，小成、小隆都同意试一试。就这样两个人回到位置上，开始尝试同学们的建议。两个人轮流都轻轻地、小心地拉动桌子，还表演了不小心多拉了桌子向对方道歉的情景。尝试后，他俩都觉得这个方法很有用，这个问题就在同学们和老师的讨论中解决了。

我想帮孩子换一个位置，是非常简单的事情。但换位置诉求的背后，我们所要教会孩子的是面对和他人发生矛盾时处理事情的技巧，这是受用一辈子的。所以我们成人在听孩子倾诉情绪的时候，应该给予孩子自己去独立、自主解决事情的思维支架。培养独立自主的孩子，不仅包括独立自主的学习，还包括独立自主的思考。但所有的独立自主都是先从成人的垂范或者引导中习得。过早的放手或是全程的包办代替，都是不可取的。"动作＋感受"的表达方式也非常建议在家庭中使用。

一、二年级同伴关系的育人目标是：建立规则意识，能接纳新同伴，也能被新同伴接纳。具体的发展程度为：1. 建立规则意识 2. 学会正确与同学交往 3. 会表达友善，能表现出积极的交往行为。

开学两周多的时间里，就有个别孩子被贴上了"欺负者"的标签。其实，他们有一些共同的特点：不遵守规则，被同伴排斥；不懂得与人交往的技巧，经常招惹他人；不懂得正确处理矛盾的方式，更容易想到攻击性的解决问题的方法；不会正确地归因，常进行故意的归因，想要报复；情绪易怒，很难控制，不能理性评估攻击的后果。

我就通过情景剧的形式，以班级里的玩偶为故事主角，请孩子们帮忙一起讨论同伴交往中遇到的这些问题的解决方法，再邀请孩子们根据这些方法进行师生表演，让孩子们学会如何正确处理同伴关系。这些情景均来自孩子们日常学习生活中发生的一些小故事。

情景一："你只能跟我玩，不能跟别人玩。"

鼠大姐拉着鼠小弟："嗨，鼠小弟，你不可以和皮卡丘一起玩，他不是我们老鼠家族的。记住，你只能跟我玩，不可以跟他玩哦！否则我就不和你做朋友了。"

皮卡丘出场，蹦蹦跳跳地找到鼠小弟："我们一起去玩滑梯吧！"

鼠小弟为难了："我好想和皮卡丘玩哦，可是我也不想失去鼠大姐这个朋友。"

小朋友们，你们说可怎么办呢？

孩子们讨论后达成的共识是：我们不能允许朋友只和自己玩，大家都可以做朋友。鼠小弟要告诉鼠大姐这样做是不对的，可以和皮卡丘邀请鼠大姐加入他们的游戏，三个人一起玩会更快乐。

情景二："老师，我要他跟我玩，可是他不跟我玩。"

鼠小弟正和皮卡丘在玩游戏，鼠大姐跑过来拉着鼠小弟说："我要跟你玩。"鼠小弟："我不能和你玩，我在和皮卡丘玩游戏呢。"鼠大姐大哭告诉老师："老师，我要和鼠小弟玩，可是他不跟我玩。"

孩子们讨论后达成的共识是：邀请别人一起玩的时候，要先学会询问："你现在有空和我一起玩吗？"如果你是没有时间的那个人，要学会有礼貌地拒绝："对不起，我现在没空，下次有时间再一起玩好吗？"

情景三："他老是追着我跑，我不想跟他玩这样的游戏。"

"来追我呀，追我呀！"鼠小弟拍了皮卡丘一下，拼命往前跑。被激怒了的皮卡丘奋力狂追。鼠小弟觉得此时邀请皮卡丘玩抓人的游戏成功。皮卡丘追上后，推了鼠小弟："让你刚才拍我。"鼠小弟不高兴了，转身追着皮卡丘。皮卡丘只能四处逃散，向老师告状："他老是追着我跑，我不想跟他玩这样的游戏。"

孩子们讨论后达成的共识是：玩游戏之前要先告诉别人一起玩的游戏名称，如果别人愿意加入，要一起讨论好规则。规则的底线是"三不"原则：不伤害自己，不伤害别人，不破坏环境。约定好游戏的规则都同意了再一起玩。玩的过程中一定要提醒自己遵守规则，否则一起玩的朋友会越来越少。

情景四："你打我干什么？"

鼠小弟在乐高池玩搭枪的游戏，试了试瞄准的动作，不小心碰到了皮卡丘。皮卡丘大叫："你打我干什么？"鼠小弟："我没打你啊！"两个人开始大吵起来。

孩子们讨论后达成的共识是：不要用自己的想法代替真实的事实。要告诉对方你的动作带给我的感受。皮卡丘："你用乐高碰到我的身体了，我很疼。"鼠小弟：

"对不起，我不是故意的，下次一定小心。"我们不能都认为别人是故意的，要问清楚。我们也不能用别人不喜欢的方式和他人玩。如果对方真的是故意伤害自己的，要及时告诉老师。

对于一年级的学生来说，空讲道理是很难被他们理解的。规则是在学习和游戏中慢慢读懂的。教师通过讲故事、情景剧表演，引导孩子认识欺负行为，学会正确的交流方法。同时我们还要掌握每个孩子的特点，处理孩子们之间的矛盾时，多关注行为背后的原因。教师如何回应学生的不当行为，对于学生的行为规范是一个重要的榜样。在低学段班级，良好的师生关系和学校氛围对于学生成功地学习是非常重要的。在社交和学业环境中，寻求表达的正确方式，建立学生与同伴强烈的使命感和连接，最终形成相互尊重和鼓励的良性氛围。

案例二
可视化表达，捕捉学生思维的"藏宝图"

"老师，快去班级，小曦把'美猴王形象大使展示栏'里的姓名牌全部弄乱了，号啕大哭呢！"紧随着我们"美猴王"班一只小毛猴的叫声，我大步流星闪进了一（2）班教室。只见乱糟糟的"美猴王形象大使展示栏"前，以小曦为圆心围着一群的学生。定睛一看，中间的小曦泪流满面，情绪激动。围观者除"典哥"一副淡定从容的表情外，其他人都是充满了着急与关爱。

相信大多数班主任都曾遇到过被学生拉去"救火"，处理混乱现场的一课。传统处理方式基本是先控制现场，事后找相关当事人了解情况，听各方陈述后给予处理，最终再以一节班会课对全班予以教育。我们会发现整个事件处理过程中，主要以"说"为主，师说、生说、大家说……很多时候，学生们听到一半就已经晕头转向了，就像狗熊掰玉米，边听边忘，甚至是丢了西瓜捡芝麻。

我们深知，要改变学生的行为，重要的是改变学生的思维，从根源入手。如果能够把学生思维过程中的中间产物外化出来，我们就可以对其进行分析、反思、讨论。学生那些稍纵即逝的想法和内心思考的过程，非常容易受到注意力和记忆力资源的限制和扭曲，我们应该想办法"捕捉"到它们，作为学生们交流、讨论的重要资源保存下来，甚至可以作为老师们案例研究的一手资料。可视化表达就像信息的"藏宝图"，尤其是一年级学生抽象的思维不再是飞沙走石，而可以成为构建认知的砖瓦，改变行为的导航。可视化是一个用视觉方式将信息表达出来的过程，通过利用位置关系和顺序关系来进行图像组织，帮助学生对事件中的信息、思维进行更有效的整理。

回到上面的故事场景中，我是这样运用可视化方式来解决班级管理中遇到的这个问题。

镜头一：捕捉事件信息

我拥抱愤怒的小曦，一边抚摸他的颈背一边在他的耳边轻轻地告诉他："我知道你现在一定很生气，我感受到了你的愤怒。相信我可以帮助你的。"小曦渐渐冷静了下来，同学们听到铃声也都各自回到了位置。我心平气和地对孩子们说："相信看到小曦的样子，大家和我一样想尽快找到帮助他的办法。小曦现在情绪有些激动，我需要你们的帮忙，大家帮助我了解一下之前发生的事情吧！"孩子们开始陆续发言、相互补充，我边听边在黑板上组织图像，捕捉着事件的关键信息。根据孩子们的讲述，事件过程如图：

图 1：体育课上，大家安静地排队听讲，小曦和小 K 却一直在说悄悄话。

图 2：体育老师决定惩罚多次提醒无效的小曦和小 K 到一旁站会儿冷静一下。"典哥"此时提出建议：可以把他们在班级形象展示栏中的级别降到"告别自由"一栏，取消当天被评为"齐天大圣"的资格。体育老师同意了。

图 3：下课回到班级，"典哥"执行体育老师的降级处分，引起小曦不悦，他冲过去把全班展示栏顺序都弄乱了。同学们围过去制止，就出现了刚才的一幕。

镜头二：重构原有思维

通过图像对事件的呈现，我们捕捉到了事件中的一个重要信息——"典哥"的建议。顺着这个信息，我给每个小组发了一张白纸，请大家讨论，当小曦和小 K 出现讲话情况之后，除了向老师提出惩罚的建议，我们还在可以做些什么来更好地帮助他们解决讲话违纪的问题？各小组讨论之后，上交过来的解决方式如图：建议他们向老师道歉；相邻的同学把他们分隔开；轮流用手势提醒他们不要随意讲话。

"孩子们，你们的建议看上去真是一些不错的主意。如果按照这三种建议，重新推测事情的结果，可能会是什么呢？"

"小曦就不会被老师降级了。他就不会哭了。"

"小曦也不会发脾气把全班的展示栏弄乱了。"

"他可能改正了错误，我们上了一节非常愉快的体育课。"

……

根据大家说的结果。我将图像继续进行可能性结果的补充。如图：

如果这个事件的处理仅仅是语言的描述，我和学生们的讨论很可能焦点放在小曦和小 K 的违纪现象，从而忽略了向老师提出惩罚建议的"典哥"及围观同学。可视化的必杀技就在于图像比文字描述更能准确地表达出来事件蕴藏的关系。当面对犯错的同学，孩子们的固有思维是他应该为自己的错误承担责任，要接受应有的处罚。而通过这样的可视化表达，孩子们懂得了，面对犯错的同学，他们更需要的是我们如何去帮助，让事情朝好的方向发展。可视化，重构了他们原有的思维。

镜头三：指导行为重塑

"小曦，你觉得大家的建议对你有帮助吗？"小曦的泪痕还在，但眼睛里的愤怒却早已烟消云散。"小曦和小 K 也来谈谈自己今天这件事情的感受吧。"还没等他们张口，"典哥"有些犹豫地举起了手，"老师，我想说。"我微笑点头。之所以他在班级号称"典哥"，并非是因为他的年纪最大，而是他比较有男子汉气概，比较有担当。他望了望小曦和小 K，低声说："是我不好，跟体育老师提出了降级建议，虽然你们说话影响了全班的纪律，但我应该想更好的办法帮助你们。"小 K 坐在位置上连忙接了一句："我们随便讲话非常不好，影响了班级的纪律。"我和孩子们相视一笑，"美猴王班的班级口号是让世界因我而温暖。我相信，今后当咱们班的某一位同学不小心犯错的时候，一定会有更多的同学想到自己该如何更好地帮助他，带给他美猴王班的温暖。犯错的同学也一定会及时想一想，停止自己错误的行为，不给他人添麻烦。"孩子们的眼里闪烁着理解之光。

小曦的事件结束了。问题解决过程中，可视化的关键在于整理小曦愤怒背后的信息与每一个学生想法间的结构关系，并用图像把这种视觉语言直观地表达出来。当孩子们通过班主任鼓励创新与探索的方式找到了其他三种解决方式，顺其自然地感受到了可能出现的更佳结果。良好的信息结构帮助孩子们在事件发生的海量信息中学会了检索关键点。

下课之后，我根据这节课的图像信息，整合成了一张完整的图像（如上图）粘贴在班级的显著位置。当孩子们逐渐意识到可视化带来的巨大价值，就会更主动地采用这种方法。它能很好地帮助孩子们发现全新的信息结构，促进对事件的理解，又能辅助他们更好地解决相关问题，寻找其他潜在的可行方案。而作为班主任，运用"可视化"表达的方式作为捕捉儿童思维的"藏宝图"，以流程图的形式来显示过程中的事件序列和决策点，能够帮助我们形成新颖的德育解读方式，并且提高搜寻信息的效果。

第三节
以学生为中心，打造学习空间样态

一所学校的教学空间应同时具有教育和人文功能，能充分满足学生成长的需求，能支撑学校特色课程的开展，这需要整合教育学、心理学、艺术学、文化学和建筑学等多学科知识进行设计。

教学空间不应该仅是建筑师艺术旨趣的物化表现，更应该作为教学活动的载体，体现"儿童中央，整理引领"的深层属性。带有滑梯的一年级教室、低段敞开的阅读区、随时邂逅的校园音乐会……道尔顿校园每个空间，都是孩子的舞台，处处体现着孩子自主学习的意识、休闲的意识和成长意识。我们学校在公共空间精心设计了不同的体验场景，让孩子们在自由玩乐中发挥自己的奇思妙想，表达自己的个性态度。

个性化学习空间——学科整理室

"将实验室、学习契约、管理图表与整理课相融合，将'全人整理'的理念和内容贯穿于学校教学与育人的一切活动中"是学校个性化教学的特色之一。

根据低、中、高段学生的不同需求，道尔顿小学在每一层教学楼都设有专门的整理室空间，如数学整理室、语文整理室、英语整理室。学科整理室为学生提供四大支持：资源支持、导师支持、伙伴支持、活动支持。学校每周有3节整理课，学生自主选择喜欢的方式在教室做全科整理或去学科整理室整理。学生们每周一制定好本周整理规划单，交给各科老师审核。科任老师根据学生情况给予建议（如提出额外的拓展任务），学生再进行调整修改。整理课上，学生带着自己的整理规划单到相应学科整理室整理，需要帮助可以到资料区查找资料，或请同伴、导师帮助。导师全程观察学生学习状态并及时给予帮助，指导学生在墙上记录自己的学习量。学科整理室提供的"私人订制"教学空间，充分体现了学校"儿童中央"的教育理念。通过学校秩序、学习空间的简单重建，减少了学生学习的阻力，激发其更多的动力，学生逐渐成为一名独立自主的学习者。

基于探究学习的空间——航天卫星测控站

道尔顿小学天上有星（"立可达"教育卫星），地上有站（卫星测控站），体验有基地（航天创客空间），研学有课程（组星、测星、制作飞行器等）。

"立可达教育卫星"是一颗教育共享卫星，也是中国的第二颗教育共享卫星，2018年12月7日于甘肃酒泉卫星发射中心发射升空。卫星可收集对阳面及背阴面的温度、太阳光照强度及角度、地球磁场强度等信息，学生可以通过轨道计算，实现指定地点卫星对地拍摄。学生在校内的卫星测控站操控专业测控设备，接收、查看卫星在轨状态，查看专业卫星数据，还可以设计并组装卫星载荷模型，通过航天员的视角体验宇宙空间，从小种下航天梦。依托卫星测控站这一空间，我校拓宽了STEAM实施场域，与社会生活嫁接，让学生带着课堂学到的知识和技能进行专题研究。

沉浸式体验学习空间——道尔顿小镇

道尔顿小镇位于我校体验城三楼整个平层，是英语组中外教师联合倾力设计打造的儿童体验式的创意小镇。走进小镇的入口，醒目的标牌写着："您已出境，此区域请使用英语。"这样的设计和布局旨在模拟真实场景，让孩子熟悉各种真实场景的英语口语表达，提高英语口语的实际运用能力。小镇包括超市、烘焙、手工、戏剧表演、桌游等固定区域，还定期举办各种中西方节日派对，孩子们以角色扮演的方式，体会英语学习的乐趣。在道尔顿小镇虚拟城，孩子们亲手制作美式烤串、玉米曲奇饼等西方小食；在百老汇舞台上，扮演《后羿射日》《万圣节派对》《彼得兔》《银行小当家》中的有趣角色。跟着外籍教师在原汁原味的外语环境中一同游戏；变身成为冰雪世界的小精灵，画画，唱歌。

道尔顿校园"教育＋资源融合"空间，以"儿童为中央"的环境设置打破了教育空间的壁垒，引导学生成为独立自主的学习者。这样的学习空间创造了一个共同学习的场域，让校园环境有温度，让学生学习有张力，并以此推动学生和教师的共同成长。

第四节
"手册"为舵，"项目"为桨
——养成自主教育新方式

叶圣陶先生说过："什么是教育，简单一句话，就是培养良好的习惯。"小学阶段是学生形成良好行为习惯的关键期。班主任的首要任务就是培养学生良好的行为习惯。

以往学生行为习惯养成教育大多数采取单向灌输的形式，忽视了学生的年龄特点、心理实际，脱离了学生的知识、思维和意识发展水平。将复杂的学生习得规则过程默认等同于学校教师的说服教育，片面地将知道行为习惯准则等同于学生内心的"认同"。学生在实际操作中也不知道具体策略，操作困难，没有可实践的媒介，更不用说有效地内化规范。这些规范也不足以改变学生的思维，支持和指导行为习惯，导致"知而不行"。这种对学生"整齐划一"的行为习惯规范教育长久培养出来的将是被动型、麻木型的人格，逐渐形成了青少年随遇而安的"佛系"生活模式。这样被动型的人格缺乏自己思考的能力，也不能进行高效的自我管理，丧失了奋斗的动力，从长远来说是阻碍社会发展的。针对这些弊端，我在班级着手设计使用创新的学生养成教育方式，通过自上而下的改变，加强养成教育实践的整体性、连续性，切实从发展学生思维角度有效地提升学生养成教育的实效。

一、"手册"为舵，引领学生成长的航向

《中国学生发展核心素养》颁发后，我针对刚接手的一年级小学生年龄特点，以"儿童中央，整理引领"为核心理念，系统设计了小学六年的班级育人目标，根据学生发展的连续性和阶段性特点，立足班情，把核心素养细化为不同教育阶段的班级培养目标，制定了《班级特质少年成长手册》。学生人手一本，每日以手册目标为导向，通过晨间"理心"、傍晚"理身"的基本（生活）方式，促使其形成良好的道德品德，为学生健康成长和未来发展奠定坚实的道德基础。

（一）设置目标导向，体系层次清晰

目标激励是一种激励式教育管理模式，强调"人"的主观能动性。它具有导向功能，在一定程度上增强集体的凝聚力。有了奋斗的目标，每当学生一心要实现某个目标时，就会发现原以为自己并不具备那样的意志力、技巧和创造力，但下定决心意志坚定的学生总会想出办法完成任务的。一个特质培养目标为 21 天，在 21 天中通过手册不断激励、积极心理暗示学生达成目标，让良好的行为习惯进入学生的潜意识。结合学生实际情况，我和学生、家长、科任老师一起讨论，首先确立了学生六年后毕业时要具有"自由、合作、自律、担当"新时代少年的特质。接着通过目标分解，我制定了师生认同的不同级段的特质微目标。由特质微目标创造的一种形成连贯的框架结构，辅以小学生喜闻乐见的故事性叙述，学生每日进行"理心、理身"的日记，日复一日地磨炼、强化、巩固，使学生的行为习惯做到"知而信，言而行"，逐渐改变学生的思维。

年级学生特质培养目标分解

	自由	合作	自律	担当
低段	选择做无害于他人、班级、学校的事情	先理解别人，再争取让别人理解自己	有安全意识与自我保护能力，自己的事情自己做，不给他人添麻烦	文明礼貌，宽和待人；孝亲敬长，有感恩之心
中段	做自己的主人，独立思考、独立判断，理性、自觉地选择做正确的行为	牢记所在群体的共同目标，并遵守大家共同认可的规范	重要的事情要先做，合理分配和使用时间与精力，有达成目标的持续行动力	热心公益和志愿服务，乐于奉献，具有团队意识和互助精神
高段	能思维缜密、多角度、辩证地分析问题，做出正确的选择和决定	抱着人人都能成功的双赢想法，协作增效	自信自爱，坚韧乐观，有自制力，能调节和管理自己的情绪	能主动作为，履职尽责，对自我和他人负责。能明辨是非，具有规则与法治意识

（二）成为生活方式，调动学生积极性

1. 每日晨间"理心"时光

每天早上同学们提前十分钟到校，开启全班的晨间"理心"时光。学生在老师的带领下大声朗读特质少年成长月目标。朗读的时候，慷慨激昂，心中充满希望，它能帮助学生树立信心，激发学生的斗志。

根据特质少年的月目标，学生开始选择自己的"私人订制版成长微目标"。月初我会带领学生一起讨论月目标的具体达成标准。例如"能自主选择喜欢的活动，公共空间物品使用后及时整理，垃圾不丢能捡。"我们班的学生讨论后具体达成标准描述如下：

微目标：能自主选择喜欢的活动，公共空间物品使用后及时整理，垃圾不丢能捡		
评价维度	A（　　）	B（　　）	C（　　）
选择合理	时间较短的课间，我都会选择附近的活动空间玩耍，每次回教室上课都很准时	时间较短的课间，我基本选择附近的活动空间玩耍，但回教室上课偶尔会迟到	课间忍不住想去哪里就跑到哪里玩，结果回教室上课常常迟到
使用规范	乐高区我能轻拿轻放，不破坏桌上模型；考古区：我能轻挖沙子不抛撒；滑滑梯我能有序从上往下不倒爬。离开时，每次能把乐高或拼搭墙器具放回板槽内	乐高区我有时会乱砸乐高，爬到桌上触碰模型；考古区我偶尔把沙子弄到了池外；滑滑梯我偶尔有倒爬或插队。离开时，偶尔能把乐高或拼搭墙器具放回板槽内	乐高我想怎么玩就怎么玩，用沙子扔到同学身上了。滑滑梯倒爬。离开时，不把乐高或拼搭墙器具放回板槽内
及时整理	每次离开图书角，总是会把图书有序摆放整齐。主动擦黑板、整理讲台桌	每次离开图书角，偶尔把图书有序摆放整齐。偶尔帮忙擦黑板、整理讲台桌	每次离开图书角，都把图书随便一扔。从不帮忙擦黑板、整理讲台桌
不丢能捡	我自己的垃圾都会送进垃圾桶，校园内每次发现地上有垃圾都会及时捡起扔进垃圾桶	我自己的垃圾有时会掉到地上，校园内发现地上有垃圾我偶尔捡起扔进垃圾桶	我自己的垃圾随便扔，校园内发现地上有垃圾就当作没看见

这个描述标准，不仅清楚地让学生知道自己目前处在哪个位置，到最好的行为标准还有多远的距离，更重要的是让学生明确实现"月成长目标"的具体方法是什么。

最后一个环节是"历史上的今天"，读史可以增强民族的自豪感和自信心。每天由一位学生提前查阅资料，与同学们分享历史上一个个留下足迹的历史人物的故

事。欣赏历史人物，品读历史人物的性格和命运，会激发学生的聪明才智，积累经验教训，使他们少走弯路，少受挫折，有利于学生在未来人生前进的道路上健康顺利地发展。

2. 每日傍晚"理身"时光

教会学生反思等于给他们配备了一位尽责的"老师"，可以随时随地对他们自己的成长进行有效的指导，从而学会自觉地支配自己的人生。为此，每天放学前的十分钟，我会带领学生做一个"理身"活动，梳理反思记录下自己一天的得失。低段的孩子们书写困难，可以采用画图与文字结合的方式。"理身"时光还有一个重点就是分享。我每天及时分享学生记录下的班级正能量的成长事件，树立榜样，积极营造健康向上的班风。

3. 每周末的成长盘点时光

利用周末，我建议父母和孩子召开一次家庭会议，共同浏览一周手册的记录。孩子和父母说说自己的进步和不足，针对不足，制定下周需要努力的目标。确定好接下来努力的目标之后，一起探讨为实现这个目标可以采用的策略是什么，可寻求帮助的外部资源有哪些等等。

（三）多元评价，为每一个生命颁奖

在 21 天过去之后，学生将迎来科任老师及家长、同伴签名见证他成长的一刻。此时，老师和家长们会带着足够多的热情、真诚，庄重地来迎接每一个孩子的求证，严格按照每一个孩子真实的表现，给予认定或拒绝。拒绝时以帮助者的身份为前提，告知孩子还需努力的方向，不要气馁，对他们给予最大的信任与支持。

为每位学生找到进步的闪光点，给予奋斗的动力，班级在不同层面为学生举行特质少年颁奖典礼，颁发证书并附上专属颁奖词。颁奖仪式的形式丰富多样：故事叙事型、情境诵诗型、颁奖词、优点大轰炸、视频展示型。

二、"项目"为奖，推动学生奋斗前行

学生通过项目式探究的实践活动，吸收合理内容，发展和改善自己原有观念，使自己的道德构建处于理解—实践—开放式发展—接受（内化）—再实践的动态更新、不断完善的状态之中。因此，我根据学生不同的特点，设置了形式各样的自选

式成长探究项目。

项目一：童趣解读，内化思维

1. 特质"漫画版"探究项目

漫画是一种通俗艺术。它与现实生活有密切的联系，从而能更灵敏、更广泛、更细致地反映出学生特点，漫画是一种使沟通变得更加容易的媒介或方式。美国艺术治疗协会的主席 Shaun McNiff 说："艺术作为一种治疗，在任何地方都自然地发生着。"从艺术的角度来看，漫画具有其自身的心理治疗意义，一个现实的反映就是学生成长的路上都会经历心理困境，通过借助漫画手法将自己学习生活中的心灵感悟表达出来的途径，能诠释他们个人成长特质的深刻内涵，宣传普及行为规范，内化学生的成长目标。

通过全班"特质少年成长漫画展"活动，学生们以自己喜欢的漫画方式，将自己对特质目标的理解或成长过程中出现的各种问题通过画笔展示出来，达到道德认知的自我教育。

2. 特质"故事版"探究项目

学生在朝向特质目标努力的过程中，会面对许多两难的选择，不同的选择会导致不同的成长结果。这些真实的体验为学生的故事创作积累了许多有价值的素材。我们通过"体验谈""写故事""故事会"三个步骤为学生搭建思维的成长路径，让学生们在"某某特质故事集"中品味"自由、合作、自律、担当"等特质为我们带来的成长营养。与故事的主人公共情，与故事主人公共鸣，徜徉在特质故事的世界里，汲取精神的力量。

项目二：教育戏剧，情景体验

将戏剧融入教学起源于法国思想家卢梭的两个教育理念："在实践中学习"和"在戏剧实践中学习"。教育戏剧天使投资人冯小刚说："教育戏剧能让儿童更好地面对未来！每个人一生中都在扮演不同的角色，他们都要投入到角色中……小朋友不知道自己一生会成为什么样的角色，我觉得表演可以让他们更深刻地理解人生，演好生活中的角色。"学生们在真实的语言交流场景中以戏剧角色的身份去听和说，这尤其符合儿童学习发展的需要。

1. 共读童书，影视赏析

共读一本书，可以让学生与书中的主人公一起经历成长的风风雨雨，在思想的碰撞中想象主人公内心世界的波澜壮阔，形成班级的道德舆论法庭。从此，学生们拥有了共同的语言密码。共读后，观看由共读书目改编的电影，揣摩每一位角色的心路历程，学习他人的情感表达方式，用光电、文字的浸润，将人物的优秀品质烙印在学生的心中。

2. 感受角色，自编自导

在每一节戏剧课上，学生最重要的不是学习戏剧的知识和表演技能，而是运用戏剧的元素，通过情节的设计，将各种特质成长体验渗透到教育中。例如学生通过调查、访谈"父母一天的活动"，如实记录之后，创作了"父子调包记"。学生发现原来父母除了工作、家务，大部分的时间都是花费在自己身上，接送上下学、辅导功课、照顾饮食起居……他们的娱乐或休息时间少得可怜。在一次次排演中，学生对父爱母爱的认知变得更为深刻，许多学生在排练中失声痛哭，表示更加理解了父爱母爱的伟大。就是这样，通过角色扮演、虚拟情境等戏剧方式，让学生在其中学会自信，坚定走好人生每一步；学会控制，独立思考，以更好的状态应对人生的每一个挑战。

3. 创设舞台，人人参演

学习生活中，不仅学生可以参演一部拥有"剧本"的教育戏剧，渐渐地还可以将发生的一些班级事件，通过戏剧的方式情节再现。以此为契机，班级"事故"发生后，班主任模拟可能出现的不同事情结果情景，让学生推测事件过程的关键点，从而在戏剧中改变事件的发展过程，体验造成的不同事件结果。学生渐渐体会到不同的思维方式造就了不同的行为表达，从而修正自己的错误思维，自觉运用戏剧中所习得的道德规范迁移到现实生活情境中。

项目三：德行综述，成长实践

德行综述，是指学生就一学期内，针对自己道德规范习得或品质成长，对自己的"理心、理身"记录、创作的特质漫画、故事，以及教育戏剧的参演经历和个人主要的道德成长观点进行归纳整理、分析提炼，形成自己的综述材料，向老师和同学进行汇报。例如，学生在自律方面进行个人德行综述，根据自身情况，可以选择以下任意一个角度进行综述，也可以自绘"自律导图"进行综述，但均要在综述过程中选择一两个具体事例说明。

1. 从时间、空间以及同伴相处的几个不同角度中选择自己喜欢的一个角度进行反思，并按标准进行自评

（1）我的自律故事（时间版）

①反思角度

晨读、课上、课间、午休、放学

②评价标准

（2）我的自律故事（空间版）

①反思角度

教室里、主题活动空间、剧院、图书馆、餐厅

②评价标准

评价标准	系数	自评
1. 早晨，我会轻轻走进教室，30 秒内分类放好物品，开始自觉晨读 2. 别人发言时，我会安静地看着他，耐心听他说完；自己发言先举手 3. 午休时我会保持安静，有意义地独立安排自己的午休时间 4. 我会有序地整理自己的物品，有计划地整理学业，每日反思自己的行为	4.0	
1. 早晨，我会轻轻走进教室，先分类放好物品，再自觉晨读 2. 别人发言时，我会安静地看着他，耐心听他说完 3. 午休时我会保持安静，根据老师的建议，有意义地安排自己的午休时间 4. 我会有序地整理自己的物品，有计划地整理自己的学业	3.0	
1. 早晨，我会轻轻走进教室，自觉晨读 2. 别人发言时，我会安静地倾听 3. 午休时我会自觉保持安静 4. 我会每天及时整理自己的物品	2.0	

（3）我的自律故事（同伴版）

①反思角度

发生矛盾时、与人合作时、集体活动时、与人交谈时

②评价标准

自班级实施《特质少年成长手册》两年来，以"手册"为指导，学生项目式探究为载体，班级始终"坚持核心，刺激进步"，不断引导学生达到自我悦纳、自我肯定、自我实现。班级紧紧围绕手册的序列化特质成长目标，形成了全班共同的"理心、理身"的儿童自省生活方式，对学生进行有效的励志教育，确保学生有一个良好的、积极的、奋斗的心态，让他们对未来充满信心，同时也促进了班集体建设。

人的教育按照重要性依次为：价值观体系的建立，心理行为能力的培养，思维能力的培养，知识体系的建立。其中，价值观体系是"我要成为怎样的一个人，我要选择怎样的生活"；心理行为能力是"我怎么成为这样的人，怎样追求我的生活"。"手册"无异于为学生装上一个成长导航仪，让学生始终朝向"我怎么成为这样的人，怎样追求我的生活"而努力前行。

"手册"为舵，"项目"为桨，让我的学生与人类崇高品质对话，在体验中让每个学生都有自己的梦想，都有一种挑战自我的勇气，一种超越自我的精神。在实践中让学生们不断地感受成功，从而不断地相信自我，不断地挑战自我，从一个成功走向另一个成功。

评价标准	系数	自评
1. 在公共空间里，我会轻声慢步，自觉保护环境卫生，坚持"不丢能捡" 2. 我会尽力保护好自己和他人，牢记并遵守各活动场馆的规则，安全、合理使用活动设施	4.0	
1. 在公共空间里，我会轻声慢步，自觉保护环境卫生 2. 我会牢记并遵守各活动场馆的规则，安全、合理使用活动设施	3.0	
1. 在公共空间里，我会轻声慢步 2. 我会牢记并遵守各活动场馆的规则	2.0	

评价标准	系数	自评
1. 见到老师、来宾，我能主动问好，大胆与他人沟通，做道尔顿的小导游 2. 我会温和说话，尊重别人。说话前我先考虑他人感受，换位思考 3. 我能文明、有礼、有效地解决问题，如果解决不了，我会找老师帮忙	4.0	
1. 见到老师、来宾，我能主动问好，大胆与他人沟通 2. 我会温和说话，尊重别人，很好控制自己的情绪，并用上礼貌用语 3. 我能用文明、有礼的方式解决问题，如果解决不了，我会找老师帮忙	3.0	
1. 见到老师、来宾，我能主动问好 2. 我会温和说话，不说侮辱他人的话，不做伤害他人的事 3. 我能用文明的方式解决问题	2.0	

第五章
创客班主任的成长路，给予教师生长力

"拒绝重复，要和每一位学生在教育中热气腾腾地生活着。"

——王红梅

回顾近二十年教学和班级管理经历，笔者深切感受到，班主任的思维深度决定专业成长的高度。笔者始终追求成为"三心二意"的"创客班主任"，即分别用"童心心智""恋爱心智""同盟心智"对待学生、搭班老师和家长，并追求班级活动设计有"创意"，教育行为有"善意"。从班主任的个人元认知升级，再到对待每个生命的"情绪接纳—情境创设—情趣导引"，这套"创客班主任"的认知和经验，不仅是笔者的个人追求，或许还可以成为更多教师的实践参考，帮助大家深化对"班主任"的职业认知。

第一节
班主任的思维深度决定专业成长的高度

初当班主任，我下定决心要让班级成为校五星班级。拿来星级班级评比规则，我给自己列了几条铁规。

每天在扶助员检查教室卫生前，我一定把教室每个角落查遍，努力不扣分。

办公桌搬到教室，每堂课边陪读边工作，保证全班在科任老师课堂上的纪律。

……

坚持了一段时间，我突然变得不想当班主任了。望着经常出现的扣分单，纵使心中万般自责，也没法打起精神面对评比。我失败了，我责怪学生自控力很差，而实际上更是对自己管理班级的能力陷入了深深的焦虑。在学生一次次拿到扣分单的冷漠表情中，我自己愈发不再热爱班主任工作。优秀班级评比的追逐就像在给班级做一次次的反方向训练，学生变得越来越没动力。其实，不要过多在意评比的分数，如何走出自己对班级管理教育束手无策的焦虑，更多地关注班级每一个学生的成长，才是真正值得我去思考的事。

一、走出焦虑，聆听学生的声音

初当班主任，面对低年级学生把蜗牛带进课堂，在我不由分说地没收后学生整节课魂不守舍。我逐渐意识到我的"没收"换来的并不是他的更加专注。下课后急着去开会，会后重返教室时，被我没收的那只蜗牛被擦黑板的值日生不小心踩死了。学生愤怒地瞪着我，转身跑开了……

面对学生玩蜗牛，表面我在为他的不听讲不专心而生气，而实质是为自己对课堂纪律的失控而焦虑。孩子在我的高压强权之下收起了蜗牛，却导致了师生间感情的冰冷，甚至会悄悄在其他课上玩。我焦灼地想改变他听课的状态，却忽视了作为鲜活的生命个体，他有着怎样的内心需求和想法。

多年过去了，又是一个雨季。课间，小沛眼泪汪汪地出现在我的面前："老师，我想退学了。我现在只能感觉到一点点温暖了。"我拉了张椅子坐下来，把他抱在腿上："你现在一定很难过，为什么感觉不到温暖了呢？可以告诉王老师吗？王老师想想该怎么帮助你。"小沛情绪激动地站起来："体育课我是小组长，可是我们组小涵、小Ａ、小伊都不听我的话，她们还要把我换掉。"说完眼眶里一直打转的眼泪就流了出来。我赶快抱紧他，贴着耳朵和他说悄悄话："我感受到你的伤心了，那你有没有和她们说过你的感受呢？"他点点头。"看来她们没有认真倾听你的感受，所以你打算因为这件事要退学。那你想一想，有小朋友不听王老师话的时候，我是怎么做的呢？和校长辞职不教大家了吗？"小沛摇摇头："这样好像不行。"我拍着他的背："是啊，我肯定不能因为几个人不听话就辞职啊，还有那么多小朋友舍不得我呢，就像我也舍不得你啊。如果你退学了，就再也见不到王老师了。"小家伙一下子把我搂得更紧了："那怎么办呢？说了好多次了，她们就是不听我的话。"我把他放下来，看着他的眼睛说："我们一起想想办法，一定会有更好的方法。"

我把小Ａ、小涵、小伊唤了过来，了解体育课上发生的事情。小伊看到哭泣的小沛，解释道："他做组长，可是他动作都不会，所以我们跟体育老师说把他换掉的。"小Ａ补充道："我们没有不听他的话啊，是他自己都不会做啊，所以我们转过去看第二组怎么做啊。"可是这时，小沛嘴里还是不停地重复："她们都不听我的话。"我用充满信任的目光看向三个女孩子："有没有比换掉小沛更温暖的解决办法呢！"沉默了一下，小伊有点内疚地说："我们一起教他怎么做动作吧。"我看着小Ａ和小涵，询问她们的意见，她们也点点头表示同意。"好的，你们真是团结的小组，当有人有问题的时候，不是选择抛弃他，而是一起帮助他，为你们做出正确的选择点赞。"

三个女孩子离开了，我笑着问小沛："你现在觉得温暖回来了吗？"小沛爽快地回答："嗯，回来了。""那我们今后遇到别人和自己意见不一致时，我们应该怎么做比较好呢？""和她们说自己的感受，一起想办法。"我向他竖起了大拇指。也许在我们成人看来非常微不足道的一件事，却可以像一座大山压的孩子透不过气来。很多时候，把节奏放慢，多听听孩子们在说些什么，会让我们有很多意外的发现。

现在面对问题，我会从以往焦虑的躁动中停歇下来，静静地让自己沉思。沉思的作用是让我可以更专注地聆听孩子的声音，想想所做的努力是否是学生所需要的？是否有利于学生健康地成长？学会建立班主任绿灯思维，当我们遇到学生观点或者行为不合乎成人标准时，第一反应是：哇，学生的这个行为肯定有教育的可取之处，我应该怎么用它来帮助自己进行班级的管理和班级的建设？比如，先倾听学生的心声再沟通，就能让学生充分表达自己的意见，然后可能会启发自己我产生教育方式方法的新的创意。

二、拒绝重复，和学生在教育中热气腾腾地生活着

热气腾腾地活在教育生活中，是我作为班主任对自己最诚实勇敢的表白。只有从班主任程序化的重复中惊醒，去做真正热爱的事，才能链接到灵魂深处，才能与学生有最深刻的共鸣。每天重复地上课、作业、考试，只会让孩子们对校园生活充满了厌倦。如何在没有镁光灯的 365 个平常日子，让他们活出心中对班集体的热爱，让他们每天醒来对上学都有所期待呢？我在班级开设了多项班本课程。而开发系列班本课程的初衷，就是让自己从关注教育的内容上抽离回来来关注身边每一个鲜活的生命，关注他们接受教育内容的"心"。因此，我们必须是一个十分关心孩子们"心"的人，我们所进行的教育才是充满价值的。班集体是孩子们心的外化。当孩子们心的正能量逐渐增加，班级自然充满了爱与力量的磁场。

仪式庆典课程是一个渗透班级核心价值观的好契机，最适合在孩子们心中播下真善美的种子。在一个学期开学初，我们收到了班级两个学生将在期末结束后转学的消息。为了给他们一个难忘的告别仪式，整个学期的班会课上，我都有意识地让班级里的孩子们学习古人送别时的礼仪文化，比如有赠诗送别、折柳送别、设宴送别等等。

期末仪式时，我翻出曾经在他们生日时为他们各自写的诗，和他们一起朗读重温，赠诗送别。然后两个孩子开始切蛋糕分享蛋糕的时候，班里的每个孩子都给他们送上自己的一封信或者纪念的物品，这个环节就是模仿古人的折柳送别，之后我们还有留影送别等等。

我们所经历的几种送别，就是在教给孩子如何尊重生活中的仪式感。通过仪式让孩子们的内心感到富足。增加他们对生活的热爱，传递一种正向的集体价值观。仪式庆典课程使教室这个"生命场"充满活力。

我非常欣赏这句话："永远不要变成无趣的大人，更不要忘记最初的梦想。"一个小学班主任一定要永葆童心。

班本课程的开发，让我跳出了低水平的勤奋陷阱。原始的工作是花很多时间去

阅读教育著作，去记录教育大家的方法，然后拿来照搬照用。自己却从不花时间去研究每一个孩子的独一无二之处，每一个集体的与众不同之处。看似我节约了很多班主任工作的时间和精力，却还是买椟还珠，把最有价值的思维成长放弃了。于是，这些年我不断做出改变和实践。在班本课程开发以及班级管理创新中，在这些课程的开发中，自己思想的深度也愈来愈接近事物的本质，渐渐地提升了自己能用一句或几个字简洁、精练地概括班级发生的看起来错综复杂事件的能力。

三、提升认知，重新认识反思

我们都对"知识改变命运"耳熟能详，然而改变一个班级命运的不是班主任拥有专业知识的数量，而是认知的深度。如何提升自己的认知深度呢？反思，是一种重要的技能。在从事班主任工作的最初几年，因缺少反思这一重要能力的训练，很多年我经常会把反思当作总结。实际上反思不是总结，总结是对结果的好坏进行分析；而反思是对产生的结果的原因进行分析。班级每天都在生产大量的未经加工的经验素材。我们对学生的判断来源于经验，而有效的经验来源于对判断的反思。反思，让我学会了把班级的素材重新解读。我对待教育生活中的素材思维是：做出假设—采取行动—产生结果；随之进行的反思思维是：观察结果—研究原先假设—反思校正假设。

班级管理中比较重要的大事发生后，当然应该反思，但是，决定自己在关键时刻表现的，却是一个个小事的积累——临场的应对、沟通的技巧、心态的调整。一位优秀的班主任，一定会要培养自己记反思日记的习惯。虽然只是一个简单的形式改变，但它会督促我们主动思考看似平淡的教育生活，挖掘出过去没有注意到的教育环节细节。从一件件小事反思，深入突破，不仅让自己的班级管理愈加科学有效，同时还在班主任基本功等各项赛事中取得了骄人的成绩。

教育的根本定义是改变自己，改变自己对经验的解读方式。我们读各位教育大家的著作就是读他们教育生活的经历和感悟。但有时，最好的教育书籍，其实是我们自己班级管理教育中的经历和感悟。那么，为什么不能把自己的教育生活编辑成案例来改变自己的行为呢？把平淡的教育生活案例化处理，让我多篇论文和案例获奖、发表，并有六篇文章连载在了《中国教师报》。

简单的法则往往最难坚持。回顾自己从"菜鸟班主任"到"名班主任"的一路成长，班主任成长的关键是思维。一旦我们掌握和坚持了班主任这些思考方式和习惯，我们就彻底升级了自己的元认知能力，极大地提升了自己对班主任这个职业的认知效率，进而表现出让人惊讶的认知深度。而这也最终决定了我们的专业成长高度。

第二节
做一名"三心二意"的创客班主任

做一名"三心二意"的创客班主任，是我一直遵循的教育理念。当我们把一些班主任固有的旧思维扔进垃圾桶时，才会有新的东西从我们心中生长出来。在教育实践中，我把"创"理解为拆掉自己原有教育思维的墙，不断创立自己新的教育心智模式；"客"就是客观地构建师与生之间的良性互动关系。

作为班主任一般要协调三种关系：学生、科任老师、家长。在这几个关系中，"三心"有助于我们做好立交桥工作，运用好了，我们的班主任就非常轻松了。"三心"即对待学生用"童心心智模式"；对待搭班科任教师用"恋爱心智模式"；对待家长用"同盟心智模式"。"二意"指班级的每一项活动都要有创意的设计，每一次教育行为都要有善意的实施。

"儿童心智模式"爱学生

"儿童心智模式"是什么？指基于场景观察儿童，更好地理解场景中儿童的需求。转变以物为中心的局限思维，在交互关系上做文章，为儿童营造更好的体验。

在这种心智模式下，我所关注的不再是学生在班级生活中获得什么？而是他将成为怎样的人？我们应视学生出现的各种问题为机会去建设，站在"儿童中央"的角度，创设适合不同年龄段学生特点的情景，和他们一起去"实践"，拥有我们共同的情绪密码。概括起来，"儿童心智模式"实践中的三个技巧：1. 观察——场景定格；2. 情景故事法——虚实结合；3. 造景——理解需求、创意设想、实际执行。

一、低段"情境体验法"

一年级的一个午后，我走进教室，发现黑板上的四线格板贴被撕成了两半。一起损坏公物的事件，也是一个让学生懂得如何爱护公物之理的好契机。

我在黑板上郑重地写上"板贴的葬礼",之后把板贴放到投影机上,开始了一场隆重的葬礼仪式。首先播放哀乐,全班默哀一分钟;第二步,为板贴写墓志铭,让孩子们说说板贴生前的"丰功伟绩"。孩子们从中知道了板贴的价值;第三步,天堂的采访。这个旧板贴去了板贴天堂,会和它的板贴朋友们说些什么?全面还原了板贴损毁的原因;第四步,创作使用说明书。针对原因,和孩子们探讨并形成了使用板贴的注意事项;第五步,形成班级公物"生命保护公约"。

由一个"板贴"到一群"公物",孩子们总结出了公物保护的具体行为:专人负责、及时整理、不当玩具、规范使用。

面对学生破坏公物,传统思维模式是班主任找破坏者,再讲述保护公物的道理。童心心智模式下的班主任,通过"默哀共情、写墓志铭"让孩子们知错因;"天堂采访、创作说明书"让孩子们懂得了正行为,"保护公约"的产生则塑造了孩子们的成长性思维。

教育中,冷冰冰的道理只能影响学生的见解,而不能决定学生的行为。所以"共情—问答—思考"可以刺激孩子们天性中善良的一面。一个学生能否接纳班主任的观点,首先取决于情绪,其次取决于班主任的行为,最后才是班主任的语言。"童心心智模式"针对低段儿童以具体形象思维为主,善模仿的特点,用儿童喜欢的故事情境和游戏法来处理问题,让我们的教育不仅仅是把知识从一个头脑装进另一个头脑,而是师生间每时每刻都在进行的灵魂接触。

二、中段"实验关联法"

四年级的一个午间,在办公室改作业的我听到了本该安静自习的班级里传来了阵阵嘈杂声。我快速走到教室门口,我的意外出现让嘈杂声鹊起的教室顿时安静了下来。刚才还在手舞足蹈的几位同学立刻显得局促不安……我转身安静地离开了。

下午班会课,我拿起一个空纸杯、一个装满水的纸杯、一把剪刀走进了教室。我将装满水的纸杯在同学们面前展示了一番,然后将水倒进了空纸杯。拿起剪刀,迅速地将刚才装满水的纸杯剪了一个缺口。再将刚倒出去的那些水重新倒回这个剪了一个缺口的杯子中,水哗哗地流着,继而慢慢地从缺口处溢了出来,安静的教室开始沸腾。稍停片刻,我意味深长地对学生们说:"同学们,看了这个实验,你们有哪些收获?"

"我觉得这个杯子就好像我们自己，里面的水是我们的收获。剪开的缺口就像我们的缺点一样，我们收获的多少，不是取决于我们的优点有多大，而是那个缺点有多大。"

"我觉得这个杯子就像我们的大脑。里面的水如同知识。缺口代表着坏习惯。坏习惯越多，我们的知识就流失的越多。"

"我们班就好似这个杯子，里面的水就是我们的荣誉，剪开的那个缺口就如同个别落后的同学。如果落后的同学越来越多，那我们班级的荣誉就会越来越少。"

面对午休吵闹，传统思维的处理方式就是说教，然后学生在班主任的高压强权下修正自己的行为。而拥有"儿童心智模式"的中学段班主任，以实验代替说教，让学生通过联想进行反思，老师赢得了尊重，孩子们修正了思维。思维是探究、调查、熟思、探索和钻研，以求发现新事物或对已知事物有新的理解。学生在思维过程中获得的知识，才具有逻辑的使用价值。

因此，中学段教育班主任应借助实验、活动等情境的创设，引导学生在情节的推动中去探索；在探索中去思考；在思索中去发现。学生的学习主动性在故事的情节调动下得以激发。"实验关联"建立在对事物深刻的洞察和理解基础之上，需要一些巧劲儿和敏感度，最好还能加入一些幽默感。多阅读、多走、多看、多思考可以训练实验的关联思维，包括概念之间的关联、事件之间的关联、领域之间的关联等。

三、高学段"同伴课程法"

随着高学段的学生开始进入青春期早期，他们的自主意识增强，喜欢用批判的眼光看待周围事物，有时还会对老师、家长的干涉进行反抗。他们和父母、教师等成人群体的关系变得疏远，取而代之的是同学之间的亲密情谊。这时，班主任需要密切关注孩子们的心理变化，摒弃"单打独斗"的方式，开启同伴教育的成长课程。

在这里，我通过一些案例来进行分析。思妍是我们班级这个学期新转来的优秀女生，琴棋书画，样样精通。她在转入班级以后，就获得了各学科老师的高度认可，经常在班级各项赛事中崭露头角。思妍出色的表现，引起了班里同样优秀的小言同学的嫉妒。她向同学小未说起思妍的自大自傲，要求小未等伙伴们远离思妍。

于是，思妍就遭到了这个群体的排挤。在了解到这件事情的基本情况后，我设置了"同伴课程"来进行引导教育，其中分成三个部分。

同伴共识

在晨间诵读时，我选择了诗歌《可爱的女孩》让同学们诵读："谦逊如紫罗兰，可爱如玫瑰绽放……欢乐如知更鸟，温和如白鸽，每个人都喜欢，这样的女孩。"教室里传来琅琅书声，同学们诵读后开始讨论——我们应该成为什么样的女孩？我特意邀请思妍来分享她的答案。她思索着回答："我应该如紫罗兰般的谦虚。"此时，我看到小言在座位上似乎也若有所思。是的，谦卑的女孩子受人欢迎，嫉妒的女孩子一定不受欢迎。就这样，大家你一言、我一语，逐渐形成了共识。

同伴约定

有了共识以后，又该如何真正成为一个受欢迎的女孩呢？围绕这个主题，各小组根据学习单开展了分组讨论，最后大家形成了一个具体约定——受欢迎的人，在和别人沟通时，应该注意"三利原则"——即对自己有利，同时也对他人有利，还要对两个人的和谐关系有利。

同伴互助

随后，我又将思妍和小言的事，通过转换名字代号，变为一个需要求助于大家解决的问题，我请全班同学根据约定的"三利原则"开展互助。同学 A 说："这是一种嫉妒心理，组织大家共同排挤同学，既对自己不利，也对别人无利，更伤害了同学间的关系。"同学 B 说："我们小组讨论，应该温和地给同学提建议，告诉她骄傲自大的危害。"同学 C 说："要学会看别人的优点，找自身的差距和不足。"同学们各抒己见，逐渐形成了"班级舆论法庭"。在大家畅所欲言的轻松氛围中，思妍和小言也都逐渐意识到了自身的问题。就这样，成长教育在同伴的互助之间，润物无声地完成了。

因此，通过高学段的"同伴课程"，能够让孩子们的自主意识得到最大释放。借助集体舆论环境和同伴的互相影响、约定互助，可以持续推动孩子们完成帮扶，达到自治和自育。在整个过程中，班主任要做的就只是适时引导、调控和激励。

"恋爱心智模式"赞同事

要想管理好一个班集体，班主任一个人的力量肯定是不够的，只有凝聚任课教师的力量做到齐抓共管，才能达到管好班级的目的。传统班主任思维在与任课教师的沟通过程常会遇到"四性"问题。

1. 冷淡性。即班主任和任课教师各自为政，在自己职权范围内执行自己的主张，缺少班级发展的共同目标。

2. 应激性。在班级及学生发生问题时，相互推卸责任，埋怨对方。

3. 偶然性。平时对学生的信息交流较为偶发，缺少定期有效的信息沟通渠道。

4. 权威性。班主任有"一手遮天"的想法，常常觉得自己就可以把班级带好，对任课教师的意见充耳不闻。

班主任与任课教师的沟通实践，我认为"恋爱心智模式"对于形成教育合力非常有效。何谓"恋爱心智模式"？就是运用这种心智模式的"四性"特征与之沟通，即对待恋爱对象的"强烈性、稳定性、专一性、平等性"。通过心理学的罗森塔尔效应，给任课老师贴上爱的标签，他们就会朝好的标准积极与班主任配合。

一、借文夸赞

我常常主动布置学生们写写任课老师的作业，引导学生去发现每位任课老师的优点。批改过程中，我会把学生笔下任课老师的每一个闪光点拍照发给他们。老师们收到都很开心，很多老师还会在微信朋友圈中晒出来。的确，孩子们发自内心的夸赞是对任课教师最大的肯定，而任课教师也会因为孩子们对他的喜欢而更加喜欢这个班级。学生文章中跃动着的赞美的精灵，让每一位老师感受到了孩子们强烈的爱。爱是相互的，是可以传递的。在校园的各个角落里，我们也常常听到了任课教师对我们班级的称赞和鼓励。

二、借口相传

作为班主任，我们要关注班级任课教师的成长动态，他们的德、才、貌、物、势、趣等，都可以作为我们借口相传的内容。在公众场合多多夸赞我们任课老师对班级的付出，如此的背后表扬才是最动人的。例如我们班音乐老师参加省群星奖决赛，我把这一消息发在班级微信群，家长们对音乐老师给予了很高的评价。音乐老师非常感动，在每年的艺术节比赛中总会主动为我们班加排。我因产假把班级交给林老师时，林老师一时间不能得到家长和学生的认可。为此，我会经常在班级群里分享林老师的敬业与优秀。例如三八节那天，所有女老师们都去参加活动了，通过 QQ 我了解到林老师一人留在办公室加班制作毕业纪念册，我把她和我沟通每一位学生页面设计风格的聊天截图发到了班级群，家长与学生们对林老师更多了一份理解与尊重。虽然短短几个月的接班时间，但林老师也是全身心地投入到了班级之中。

三、借物表意

生活要有仪式感，这些仪式带给了任课教师和班级许多美好的回忆。例如教师节时，班级会为每一位目前任教我们班和曾经任教我们班的科任老师送上一束鲜花。中午在教师餐厅为他们准备丰盛的水果。果盘旁还有了一张节日祝福卡：祝美猴王班某某老师节日快乐。

平常的日子里，我们了解到任课老师忙得没吃午饭，班级里的爱心小天使便会送上我订的爱心便当，每一次大型活动家长送来的下午茶，我们也总会为任课教师准备一份。

对任课教师的"现任"和"前任"，我们要给予一以贯之的爱，体现了"恋爱心智模式"的稳定性。只要教过这个班级的每一位老师，都是值得孩子们永远去感恩的。正因为如此，任教我们班，成了每年任课教师排班时盼望的幸福。作为班主任，我能够更加便捷和及时地向任课教师了解到班级每一位学生的成长动态，自己的带班理念也得到了任课教师的广泛认可。

四、借境维"权"

当学生集体不喜欢某位任课教师时，作为班主任该如何维护任课教师的"教育权"呢？我的方法就是创设情境。

当班级学生集体向我表示因数学老师批评过多而不喜欢数学课时，我在讲台上准备了一个盒子和一袋星星。盒子上贴了一张纸条："亲爱的任课老师，如果您对您的课上，班级同学的表现表示满意，请向盒中投入一颗星星。盒子满了，孩子们将会得到一份奖励，感谢您对班级活动的支持。"数学课后，数学老师开始偶尔会向盒子里投掷星星了。我抓住这样的机会在数学老师面前深表谢意，转达同学们对他表扬后的欣喜以及对数学课越来越浓的学习热情。数学老师似乎意识到了什么，从而对学生的赞赏越来越多，孩子们也渐渐改变了对老师的看法。都说成熟的标志不是会说大道理，而是开始去理解身边的小事情。和任课教师之间，换一个角度，平等地去沟通，矛盾就会迎刃而解了。

"同盟心智模式"助家长

家庭也是一所学校，是学生的第一课堂。但家庭教育有着自身独特的方式，它通过家庭环境的氛围及父母的言论、行为对孩子产生潜移默化的影响，在无形中塑造着孩子的人格品德与基本素质。传统思维指导下的家校关系，家长无非就是帮批评、帮惩罚。现在家长开始醒觉了，面对孩子的成长不知所措时，班主任应该用同盟心智模式对待家长。同盟就是指为实现共同目标而结成的组织，我们要与家长共同面对和适应孩子的成长而结盟，形成教育的合力。

一、共定目标

每天给家长发父母晨诵的微信。每月与家长一起举办读书沙龙，共读一本书，共同交流读书心得。通过共同的学习经历，不断达成对学生培养目标的共识。

二、共享资源

定期举办家长课堂活动。请家长来给我们的孩子上课，课程内容都是与孩子们最近的行为有关。当孩子不愿意过度抄写的时候，请医学院的医生来讲讲脑科学，告诉孩子50%的过度学习是最有助于记忆的。孩子们对抄写再也没有意见了。当孩子对待美术学科不够认真时，请家长上的是《珠宝鉴赏与设计》，它让孩子们明白美术的这门学科是你将来从事任何行业都要具备的基本技能。

三、共同成长

达尔文曾说："在漫长的人类历史中，那些准备得最完备而且学会最有效地与他人合作的人，才能获得成功。"家校的合作更是至关重要。我们会定期召开班级的"爸爸说教育""妈妈育儿经"等各种不同团体的小型家长会，会邀请不同类型的专家为我们开设"爱家坊"家庭教育微课。班级的每位家长也像班级的学生一样，每个学期要修够班级家长学习学分。期末我们会针对家长的学习情况，由家委会为家长颁发"学习型家长"证书，鼓励我们的家长和孩子一起成长，成为孩子最好的榜样。

作为一个"三心二意"的创客班主任，给自己一个梦想、给自己一个承诺、给自己一个坚持，让我们坚定地走下去，我们会不断遇到自己教育路上的华彩。

第三节
去寻找教育生命的庆典

从初上讲台的手足无措，到成为"温州市名班主任"，我如同一只犟龟，执着地行走在班主任之路上，并经历了一次次教育的蝶变。日复一日的教育实践、写作反思、阅读重构，不断迭代的教育思维、教育行为、教育语言，让我终将遇到教育路上一次又一次的生命庆典。

推己及人，做读懂学生的分析师

在小学五年级，我的数学成绩遭遇了"滑铁卢"。考试后，戴着又厚又黑镜框的数学老师，在全班面前给我判了"死刑"，"你是我见过的最笨的学生，你数学永远学不起来了！"这个标签一贴就是一生，尽管母亲此后为我寻觅过数位数学名师补课，都补不回我面对数学的勇气。数学老师的语言杀伤力如同魔咒，彻底摧毁了我少年时代学习数学的自信心。

然而，我的初中语文老师是一位极具绅士风度的儒雅男士，洗得发白的衬衫总是烫得平平整整。他非常欣赏我的习作，几乎每一篇都当作范文在班级里大声朗读。多少个夕阳西下的傍晚，他带着我在操场散步，和我谈写作，鼓励我投稿，使我对文学从此钟爱一生。

日子一晃便到了高考揭榜，我的语文成绩全校第一，数学成绩全校倒数第一。因为数学严重拖了后腿，我只能去了东师，而仅数学成绩高于我的伙伴去了北大。我连续多年成为一中老师们教育师弟师妹不能偏科的"典型案例"。

成了"案例"的我，也成为了一名人民教师。东师四年，我开始思考什么样的老师才是优秀的老师。语数成绩的巨大反差，小学数学老师和初中语文老师给予我的不同的学习自信是很重要的一部分原因。我想，好教师一定宁愿让孩子在"我是好孩子"的意念中觉醒，也不要让孩子在"我是坏孩子"的意念中沉沦！"接近"和"挖到"教育的本性及因果联系的实质，也许成为了我做教师的兴趣源泉。大学期间，从小学生的习作家教，到外国留学生的汉语老师，再到低年级师弟师妹们的助理辅导员……面对不同年龄、不同特点的学生，我推己及人，努力让自己保持一种"创造力姿势"，努力成为每位学生的分析师。

"关系"第一，做陶冶情感的咨询师

2003 年东师毕业，我的教育之路正式启航。起初我在九山湖畔的实验小学担任语文教师兼班主任。初为人师，我倾注了自己满腔的爱与责任。和先生谈恋爱，我每天都是碎碎念地讲述自己班级学生的故事，直到结婚时，这个班每一个孩子的名字及性格特点，先生已如数家珍。

六年级上学期我怀孕了，当时孕吐反映特别厉害，常常是课上到一半，就冲到卫生间吐到满脸是泪，然后擦干红着眼回到教室继续上课。挺着 7 个月的肚子带学生从六楼跑下去出操，白校长担心地再三劝我回家休息，但我就是放不下孩子们。产后两个月因学校急需老师，询问我可否提前结束产假。我迅速回到了工作岗位，成为了一名奔跑的"奶牛"。学生、家长们看在眼里，都很心疼我。记得王正爸爸当时任梧田一所中学的校长，一次家校活动时激动地对我说："儿子生日聚会时，我问所有的孩子们，王老师对班级里谁最好，没想到每一个孩子都举起了手，这就是做教师最大的成功啊。"我把这个例子在全校教师会上分享给我们老师听，大家都觉得这是很了不起的！而大家的认可和赞美他的话也让我渐渐理解了"关系"是师生成长共同体的第一要义。

每年暑假教过的学生们会从世界各地回温州，和老师、同学们聚一聚。每次聚会，我特别享受聊孩子们小学时的成长趣事。虽然已是十几年前的事了，但每一件我依然记得清清楚楚。记得疫情期间看到某小区因患者封闭，我赶紧给第一届的学生张毅发去微信了解他的安全情况。张毅惊讶于我居然还记得他家的住址。是啊，每一个我所教过的学生，都如同我亲生的孩子一样，是我心头永远的牵挂。

就这样，我用打造和谐的师生关系陪伴着每一位学生成长，做陶冶学生情感的咨询师。但仅仅凭着满腔的爱治理班级还是不够的，爱是一种能力，是需要智慧的，我必须修炼升级。基于这样的思考，我开始不断汲取实验小学这个优秀团队给予的科研营养，寻找为孩子们终生发展奠基的班集体建设支点。感恩浸泡在实小整理课研究的那些岁月，让我品尝到了白校长所说的在研究状态下工作的快乐。我们班从学校的整理特色班到市直属优秀班集体，"整理"成为班级的一大鲜明特色，学生也因此受益无穷。毕业的孩子们每每来看我，大家总是乐此不疲地聊着当年整理课带给他们受益终生的好习惯。

从心出发，做班级课程的设计师

2012 年，学校派我去参加新教育海门开放周活动，我的班主任工作热情彻底被点燃了。回来后，我借助学校特色班建设平台，在班级积极实践所思所想，很快加入了温州新教育联盟。而后通过一系列的线上、线下学习，我成为全国新教育的一名种子教师。我从教育实践出发，面向学生成长需要，自主开发班级个性化的微课程。我让自己从关注教育的内容上抽离回来，关注身边每一个鲜活生命的成长。班集体是孩子们心的外化，当孩子们心的正能量在课程中逐渐增加，班级自然充满了爱与力量的磁场。对于班级微课程，我首先是从人的角度出发，思考这个课程是否符合孩子们的心理发展规律，是否体现了育人为本，力争将好的教育理念传递给每一个学生。

例如当学生在课堂上做小动作的时候，入职前几年的我就是用"讲道理、发脾气、刻意感动"这三招来治理。虽说班级基本维稳，但自身专业成长却如同一潭死水。这让我认识到自己是在使蛮力，其实是教育思维懒惰和粗糙的表现。不满足于现状的我开始大量阅读心理学、教育学、脑科学、管理学等书籍，不断改变教育思维，尝试教育创新。以学生情绪为原点，致力于班主任工作的创意、实践、重构，努力和学生共同创建一种美好的班集体生活。我开始追求成为一名"创客班主任"。

又是一年执教低年龄段。在一次下午音乐课后，小浠一脸泪水的出现在班级门口。她伤心地告诉我："老师，这节音乐课有几个男孩子太吵了，吵得我耳朵都要聋了。"我安慰了小浠，开始向周围的几个宝贝了解情况。原来是音乐老师的 PPT 中出现了海绵宝宝的形象。宝贝们都看过这个动画片，一下子抑制不住内心的激动，就开始手舞足蹈滔滔不绝欣喜若狂地讲起海绵宝宝。音乐老师很理解，等待了一会儿后进行了温馨提醒，但是几个男孩子依然收不住了，一直聊到下课。嗯，情况基本查明，看来要及时处理问题了。见我略有所思的表情，小浠突然停止了哭泣问我："老师，你会怎么对待他们？你可不要批评，要耐心和他们讲道理。"我差点没忍住笑出来，故作严肃地问周围的孩子们："你们认为我怎么处理比较好呢？"小翊抢着回答："温柔地告诉他们该怎么做比较好。"看来，班级常常提到的在他人犯错时，我们应该不指责，使用温柔提醒和帮助他人的方式，已经在孩子们的心里埋下了种子。

铃声响了，孩子们安静地望向我。我照旧先带大家做整理单的理心、理身和理学部分。在大家完成的过程中，我的大脑飞速旋转，思考着处理这件事情的方法。对于一年级的宝贝，说教肯定是最无用的，游戏和故事是他们最喜欢的教育方式。有了，大脑内存中刚好有一个结合语言相关的实验游戏——"植物被骂死"。于是我快速百度，搜到此实验，开始和孩子们分享。实验的过程不再赘述，结果是开始长得两株一模一样的植物在持续 30 天生长之后，接受负能量的植物眼看着就要不行了，而另外一株则健健康康。此时，班级安静到连呼吸的声音都能听得到，孩子们意识到了语言的能量如此之大。我接着补充："根据吸引力法则，多说正能量语言的宝贝，就会吸引宇宙间所有美好的一切，自己也就变成更加美好的小孩。但讲负能量的语言，吸引的可能就是很多坏习惯和坏事情。"接着，我把实验联系起孩子们音乐课上的表现进行了解读。" 在课堂上，我们说出的话如果打扰到了他人，破坏了课堂的环境，那就是负能量的话。如果积极主动发言，讲和课堂相关的内容，那就是正能量的话。对同学的鼓励、赞美的语言也都是正能量的话，而这些会让我们自己变得更加美好哦！"

几个课堂上没有遵守规则的宝贝开始皱起了眉头，我看出了他们的担心。我故作为难地说："我看出你们很后悔，这样吧，这次我帮你们想想，今天下午两节课的负能量怎么变少一点。比如，承认错误也是正能量的语言，不如我们就向音乐老师承认自己的错误，下次努力做得更好。"孩子们认真地点点头。于是，我和几个孩子一起录制了发给音乐老师的道歉视频。放学后，我把视频传给音乐老师。我想作为班主任，及时和科任老师沟通，引导孩子们上好每一节课也是非常重要的。当天晚间，我在小未妈妈的朋友圈中看到了小未要做一个植物的实验。孩子的好奇心与科学求证的精神值得称赞，但更重要的是这个实验深深地将语言的吸引力法则扎根在孩子们的心里，调动他们去自主思考、解决问题。

通过对课堂不遵守规则事件的处理，激起了我专业成长的阵阵涟漪。我发现教育中要想学生接受班主任的一个观点，从学生的情绪入手最为容易。"创客班主任"应该是学生的情绪捕手，创意地设计体验情境，尊重儿童的成长情趣。

"创客"班主任开始是一种我自己的追求，多年的实践中渐渐地成为我的一种信仰。从对待每一个生命的"情绪接纳—情境创设—情趣导引"到班集体建设的个性化班级微课程开发，不仅让学生们的童年变得更加多彩，还形成了引力波，让我的班主任专业成长之路更加朝向美好。

我带领学生们一起穿越《中外历史名人传记》，帮助学生找到"崇拜的人"，树立内心中的"高人"，产生克服困难的意志。学生们把这个"崇拜的人"经典话语作为"座右铭"，贴在书桌上，不断激励自己。我经常让学生说说自己偶像的故事，让学生成为"研究"这个人的专家。课堂上，"达·芬奇"、"居里夫人"、"鲁迅"等名人成了学生们的新称呼。"名人荟萃"的班级里，暗示效应让学生们的言行举止愈加文明，学习更加勤奋。

我会精心选择一个日记本，命名为《班级成长绿皮书》。全班每天轮流书写班级当天发生的事件及自己的感想、思考等。别样英语课、午餐排队挨罚记、阅读与成绩规律图……学生们渐渐开始关注他人感受，关注班级发展，同学之间的互动增加了，师生之间的交流增加了，人际关系也变得更加和谐融洽。每当同学之间出现矛盾时，大家常常学会换位思考其理解他人。

每学期，我依据《中国学生发展核心素养》和班集体建设目标制定出一学期学生德行培养主题序列，依托符合学生年龄特点的活动为载体，进行德育主题课程的开发。例如以"护养绿色植物"为背景的一个学期中，阳光灿烂的日子，走廊里都是在给自己植物进行日光浴的可爱的学生们。在学生们在交流养护活动心得的时候，他们联想到父母养育自己的不易，懂得了科学生活的重要性，养成了善于观察的好习惯……就这样，围绕护绿开展了系列的班级生命成长课程：爱科学、感恩父母、团结互助、珍惜时间等。

每学期开学，我都会为学生们举行一个隆重的班级开学仪式，当学生们在不同阶段取得不同成绩的时候，我还会为他们送上颁奖词，举行隆重的颁奖典礼。我们班开创了多彩的颁奖仪式：故事叙事型、情境诵诗型、颁奖词、优点大轰炸、视频展示型等。为每一个生命颁奖，让每一个学生都能将自己的长处发挥到极致，成为最好的自己是班级仪式庆典的核心理念。

游戏和实验都是学生们喜闻乐见的活动，在活动中学生交互作用，在交往中通过观察、学习、体验，认识自我，探讨自我，接纳自我，调整和改善与他人的关系，学习新的态度和行为方式。培养学生小组合作能力时，我利用"盲行""坐地起身""多米诺骨牌"等游戏，创造了一种信任的、温暖的、支持的团体气氛，使学生以他人为镜，反省自己，深化认识，同时也成为他人的支持力量。"剪水杯"的小实验，让学生们感悟到了如何处理好个人与集体的关系。弗洛伊德说："思想乃行动之父。"我们反复做什么，我们就是什么。"创客班主任"成为我专业智慧成长的坐标，班主任工作不再是从前简单的"告诉"和被告知的事情，"创客班主任"是有另外一种语言的，通过这种语言，他能说服学生的心，做出有效行动，构建了一个引领学生们主动的和建设性的自我成长过程。

我一直感恩于引领自己上路的恩师与温州新教育联盟，正是大家的引领和帮助，使我在班主任这条路上才走得更加踏实有力。从关心每一位孩子的"心"出发，做班级课程的设计师，我的班级微课程在《中国教师报》连载了六期。课程让我遇到了更多的教育生命的庆典，我陆续被评为了温州市优秀班主任、温州市骨干班主任、温州市名班主任。自己也在不断攀登班主任教育路上的新高度，而教师的高度也决定了学生的卓越程度。

多元融合，做联结世界的策划师

我很喜欢温州，喜欢温州的教育，喜欢温州教育为每个老师的成长提供的营养丰富的土壤。2017年9月，我选择离开了工作十四年的学校，来到了全新的一所私立学校——温州道尔顿小学。许多人不解，觉得我何必如此折腾？其实我自己是一个最怕生活在舒适区的人，这会让我有一种温水青蛙的感觉。我喜欢不断挑战自己，不断丰富自己的人生阅历。我不想抱着所谓的职称、荣誉过余生，我要让一切归零，继续追梦。

"为什么选择道尔顿？"白校长将整理课与道尔顿制整合的教育理念，而高学历、海归背景的同事带给自己思维的碰撞，让自己对教育的视角有了更多不一样的认识。多元融合教育背景下，我针对不同年级孩子们的年龄特点，以道尔顿"儿童中央，整理引领"为核心理念，系统设计了六年的班级育人目标，根据学生发展的连续性和阶段性特点，立足班情，做学生联结世界的策划师，把核心素养细化为不同教育阶段的班级培养目标，制定了《班级特质少年成长手册》。学生人手一本，每日以手册目标为导向，通过晨间"理心"、傍晚"理身"的基本生活方式，促使其形成良好的品德，为学生健康成长和未来发展奠定坚实的道德基础。基于道尔顿制整理室计划，我又借助每周作业合同、学习规划单和学习资源支持等的资源整合方式，导师答疑、伙伴互享互助和整理室的联动方式，立体式构建学生自主学习课程支架。

一分耕耘，一分收获。2018 年 4 月份我收到了联合国教科文组织的邀请，于巴黎时间 5 月 22 日上午参加了联合国教科文组织在其巴黎总部召开的"移动学习最优实践圆桌会议"。同时，还对英法两国的小学教育、中学教育及大学教育进行了考察与研究。同时主持的课题《基于手册，以项目为载体的学生自主管理二元结构模型研究》荣获了温州市教科规划课题一等奖。整理特色班集体的再次深耕，让我成为了 2020 年首期《班主任》杂志的封面人物。

五年过去了，回首自己当初的选择，我坚定地说："来道尔顿，看全世界。我庆幸，我的教育梦始终在路上。"从公办到民办，我再一次地突破自己专业视野的瓶颈，成为一名多元融合的未来之师。这期间，喜欢做公益的我，作为温州市教育局新雨家庭公益讲师团讲师，每学期都会承担一定的公益讲座任务，温州市图书馆、温州市少儿图书馆、《温州日报》、《温州都市报》名师讲坛等都留下了我公益讲座的身影。

一路辛苦一路歌。而关于我教育路上的未来梦想，我期待着有一天走进大山，扎根教育薄弱的学校，和另一群不同的孩子们再遇教育生命中的庆典。

附录一：

班主任日志十三则
开学月那些值得铭记的成长时刻

从教近二十年来，我从懵懂的师范毕业生，到成为一位"创客班主任"，每一天都过得很充实。"班主任"——这三个字也已深深镌刻在我的心底。然而，这一切并不是一蹴而就的。因为每天，都会面对无数大大小小的事，唯有热爱和专注，才能帮助我们穿过琐碎芜杂，抵达爱和教育的本质。

我喜欢通过写作来记录这一路上发生的事，喜欢写信给我班里的"合伙人"——家长和学生们。这一写，竟然累计了将近十万字。在这本书的附录里，我特意挑出一些写给"合伙人们"的日志，围绕"开学月"这个关键转折点，分享应该如何做，才能帮助孩子们顺利、快乐地度过幼小衔接起始段这个关键时期，开启成长为独立自主学习者的人生之路。

第一则 开学前的一封信

目标记录：培养独立自主的学习者　　　　　9月4日星期五　　　　　　　晴

我最尊敬的合伙人们：

你们好！从今天开始，你们将陆续收到我写给大家的信件。如标题，我们对宝贝的培养目标是：成为独立自主的学习者。六年后让宝贝带着自由、合作、自律、担当的道尔顿特质走入初中。

正式开学前的第一个周末，我们要根据昨天的清单做一些准备。建议在准备的过程中，以宝贝为主，爸爸妈妈协助，从一入学，就让宝贝养成"我是小学生啦，我的事情自己做，我要对自己负责"的独立意识。

一、物品准备

为培养宝贝合作的能力，也为减轻宝贝的书包重量，本学期我们班级分小组共用文具，统一放置在学校。所以清单中请大家一次性带好铅笔2盒、橡皮、直尺等放在学校备用。我们为每张桌子准备好了笔筒，每天若干的书写工具会放置在笔筒中供该组宝贝共同使用。宝贝无须自备铅笔袋每天背来背去。削铅笔的工作我们会交给宝贝轮流为小组服务，老师会指导宝贝使用班级公用的电动卷笔刀完成。

我们会非常关注宝贝养成受用一生的生活好习惯。例如喝水，每节课后我们会及时提醒宝贝为身体补充适量的水分。水杯建议不使用玻璃材质，以免出现不小心摔碎扎到的危险。学校有直饮水机提供温水，您不必担心宝贝喝冷水或烫到。每天清晨第一次喝水前我们会统一提醒宝贝将前一天的剩水倒掉，尽量喝多少取多少，既避免影响健康又可以避免浪费。

午睡是学校为宝贝们幼小衔接过渡期做的考虑。不必担心宝贝睡不着怎么办，因为午睡的目的是让我们的宝贝养成午后使身体闭目养神，休息一会儿的好习惯。我们会用故事开启午睡的仪式，在简短的故事结束后，宝贝们可以入睡，也可以让自己的身体安静地躺会儿。睡醒后，宝贝们会快乐地从教室滑梯上滑下去，开启幸福的下午时光。学校已为宝贝们准备好了榻榻米垫子，冬天还会有温暖的棉被垫子。爸爸妈妈们只需要给宝贝准备好小枕头和小被子即可。考虑到空间有限，也为了更好地训练宝贝叠被子的能力，建议尽量准备幼儿园大班使用的被子、枕头即可。记得贴好姓名以便区分。

需要宝贝带一包抽纸纸巾，主要是在班级生活中，吃好点心后用来擦嘴。有时候还需要擦汗、擦鼻涕等。学校卫生间已经提供了如厕纸巾和洗手后的擦手纸巾，请家长放心。

阅读是良师益友，把班级打造成书房是我们班级的目标。从一入学，我们就会非常关注宝贝们阅读能力的培养，所以班级图书馆的建设，先从宝贝们分享的 5 本绘本开始。请放手让宝贝学会做出选择，选择自己阅读过的最喜欢的 5 本绘本带到学校与大家分享。爸爸妈妈负责提醒宝贝贴好姓名贴，以便期末带回。

以上这些物品您一定担心宝贝这小小的身躯在周一早上该如何拿到教室呢？我们的高年级学长会来帮忙的。他们周一会在校门口帮助宝贝一起送到班级，所以请您放心。建议周日晚上临睡前，您可以引导宝贝将所有准备好的物品和书包一起放在门口，确认是否准备齐全，相信在您的引导下，小小的独立自主学习者一定会越来越出色。

二、材料准备

学籍表、健康表、预防接种证复印件是需要 9 月 8 日（周二）一并由宝贝转交给老师的，我们稍后会把健康表传到群里。第一次让宝贝完成转交这个大任务，也是培养独立自主能力的大好时机。今后面对还会出现的代爸爸妈妈交东西，我们可以这样做：和宝贝一起准备个大文件袋，将宝贝的姓名和要交的物品名称写在袋子封面。接下来，和宝贝对照封面内容，放入一份材料在封面打个钩。三份材料都放好后，引导宝贝学会核对封面都已完成打钩了吗？确认好再让宝贝亲手将文件袋放入书包，确认存放处，以便提交给老师。

三、时间准备

早上入学时间是 8：00—8：40 之间，老师们 8：00 就会在教室里陆续迎接宝贝们的到来。早到的宝贝我们会进行晨读或个别学业辅导。因下周一有开学仪式，因此建议 8：30 前将宝贝送到学校。每天上学需要穿好校服，每周一或重大节日需穿着正装校服，佩戴好领带（女生领花），黑色皮鞋。如果下周一宝贝的正装校服还未寄到，可暂时先穿白色带领那件校服替代。

每天放学时间为 3：40 分，家长在校门口天幕下接回。疫情期间请爸爸妈妈们准备好健康码、戴好口罩、测量体温后进入。有的爸爸妈妈下班较迟，无法及时接送的，下周可以关注学校关于放学后 3：50——5：10 分的 IVY 课后管理通知（基本情况是每周周一、周二、周四三天可进行课后管理）。

四、学具准备

一般需要包书皮的书本：《语文》、语文课堂作业本、《数学》、数学课堂作业本、口算训练、全部英语用书。所有教材周一可以全部带到学校，我们会指导宝贝们放在指定的柜子里保管，不用每天背来背去。每天回家书包里只需要放好语、数、英课本，以便听读使用。宝贝的班级、姓名统一写在封面的左下角，写好后再包好透明的环保书皮。包书皮可能对一年级宝贝有点困难，需要爸爸妈妈们的帮助。但培养独立自主的学习者，您可以请宝贝一旁观摩学习，帮助贴姓名贴、写名字、整理包好后的垃圾。

五、心理准备

后天就正式上小学了，建议周末召开一次家庭会议，充满仪式感地为宝贝做好心理建设。每天一句鼓励、一次培养独立自主的学习机会。另外请调整好作息时间，8：30 前入睡，保证 9 个小时左右的睡眠。同时建议：

1. 远离手机，陪伴阅读。通过坚持定期带宝贝去图书馆、去书店选购图书、亲子共读、为宝贝寻找阅读伙伴等方式，培养阅读习惯。

2. 民主沟通，形成约定。规则以内宝贝应得的，必须满足，规则以外的不能满足的，需温柔而坚定地说明原因，不能哄骗。

3. 准时接送，有事提前请假。早上不能准时到校要和班主任提前请假并钉钉做好请假流程，您有特殊事情不能按时接宝贝的要及时告知班主任老师。上学期间，因特殊情况要接孩子出校需填写出校单。有特殊情况需请假的，家长请使用钉钉

APP 提交请假申请。

　　哈哈，第一封信有些太长了，因为总想说得具体些，避免我的合伙人们因不清楚而产生焦虑。未来，我们一定还有很多很多要说的话，多多交流，慢慢道来。教育路上，有你们同行，不再孤单。

班主任：王老师

第二则　开学日的观察

记录目标：心理安全感建设、生理问题保障　　　　　9月7日星期一　　　　晴

　　开学第一天，迎着晨光，宝贝们在爱心学长的帮助下顺利地来到自己的班级。一大早，我和小林老师已在教室等待。从欢迎第一个宝贝李未的到来开始，通过师生间一句温暖的问候，接过宝贝手中的书包、环保布袋、午睡被褥，到快速帮助宝贝找到她带来的绘本，开启安静的阅读时光。

　　书香在班级弥漫，从入学的第一个清晨第一位宝贝开始。拍照，爱阅读的你们此刻是我们眼中幸福的唯一，马上将宝贝们专注的照片传到教室的多媒体分享。陆续进来的宝贝，看着阅读者的照片，会意地拿出绘本，也跟着安静地读了起来。这就是榜样的力量！

　　观察着每一个宝贝的状态，发现了泪眼蒙眬的小睿，嗯，一定是想妈妈了。抱着他贴近他的耳边说句悄悄话："走，老师带你去小花园看看。"拉起小手，聊起妈妈，我的猜想得到了确认。赏花，转移他的注意力，然后拾起一朵花瓣，握进手心，告诉他："这花瓣有妈妈的味道，握着它，就像抱着妈妈一样。"小睿愣了一下，紧紧地握在手心。"你不哭的样子真帅，可以回教室看书了吗？我为你的勇敢点赞，晨会结束了送一份神秘礼物给你。"小家伙看着我的脸，把我的手拉得更紧了。晨读，归于平静。

　　8：32，距离开学仪式只剩8分钟了，这可是宝贝们第一次参加这种大型仪式活动。关键点是站直、安静。开始创设游戏情景："每个宝贝身上安装一个追踪仪和一个消音器。追踪仪就是跟踪前面小朋友，消音器就是不发出声音，以免被发现。整个晨会过程中，追踪成功者即将获得甜蜜糖果分享。"孩子们一听玩游戏，兴奋起来，跃跃欲试。我请星辰宝贝和我一起给大家做了示范，我盯着他的小脑袋，一路紧跟，既不能发出声音，又不能触碰到身体，追踪成功。哈哈，宝贝们居然惊呼："老师，你太厉害了！"叮咚、叮咚，和孩子们一起在小脑袋上轻点两下，他们也安装完毕，游戏就这样开始了。

8：40 的开学仪式近 50 分钟，宝贝们表现达标。同时也让我观察到了几个需要重点关注的小调皮。小插曲是宝贝涵在学长交友环节号啕大哭，因为不是自己的姐姐来和自己交友，哭着嚷着要去找姐姐。把她拉到身旁，紧紧拥着，又是悄悄话："嗯，一定很喜欢姐姐吧，我也喜欢她呢。有时间我陪着你去看她好不好。"也许对于一年级的宝贝，拥抱是最好的良方。难怪小 A 同学笑着对我说："我以为小学老师比幼儿园老师凶很多，原来这么温柔的。"

晨会结束，孩子们洗手，开始 SNACK 时光。孩子们有些累了，在我做了示范之后，很安静地坐下来，绅士淑女般地吃着饼干和冬枣。过程中，观看饮水机取水、如厕消毒、餐盘整理视频。开学第一天，解决生理的需要是最迫切的，这样孩子们就有了安全感。

接下来是去餐厅熟悉路线、安排位置，参观校园里孩子们喜欢的各种游乐设施。了解规则，轮流按规则玩一次，自由游戏 5 分钟……吃饱喝足的孩子们，又快乐地玩耍了一阵子，带着愉悦的心情去吃午餐了。

从餐前关于道尔顿餐厅五星级大酒店传说的氛围渲染，到五星级食客的礼仪讨论，做足了功课的宝贝们吃得津津有味。有的宝贝说："这五星级酒店也太好吃了。"就餐过程中，我们一直关注宝贝们的安静进食和尽量光盘。对于讲话的宝贝，我们的提醒是："你可以选择现在讲话，但一会儿自由游戏时光要留下来练习安静，你也可以选择现在安静就餐，吃好后去享受自由游戏的时光。"讲话的宝贝大多数在提醒一到两次后，都会做出正确的选择。餐盘整理，我们拍下了部分不合格的餐具整理照片，等待中午睡前反馈跟进。

午睡前，反馈了餐具整理的情况后，带着宝贝们上楼睡觉了。从如何按学号放置鞋子，到安排位置，铺被子，孩子们秩序井然。情商故事开启了午休的仪式，故事开讲了，孩子们渐渐静了下来。故事结束了，孩子们也都慢慢进入了安静模式。好景不长，窸窸窣窣的声音开始出现，午休接近结束时此起彼伏要去厕所的声音也传来。结果是根据我们的约定："讲话和去厕所的宝贝都只能走楼梯下去，失去了滑滑梯的机会。"小铭主动地说："老师，我讲话了，我走下去了。"小辰说："幸好没去小便，差点没得滑了。"我们和孩子们的约定就这样默默地在孩子们的心中生根、发芽。选择和自由的关系也一点一点让他们慢慢体会。

下午的时光，我们和宝贝们一起学习整理"书包住宅"、给水杯安家、整理书架、整理书包，每一个项目从教师示范、动作分解到宝贝们实操、教师——反馈评价，争取落实到每一个细节。我们讨论了分组，构建了家族、邻里的小组情境定位，互帮互助的小浅和小铭被作为榜样得到了大大的表扬。最后放学前，我们和宝贝们一起梳理了今天学习的心情和收获，对这一天做了一个规则的复盘，并布置了回家考考爸爸妈妈"规则知多少"的任务。因为真正的倾听是听完之后能够说出来，希望通过复述的方式，让宝贝们学会倾听。

放学前的队形模拟练习、实地操练，确保了放学时第一个快速而整齐地到达了指定位置。很遗憾的是忘记了和宝贝们约定再见的仪式，慢慢来过。

第一天，告诉自己从容，也告诉孩子们"学会选择"。做好每个第一次，视频、教师表演、师生互动等多种形式的规则习得，动作分解、实操、评价一体的习得路径，让我们过得充实而不忙碌。放学前对宝贝们说：我的心里住进了 28 个小精灵了，今晚我会梦见谁呢？哈哈，答案明天揭晓。

第三则 开学后的信

目标记录：培养独立自主的学习者　　　　9月8日星期二　　　　　晴

尊敬的合伙人们：

　　美好的一周转眼进入第二天了。上封信和大家交流了家庭中在习惯养成方面如何培养宝贝成为独立自主的学习者。今天要和大家谈谈如何利用"道尔顿语文学习合同"培养宝贝独立自主的学习能力。

　　相信今天的您一定牵挂着宝贝在学校里是如何学习的？学得开心吗？都学会了吗？今天有作业吗？如何对宝贝进行辅导呢……太多的问号背后也许让您还有些焦虑，未来是"母慈子笑"的放学时光，还是"鸡飞狗跳"的学习辅导时光？那就让我们从我们道尔顿独具特色的"学习合同"说起吧！

　　打开宝贝的书包，您会看到一张"语文学习合同"。每周一宝贝都会收到这样一份合同，使用时间为一周。在课上，我们会和宝贝一起细细地来认识合同，了解合同，学习使用合同指导自己的学习。我们反对把宝贝变成机器人，每天执行老师输入的知识指令，我们倡导宝贝是学习的主人，从小学会做学习的主人。合同包括六个部分。

　　第一部分：你将要学什么？也就是这一周的学习目标是什么，清楚地让宝贝在一周开启的时候就明确前行的方向。所有罗列的目标是我们一周全部的教学目标，宝贝可以根据自己的学情勾选自己需要学习的目标，有些可能是自己已经实现的目标了，就可以不做勾选。

　　第二部分：你将如何学习这个内容？是指资源和方法。宝贝需要养成一种思维习惯，就是我可以用哪些方法去学会我想学的内容。在低段初期，我们会做一些示范给宝贝勾选，慢慢地拓宽宝贝的学习路径。

　　第三部分：完成这些目标的期限。我们把教师的教学计划列在了上面，宝贝可以根据自己的学习节奏。也许一个内容需要两天掌握，或者一天掌握两个内容，都没有关系。重要的是有规划自己学习的思维。

第四个部分：你如何知道你学会了？也就是思考自己学会的证据。通过学习行为的外显或者作业、作品的提交，让宝贝清楚地知道学会是怎样的一种表现和状态。实践和运用是对自己学会最好的证明。我们在初期也是用勾选的方式给宝贝选择，慢慢教会宝贝独立思考。

第五个部分：你如何证实你学会了？谁将接收你的学习成果？他们将如何评价？也就是验证自己的这些证据是否证明自己真的学会了。我们采用表现性评价的方式，为宝贝列出了每个目标达成的最好的样子是怎样的，不同水平的表现是怎样的。通过评价，宝贝会知道自己目前的水平在哪里，离最好的目标还有多远的距离。

第六个部分：导师和学生的评价与反思。通过自评和他评，让宝贝学会对自己的学习过程进行监控，学习内容进行整理。这也是指向元认知的一种学习，是让宝贝养成终身受益的学习习惯。

宝爸宝妈们，对于一年级的小宝贝，也许你们觉得会不会太难了？相信未来，大胆前行，我们允许孩子暂时的不理解，给孩子慢慢理解和掌握使用方法的时间。让我们一起拉着孩子的手，一步一个脚印慢慢来。教育不是为孩子一阵子负责，而应该是为孩子的一辈子负责。我们之所以不选择传统填鸭式的快速地让孩子大量掌握知识，而是放慢节奏，让孩子真正学会如何学习，就是对孩子的一辈子负责。在"学习合同"使用过程中，也欢迎您积极进行反馈，为我们"学习合同"不断迭代提出宝贵建议。

你们是我们的合伙人，道尔顿提倡契约精神，我们可以经常交流，探讨达成共识，为了我们共同的孩子们，一起加油！

班主任：王老师

第四则　关于整理习惯的养成

目标：清楚一日惯例，激发守规动机　　　　　9月9日星期三　　　　　　晴

作为成年人，如果我们刚换到一个新的工作环境，会最渴望先了解什么呢？我想就是一日的工作惯例是如何开展的，以及要了解新环境中有哪些需要遵守的规则。孩子们也是如此，要养成良好的行为习惯应该清楚地从让孩子们了解每个时间段我该做什么，如何做。

传统的一次性讲授，难以在一年级孩子们的心里留下深刻的印记。因此，班级布置的可视化一日时间惯例流程图应运而生。我们首先确定可视化的主题为晨间整理流程、课间整理流程、午睡整理流程、自主整理流程。其次提炼可视化主题的内容，根据内容关系确定图表进行可视化布局及设计。

晨间整理流程：看课表—做准备—放书包—静阅读

课间整理流程：换准备—推椅子—查地面—喝水如厕—散散步

午睡整理流程：放鞋子—铺被子—安静睡—叠被子

自主整理流程：整理情绪—梳理学业—整理书包—整理柜子—推好椅子

我们将以上惯例流程采用图文结合的方式，粘贴在教室最显著的位置，成为每个宝贝一日生活的可视化整理支架。

对于刚入学的宝贝们，牵一发动全身的规则最重要的就是倾听、发言、控制音量、安全。我们依然采用可视化的方式，进行规则的分解及示范。

倾听：挺直背、脚放平，望着别人耐心听。

发言：先举手，挺起胸，选好音量说完整。

音量使用：0级不出一点声；1级两人悄悄话；2级小组能听到；3级教室里发言；4级舞台来表演。

安全：走廊教室靠右行，轻声慢步有礼貌。文具门窗不可玩，保护自己和他人。

如何去让孩子了解这些流程呢？枯燥的讲解肯定是行不通的。我们通过故事引

领、话题讨论、情景表演、动作分解、判断对错、画出自己的理解、分享给他人听等方式带领孩子们反复进行练习，强化孩子们的行为习惯。但我们认为更重要的是还要在认知上让孩子们有主动去养成这些惯例、遵守这些规则的意愿，也就是激发孩子们的内部动机是极为重要的，它将会使这些习惯的养成起到事半功倍的效果。为此今天我们带着孩子们阅读了绘本《乱七八糟魔女之城》。在绘本的讲述过程中，我们和公主一起在"规则之城"里穿越，训练孩子们先观察、想规则再行动、要检查的解决问题思维方式。

绘本内容是找规律，但我们把它做个改变，观察规律就是发现规则，然后按规则办事才能找到正确的路救出王子。在巨人这个环节中，把图画上那个白色指甲图了一半黄色的理解为公主做检查，发现一处没有遵守规则的赶紧补救，多亏了检查，否则就不能到峭壁的另一边了。坚强公主到最后成功救出了王子，改变了乱七八糟魔女，告诉孩子们这样一个结论："方法总比困难多。"希望这句话像一粒种子，在孩子们的心中生根发芽。

回顾开学的这三天，还有许许多多的宝贝个案问题在处理中。例如举手没被请到会生气，觉得有些别人会的本领自己不会就不自信，担心交不到朋友会孤单，交往过程以自我为中心弄得伙伴生气，表述事件区分不清事实和想象，上课注意力的专注度不够，独立整理能力较弱等等。对于刚刚入学的宝贝，这些现象都再正常不过了。今天我们主要解决交友。通过角色扮演中老师的交友语言、动作示范，让孩子们学会主动交新朋友的方法，孩子们在自由交友时间根据姓名牌再运用上新方法，脸上露出了灿烂的笑容。对于没有主动交友的恬宝，我拉起她的手，问孩子们谁愿意和她做朋友，全班小手林立。麻豆主动跑过来说："我可以和你做朋友，我是麻豆，请多关照。"哈哈，太可爱了。交上了朋友的下一步就是如何相处，辨别情绪、换位思考、友好表达也将陆续在班级里开展相关的活动。

这两天放学，言言、翔翔、灿灿都主动帮助打扫教室，灿灿说："我第一次打扫教室，没想到是这么的幸福。"瞧！我们成人眼中的劳动和孩子们眼中的劳动是多么的不一样。为此，保护好孩子们的每一个第一次，用正念去影响他们是多么的重要。

开学第三天，孩子们在其他科任老师班级里的表现如何呢？班主任与科任老师积极配合至关重要，可以了解到更真实的班级状况。晚上建了一个诸葛亮群，将所有科任老师拉入群，起名曰"诸葛亮群"，希望用班主任真诚的话语与积极配合科任老师的表态，得到科任老师对班级工作的支持。尊重科任老师，给予科任老师权威及权力，是班主任应该有的姿态。

一天就这样在和孩子们的相依相伴中，在指尖敲击的文字中悄然而逝。但留在彼此生命里的是说不完的故事。依着节奏，慢慢来，扎实走好每一步。

第五则　开学一周的信

目标：培养独立自主的学习者　　　　　　9月11日星期五　　　　　　晴

亲爱的合伙人们：

时光飞逝，我们迎来了宝贝成为小学生的第一个周末。周末，如何延续道尔顿小学的整理理念，让宝贝成为一名独立自主的学习者呢？

一、物品的整理

经过一周的学习，宝贝的书包需要进行一次彻底的整理。建议：

1. 各学科发的纸张，指导宝贝分类放在不同的文件夹里，以防丢失和损坏。每张检查是否写好姓名。

2. 书本是否有折角或者乱涂乱画，一起来给它们"洗洗澡"。卷角处可以用夹子夹平整，涂画的地方用橡皮擦干净。

3. 新购买的各类文具和学具需要在每一个上面贴好姓名贴。校服也需要在里面标签处写好名字和班级。

4. 水杯需要彻底清洗消毒。

二、学业的整理

1. 可以和宝贝一起打开各学科本周使用过的相关材料，请宝贝说说他们是如何使用的。也可以请宝贝给爸爸妈妈拿着材料上课，模仿老师分享本周的一些课堂知识。

2. 和宝贝一起浏览课表，让宝贝说说不同课程的课堂规则和学习内容。关注宝贝对不同学科的学习兴趣，及时进行正面的引导。

3. 向宝贝了解周末各学科的学习任务，认真、独立地去完成。

三、情绪的整理

一周里，宝贝认识了许多新伙伴、新老师，一定也发生了许多的小故事。我们可以和宝贝聊聊这四个问题：

这周你过得快乐吗？

你有什么好事和我们分享吗？

有什么需要爸爸妈妈帮忙的吗？

和我们聊聊你的小学生活感受吧。

四、关于语文学科的温馨提醒

1. 刚接到通知，《语文课堂作业本》（一上）需要自己购买，新华书店有售。辛苦家长周末购买，包好透明书皮，写好班级、姓名。

2. 周末语文的常规作业仍为坚持每天阅读课外书。下周开始语文书的学习，会增加听读的内容。

3. 本周的"学习合同"内容是学习常规，孩子们在老师的带领下，已在课堂上完成了相关的学习和评价。今天发了一张整理单，梳理了一周的语文学习内容。作业已告知过宝贝，就是拿出整理单说给爸爸妈妈听，然后请爸爸妈妈在学习合同上的"整理单"和"父母评价"部分做个评价。周一带回学校保存。

祝大家周末愉快！

班主任：王老师

第六则 关于阅读的思考

目标：形成良好的阅读氛围　　　　　9 月 14 日星期一　　　　　雨

　　晨间的阅读时光是一种静谧的美好。经过一周多的指导，孩子们已经养成了这样的晨读惯例：进教室—手势问好—看课表—做第一节课前准备—放书包、水杯—昨日阅读时间银行登记—取课外书安静阅读。在整个过程中，孩子们保持 0 级音量阅读。当音乐响起，孩子们会自觉放回阅读的书籍，开始做好晨间整理的学习准备。

　　阅读的重要性不言而喻，如何养成孩子家庭中的阅读习惯也是我们所要思考的。就用孩子们喜欢的故事作为启动课，开始我们的阅读习惯养成之旅吧。我带着孩子们一起阅读了绘本《三重溪水坝冒险记》——一本关于阅读的神奇故事。故事的大意是说三重溪小镇上到处都是书，但小镇上的人却不读书，他们整天都盯着电视看。书都被用来做门槛、盖屋顶、当椅子坐、当桌子吃饭，当枕头睡觉……蒂蒂姨妈为了抗议，五十年都没有下床！姨妈告诉小伊莱："书本是宝藏，你只需要一把钥匙就可以打开这个宝藏。"在姨妈的教导下，小伊莱掌握了那把钥匙。所有的孩子都想拥有这把钥匙，于是整个小镇都发生了神奇的变化……随着故事情节的跌宕起伏，阅读的意义让孩子逐渐地明晰。

　　接下来推出班级的"阅读时间银行"活动。我将阅读时间银行表格粘贴在孩子们可以方便使用的地方，进行阅读时间的存款登记。存入说明：每天在家里阅读前做好喝水、如厕等准备工作，阅读期间不离开自己的位置专注阅读。可以用计时器或者钟表、沙漏等做好阅读时间的记录。阅读超过 30 分钟，表格上涂红色，代表存入 100 个阅读币；阅读未满 30 分钟，表格上涂黄色，代表存入 10 个阅读币。其实孩子们的阅读时间银行也许计算未必精准，但是希望通过这样的一个活动激发孩子们阅读的热情。

　　孩子们面临的问题是有辅导班或者外出吃酒，怎么安排阅读时间呢？全班一起帮忙想办法。很多孩子说到可以把书带到酒店，等菜或大人们聊天的时候阅读。还有的小朋友说可以带到辅导班的路上或者等待上课的时候阅读。也可以安排好时间回家睡前阅读、清晨起床晨读等等。总之一句话：方法总比困难多，时间就像海绵里的水，挤挤总会有的。

这周还和孩子们分享了诗歌《爱阅读的树叶》，男生读、女生读、师生读、分角色读、齐读，在优美的画面中，把"树叶"替换成小朋友名字的趣读中，让孩子们更加喜欢阅读。

威尔逊曾说："书籍——通过心灵观察世界的窗口。住宅里没有书，犹如房间没有窗户。"这周我们仅仅先做了个阅读的预热，希望未来我们能用丰富多彩的阅读活动，搭建更多给孩子们展示的阅读舞台。同时我们也要带动班级的宝爸宝妈们，一起加入阅读的行列，形成班级良好的亲子共读氛围。

第七则　关于物品整理的思考

目标：形成良好的整理习惯　　　　　9月15日星期二　　　　　晴

　　每天早上的第一节课是我们的晨间整理时间。今天的8：40，我们从反馈昨天放学后拍摄的每位小朋友柜子物品摆放的照片开始。

　　首先找亮点，大家从柜子整体的照片中快速搜寻到了摆放特别整齐的几个格子。我们一起来分析这几位小主人的整理秘诀。以整理得井井有条的小澈柜子为例，大家观察到"大书在下面，小书在上面，书脊全朝外，放在柜子最里面。"达成整理标准共识后，开始成为"整理小医生"，帮助照片中个别物品凌乱的小主人开药方。在经过一番"照片的启示"讨论后，大家动手实践，快速地完成了柜子物品摆放的调整。部分宝贝也在老师的指导下，计划利用课余时间去给自己的物品贴上姓名贴。

　　今天接下来的每一节课间，我们都在关注着小朋友们物品整理的落实情况。结果是到了下午放学前的检查，仍有部分孩子未能保持早上整齐的状态。究其原因，对于一年级的孩子来说，物品的整理也是一门大学问，需要进行细致的过程分解，每一个步骤都要有明确的目标指向及可视化反馈。

　　如同昨天的语文课，仅是课前准备需要的内容、摆放的方法就从示范到练习到逐一反馈，经历了一节课的时间。如此细致地操练之后，今天的语文课仍有四位宝贝未能按要求做课前准备。所以，物品整理还有一个必不可少的方法，就是反复地练习，不断地反馈。

　　自主整理时间带领孩子们整理了第一期的"学习合同"将之存放在教室的文件夹里。首先教师示范：1. 根据自己的学号找到自己的文件盒 2. 盒中的文件夹有四种颜色，拿出其中的绿色为语文整理文件夹。3. 认识文件夹的内部结构，了解哪个为第一层。4. 将合同放入第一层文件夹。5. 扣上扣子，文件夹脊背朝外，立在文件盒的第一排。在老师分步骤的示范之后，孩子们在老师的指导下，一步一步共同实践每个步骤。最后老师逐一检查反馈。经历了这样一个历程之后，孩子们首次使用文件夹整理纸质材料，基本上都做得比较到位。

因此，一年级在我们成人眼中一件微不足道的小事，可能恰恰需要太多的细节引导孩子。所以，一年级认了多少个字，会算了多少道题都只是暂时地看上去跑在前面。而后劲最足的往往是那些拥有着良好的学习习惯、生活习惯的孩子。教会孩子受用一生的好习惯，无论是老师还是家长，才是最根本的教育智慧。

第八则 关于情绪问题的处理与反思

目标：良好情绪的建立　　　　　　9 月 17 日星期四　　　　　　晴

开学近两周了，经常有收到个别宝爸宝妈的一些反馈。主要是孩子在校的交友问题，和同学关系相处问题，对小学生活节奏的适应问题等等。家长的焦虑都可以理解，但焦虑是可以传递的，重要的是我们处理好自己情绪的同时，教会宝贝处理情绪的方法。

流泪的小乔

一早进教室，我习惯性地开始观察每个宝贝的情绪状态。只见小乔脸上阴云密布，做课前准备的过程，他重重地将书包摔在地上，接着拿出第一节课前准备乱糟糟扔了一桌子。接下来隔几分钟就躁动地离开位置。我嗅到了他体内坏情绪的味道。我将他唤出教室，一起坐到走廊的沙发上。

"宝贝，今天早上出门前一定有什么不开心的事吧？"

小乔沉默不语，眉头紧锁。

"如果你不说，我愿意陪着你，但是解决不了问题。如果你说出来，我保证一定有办法帮助你。"

小乔开始流眼泪，接着浑身颤抖地抽泣，看来是真的非常难过。我把他搂在怀里，摸摸他的背，让他先把自己的情绪充分释放。

"妈妈出差了。"流着泪的小乔终于挤出了几个字。

"我知道你一定是舍不得妈妈走，我小时候也有过你这样的感受。我能理解。没事，难过就哭吧，王老师抱着你。"我把宝贝搂得更紧了。

小乔依偎在我怀里，我在他耳边轻轻地说："这几天王老师会像妈妈一样陪着你，任何时候无论你有什么事情都可以随时来找我。我还愿意分享你的开心和不开心。我想出的办法就是让妈妈每晚和你视频聊天一次，这样就不会很想妈妈了，好吗？"

小乔停止了流泪，默默地点点头。"我是陪你再坐一会儿，还是可以去班级读书呢？"小乔站起来跑向班级，我在身后唤了句："慢点，注意安全！"我认为从小要让他们学会选择，而不是听从于成人的各种指令。

孩子的每一个想法都值得被尊重。生活中先处理情绪再处理事情，如果宝贝的情绪没有处理好，那么这一天的学习状态可能都会受影响。

情绪的"午餐"

午餐及午休前的自由游戏时光，也是帮助孩子们处理情绪的最佳时期。看到最近不太听劝告的小辰盘子里还有许多菜没吃就想离开。我和林老师不约而同端着自己的餐盘坐到他的身边。两个人一唱一和："宝贝，我们特别喜欢你，可以坐在你的旁边和你共进午餐吗？"小辰开心地说："当然可以啊！"我趁机向他撒娇："宝贝，我们自己吃太没意思了，陪我们吃几口吧。这牛肉味道很好吃，要不你尝尝。"小辰居然爽快答应了，一边夹起牛肉，一边打开了自己的话匣子（这时餐厅只剩下几个同学了，所以才可以讲话）。小辰聊起了对父母的一些看法，让我们看到了这小小的身躯里住着的大大的世界。深入了解一个孩子，交谈的场所和氛围太重要了。

小涵经过我的身边悄悄地问："我吃好了，可以走了吗？"看着她比昨天少的剩菜，我表扬了她。她依旧是面无表情地去倒餐盘，宠辱不惊啊！趁她转身要回教室的空当，我站起来说："正好我也吃完了，我们一起走好吗？"她还是一如往常地不说话，但当我伸出手，她主动把小手放在了我的手里。真是让我心头一喜。路上，沉默。我就从她最喜欢的姐姐入手吧。我们聊了她和姐姐各自上的辅导班，听到她喜欢乐高，我央求她把作品的照片发给我欣赏，她开始蹦跳着答应了。回到教室，我把她拉到地垫上，拿起兔子大玩偶，开始和孩子们玩角色扮演游戏。小涵被我的游戏情境带入了，终于打开了话匣子，脸上更是从未见过的灿烂笑容。嗯，和孩子们共同的游戏时光，是打开孩子们心扉的好方法。游戏，从我们两个人，渐渐地有更多的女孩子加入，教室里传来阵阵银铃般的笑声，真美好。我想这是一个好的开始，小涵从心里慢慢地打开了自己。你瞧，午睡后找我来扎辫子了。

今天的午睡睡前故事发生了改变，从音频故事改为每天一位宝贝讲故事。没想到孩子们报名如此踊跃，第一位"豆宝小老师"分享了两本绘本，真是有模有样。

还有今天的小未、小隆、灿灿、小然、小梓、小恬、小成、小文、小沛、小伊，我和他们之间也都发生了各种故事。无奈时间有限，还有一天的手机信息需要浏览回复，有机会再慢慢写来吧。如果哪位家长的信息我忘记回复了，请一定相信我不是故意的。因为信息太多，难免会漏掉。

第九则　开学半月后的信

目标：培养独立自主的学习者　　　　　9月18日星期五　　　　　晴

亲爱的合伙人们：

周末愉快！首先感谢上周末阅读信件后，协助宝贝周末完成任务的何劭乐家长、黄歆然家长、林浠家长、王一言家长、谢忻恬家长、严洛伊家长、杨星辰家长、杨子隆家长、张乔家长、张舒涵家长、蒋楷文家长、陈一成家长。

本周末，除了延续上周常规的学习物品整理外，对语文作业做一个说明：

学习合同家长评价

本周语文重点培养的学习习惯和学业内容都已在学习合同中注明。请宝爸宝妈们关注孩子们的自评情况，把老师的评价读给宝贝听，并对宝贝一周的家庭阅读情况做个评价。建议在这个过程中，以家庭会议的方式，让宝贝将合同的使用方法具体说给您听，同时找出宝贝本周进步的亮点予以鼓励，将发现的问题周末进行练习。

关注宝贝的3本资料

语文书：请宝贝做小老师，把学过的两课讲给您听。注意关注宝贝的读书姿势。

课堂作业本：正确率4.0为全部正确，3.0为有错需要订正；书写4.0书写认真，3.0书写一般（本次均为连线没用直尺）。

胡三元生字抄写本：合同已注明为选做，鼓励宝贝周末保持端正的写字姿势挑战完成第4页、第5页。

温馨提醒：1.如果还有学习材料没有贴好姓名贴或者包书皮的宝贝，宝爸宝妈务必和宝贝一起做好整理。2.周一请提醒宝贝务必将以上所有的相关学习材料带回学校。还有水杯，一定出门前提醒宝贝做好检查。

祝大家周末愉快！

班主任：王老师

第十则　关于规则教育的思考

目标：规则的建立与守护　　　　　　9 月 22 日星期二　　　　　　阴

违反规则的宝贝

开学有一段时间了，对于从学习到游戏的各种规则，孩子们基本上已经有所了解。那么对于违反规则的宝贝，我们该如何处理呢？

今天，班里的两位宝贝因上午违反规则被取消了自由游戏的权利。在自由游戏的这段时间里，我陪着他们在一旁观看其他的孩子自由地玩耍。两个宝贝羡慕地看着玩乐高、滑滑梯的同伴，一位开始发脾气："你不让我去玩，我以后就永远不要吃饭了。""哦，你觉得不吃饭就可以解决问题是吗？那你还是慎重做这个决定吧，因为对我没什么影响，倒是你会饿肚子。"我紧紧挨着他，摸了摸他的头，"老师知道你很想去玩，但是我们有约在先，违反了规定，就只能取消自由，坐在这里思考了。但老师对你的爱并没有变，只是我必须按约定执行。"

小家伙见威胁无效，开始转央求："老师，求求你了，我以后一定回来不迟到了，也做好课前准备再去玩。""我怎么相信你能做到呢？"我故作疑惑地看着他，开始引导他思考上课迟到和不做课前准备的原因。"我每天进步一点点，少迟到。"他给了我一个很不具体的答案，我仿佛看到了平时他和爸爸妈妈谈话的影子，应该是进步就好。如何进步呢？小家伙挠挠头："要不我看时间。""去哪里看？你会看吗？"我追问。他哭丧着脸知道不可行。

"我帮你想一个办法吧！"我给出了建议，"你可以观察其他小朋友。发现大家已经开始往教室走了，就说明要上课了。还有课间在教室附近玩，不要跑得太远。你觉得怎么样？""嗯嗯，我知道了。"他拼命点头，"那我现在可以去玩了吗？""不可以哦，我们这个中午的自由游戏时光都因为违反规则取消了。如果教你的这些方法没用上，可能下午的自由也没有了呢。""哦，好吧！"我温柔的坚持让小家伙彻底清楚了我的底线，不再讨价还价。

我们三个继续坐着。"来，说说老师帮你想出来的方法记住了吗？重复一次吧！"小家伙重复了一遍，还特意强调一定做完课前准备去玩，不用我每节课间提醒他了。"我相信你接下来一定会很有进步的，最重要的是把方法和规则放在心里面哦。"

之后我开始和旁边另一位取消自由的宝贝谈话，主要围绕着排队乱跑和掀女同学衣服的事件。宝贝很诚恳地承认了自己的错误，也主动向他人道了歉，告诉了我正确的方法。

面对违反规则的孩子，我们作为教师，首先是了解孩子行为背后的原因是什么？然后帮助孩子一起找到解决问题的方法。其次让孩子懂得犯错的代价，对规则有敬畏感。都说世界上最无效的教育就是：发脾气、讲道理、刻意感动。所以我们成人应该学会温柔的坚持，在孩子犯错的时候，告诉他们，我们的爱从不会因为错误而改变，给予孩子足够的安全感。同时不要粗暴地告诉孩子我们的要求是什么，而是和孩子讨论一起做到要求的方法。在整个过程中，对待孩子的哭闹、威胁、讨价还价，我们温柔的坚持和孩子约定好的规则，非常的重要。

第十一则　关于语文的说明书

目标：养成学习的良好习惯　　　　　　　9 月 25 日星期五　　　　　　晴

对于一年级的萌娃，小学课堂里的一切都是那么新奇。对于成人认知中的语文学科，往往自动默认为读小学的孩子已自动安装了识别和输入系统，而对孩子来说却是一个系统彻底更新的过程，需要了解各学科相关的使用说明。

亲子间的认知不匹配，常常造成了孩子忘记带某些学习用具或者遇到一些学习障碍。如果家校不能够及时配合帮助纠正，就会让孩子养成不良的学习习惯。我们都知道，纠正一个坏习惯，比养成一个好习惯要付出数倍以上的时间和努力。

提到学习，我们成人的大脑中存储了很多相关的核心词：学习态度、学习习惯、学习方法、学习策略、学习品质、学习材料的整理、知识体系的建构等等。我觉得一年级的第一个月是幼小衔接的关键期，孩子适应的快慢与家庭教育支持的多少有着紧密的联系。例如语文学习的要求和规则，除了孩子需要明确知道外，宝爸宝妈们也应该有所了解。这样家长回家后和宝贝进行亲子交流时才能做到有的放矢。培养独立的学习者是我们育人的终极目标，但就像学习一项新技能一样，我们都要有一个由扶到放的过程。如果一开始没有扶着走，所偷的懒早晚都是要还的。

对于刚入学的一年级宝贝们来说，学校和家庭首先需要共同配合，培养孩子这些好习惯：

了解语文相关书本的使用说明

语文学科的特殊性，直接决定了我们有很多相关的书或本子。语文学科相关书本的使用说明，我们一直在和孩子不断强化。目的就是让孩子清楚地了解每一本书的使用时间和使用方法。这样就不会把一些物品落在家里，影响第二天的上课了。例如今天忘带课堂作业本的翔翔，课上的学习情绪就受到了影响。

《语文》：打开第一页，我们为孩子贴上了一张朗读、书写的评价标准及正确的读写姿势图。这样做孩子们就非常清楚地知道最好的朗读与书写的标准，无论在校还是在家都可以对照，努力朝着这个方向去做。家长们也可以对照这个标准去评价、激励宝贝。

《语文课堂作业本》：使用时间为课堂上，老师会带领着大家一起完成。评价等级分为正确率、书写两个部分（粘贴在作业本的扉页）。4.0 为满分，3.0 表示需要订正，订正之后老师会在订正栏给予 4.0。

《胡三元生字抄写本》：这本书主要提供给有需要的孩子在家加强练习使用。其中"我会写"部分，提醒孩子先看笔顺和字形特点再书写，做到一看、二写、三对照。"我会认"部分要求孩子会读的打⊠，不会读的画圈，请教他人会读后再打√。"我会猜"部分，主要是激发孩子的识字兴趣，通过扫描二维码即可知道是否猜对了。有时课堂上，老师会选取部分内容带孩子完成。

《胡三元生字听写本》：在校使用，听写内容由老师带领孩子们完成。主要了解孩子们的掌握情况。

《1+X 联读》：在校使用，作为语文课内阅读的补充与拓展。

语文的材料整理

课前准备，我们和孩子们约定好，将学习合同、语文书、作业本、抄写本、听写本、1+X 联读等课本资料在桌角放好。

每天回家书包里只放语文书用于课文朗读，只有周末才会带回家作业本、抄写本、学习合同跟爸爸妈妈做一次分享。但周一务必全部带回。

所有书本建议都包好书皮，贴好姓名贴。周末家校一起引导孩子一起做一次整理，例如压平书本的卷角，浏览一周的内容查漏补缺，做好订正。今天小文终于认回丢了很久的听写本，如果写了姓名就不会了。小诚至今没包书皮的作业本，快破了的卷角看了真心疼。

每周末带回去的学习合同是孩子们复习整理的好支架，也是家长了解孩子一周学情的好时机。很激动的是上周进行家长评价的宝爸宝妈已升至了 21 位。这样的家校互动让我们很清楚该如何配合家长的家庭教育，也让家长很清楚地知道孩子周末需要练习的重点。例如小睿物品的整理就是亟须周末在家不断巩固的。

每天放学回家，宝贝的必做作业就是朗读课文和课外阅读。每周背诵两首晨读的童谣。朗读要注意对照朗读的标准，可以先听语文书配套的光盘进行模仿。个别掌握得不够扎实的宝贝当然可以选择自主练字或者练习整理书包、做课前准备、学会倾听等。我们建议家庭中也养成固定的学习流程和学习时间。

养成好习惯，坏习惯就难以入侵。一年级，慎重对待孩子首次出现的行为偏差，坚决不妥协，抓住最佳训练时期。这句话是我带了 5 次一年级最深刻的体会！培养独立自主的学习者，从一年级的好习惯开始入手吧。一二年级学习习惯培养的效果，三年级成绩的逐渐分层就可见分晓。我们始终坚信，把时间花在哪里，就一定会收获在哪里。

第十二则　关于阅读的答疑信

目标：养成终身的阅读习惯　　　　　　9 月 29 日星期二　　　　　　晴

阅读是人生重要的学习能力，也是孩子学习成功的一个重要条件。小学阶段是孩子想象力、创造力发展的黄金时刻，他们思维活跃，可塑性强，想象力大胆、丰富，正是阅读能力发展的关键期。

为了让阅读成为孩子最自然、最恒久的习惯，我们整理出了这样一份"全科阅读推荐书目"，并针对您在浏览时有可能出现的疑问作了一个预设，希望可以通过这样的方式，让我们家校联合，带给孩子一个良好的阅读环境和氛围，让他们真正爱上阅读，与书为伴。

这么多的书，我都需要购买吗？

除了购买，其实还有很多方式可以选择，比如可以趁着假期或者周末，带领孩子一起去图书馆、城市书房来一场亲子阅读；可以来学校图书馆借阅书籍；可以和同伴之间互相借阅、互相合作使用等。

★低学段孩子的阅读目标是什么？

1. 喜欢阅读，感受阅读的乐趣，养成爱护图书的习惯。

2. 学习用普通话正确、流利、有感情地朗读课文。

3. 结合上下文和生活实际了解词句的意思，在阅读中积累词语，同时也可以借助读物中的图画阅读。

4. 阅读浅近的童话、寓言、故事，向往美好的情境，关心自然和生命，对感兴趣的人物和事件有自己的感受和想法，并乐于与人交流。

5. 诵读儿歌、儿童诗和浅近的古诗，展开想象，获得初步的情感体验，感受语言的优美。

6. 认识课文中出现的常用标点符号，在阅读中体会句号、问号、感叹号所表达的不同语气。

7. 积累自己喜欢的成语和格言警句，背诵优秀诗文 50 篇（段），课外阅读总量不少于 5 万字。

★我应该怎么样提高孩子的阅读兴趣?

阅读是一种求知行为,也是一种享受。从一年级开始,大部分孩子在阅读内容的选择方面已逐渐形成自己的爱好和兴趣,比如男生会对科学、历史等较感兴趣,而女生则会喜欢童话故事等,对此,家长应注意观察、了解和引导,不宜强制性干涉。

另外,一年级的孩子入学后主要在学习汉语拼音,为了提高阅读的兴趣,可以提供一些图文并茂并有注音的儿歌、童话、故事等读物,孩子可以一边借助拼音阅读课外书,一边通过阅读巩固拼音,让他们觉得在课外书上也能找到语文书上学的音节,并通过拼拼读读把一个故事完整地读完,这样不仅会让他体会到阅读的快乐,还可以享受到成功的喜悦。

★我应该怎么样培养孩子的阅读习惯?

一年级的孩子刚上学,大部分孩子的识字非常有限,此时家长的引导非常关键。建议家长在家也可以和孩子一起互动学习,阅读时不仅仅是家长读给孩子听,还可以孩子读给家长听,或者家长和孩子你一句,我一句合作共读一个故事,如果在读的过程中,遇到孩子不认识的生字,家长可以适时指出,教孩子认识这些陌生的生字,帮助孩子理解意思等。另外,家长还可以和孩子一起开展一些有意思的活动,比如背诵儿歌比赛,讲故事比赛等,及时给予孩子肯定和奖励,让他们在活动中体会到成功的快乐。

现阶段孩子对自然界的一切充满着好奇,他们喜欢看、喜欢问、喜欢说,家长应顺应儿童心理,充分利用大自然这本活教材,随时随地抓住契机引导孩子有顺序地观察、有条理地提问,大胆地表述,丰富他们的语言。

一年级的孩子单纯、幼稚,模仿能力强,家长是孩子的第一任老师,所以家长本身也要建立良好的阅读习惯,以自己的行动来感染孩子,使孩子喜欢阅读,热爱阅读,这种身教的作用将潜移默化地影响孩子阅读的兴趣和能力,使他们的阅读在广度和深度上得到发展。

总之,从一年级开始培养孩子的阅读兴趣,让他们喜欢阅读,感受阅读的乐趣,把听、说、读、写、思等有机结合,互相渗透,就会相得益彰。

★亲子阅读，用爱陪伴

读书，让我们的人生一路唱出春花秋月，落英缤纷；读书，让我们突破重重黑暗，点燃希望的曙光，获得前进的动力。

孩子们每天靠在妈妈身边，或坐在爸爸膝上，看书中的故事，听大人的朗读，这种愉快的感觉对孩子来说就是千金不换的幸福时光。

亲子阅读是最高质量陪伴孩子的方式，也是最高效的陪伴方式，建议家长可以每天都能拿出一点时间陪孩子进行阅读，帮助孩子养成良好的阅读习惯，拉近与孩子的亲子关系，提高亲子陪伴质量，让我们与孩子共同学习、成长。

班主任：王老师

第十三则 整理日的信

目标：培养独立自主的学习者　　　　　　　9 月 30 日星期三　　　　　　　晴

亲爱的宝爸、宝妈们：

金秋送爽，中秋、国庆双节将至，首先祝咱们班的大朋友和小朋友们双节快乐！

转眼宝贝入学即将满月，在迎来小学阶段的第一个长假里，我们建议您和宝贝一起来一次"家庭整理日"。

理心

理心，就是整理整理宝贝入学以来的态度、情感、价值观。

道尔顿的学子特质是成为一名自由、合作、自律、担当的道尔顿好少年。经过一个月的学习生活，在老师的引领下，宝贝们已经对这四个特质有了自己初步的认知。我们可以通过家庭会议的形式，一起来聊聊宝贝和爸爸妈妈眼中对这四个特质的理解，在家庭和学校中都是如何体现的。

今天是我们学校 9 月份的"整理日"，早上和孩子们一起讨论了这四个特质。大家认为，在学校里我们拥有很多选择的自由，但我们应该学会做出正确的选择才是真正的自由；听他人发言时望着他人不打断是合作，配合组长主动交作业是合作；遵守各项规则是自律，不用爸爸妈妈催，主动阅读和运动是自律；为班级服务是担当，在同学犯错时的及时提醒是担当。

那么家庭中的"自由、合作、自律、担当"又是什么呢？期待听到假期回来后孩子们汇报的和爸爸妈妈们讨论的结果。

理身

理身就是整理自己的行为和习惯。同伴交往时的表达是我们一年级 9 月份整理的重点。例如：邀请别人一起游戏的正确行为方式是询问，"我可以和你一起玩吗？"错误的方式是直接拍打对方引起关注。别人碰到自己了，正确的做法是告诉对方，他做了什么行为，带给自己的心情是怎样的，听听对方怎么说后再判断是自己能和解还是需要请老师帮忙。错误的做法是直接认为对方故意打自己，和对方吵架或打架。

爸爸妈妈们可以和宝贝通过聊天、浏览合同中的学习习惯部分，再一起整理宝贝作为一名小学生的其他行为习惯，例如倾听、发言、课前准备、课后整理、物品整理、午餐、午睡、路队、游乐区规则、一日生活惯例等。我们关键要是肯定一个月中宝贝的成长，帮助宝贝们做一个复习和巩固，对宝贝出现的行为问题进行及时纠偏。

理学

理学，就是指学业的整理。一个月的学习中，宝贝都收获了不少的知识。我们可以利用假期分学科请宝贝做小老师，做一次学业的整理。以语文学科为例：

首先和宝贝拿出语文课本，请宝贝把学过的内容教给爸爸妈妈听，例如教爸爸妈妈每课蓝色条框中需要认识的字都会认了吗？田字格中需要会写的字都已经会写了吗？包括写字的相关笔画名称的认读，写字的笔顺、写字的姿势都是否是正确的。我们可以参照宝贝语文书扉页上老师粘贴的朗读和评价标准。

接着拿出作业本、生字抄写本，和宝贝一起看看有需要订正的内容吗？可以请宝贝说说完成作业本的规则。例如：我们在学校里经常练习的要按顺序先读题目，从左到右一行一行做，这样就不会丢题落题了。写字的方法是一看二写三对照，放在田字格里的字宝宝位置很重要。连线要用直尺，整齐又美观等等。

最后拿出假期作业合同、生字大闯关学习单，按上面的内容每天坚持阅读，做一份生字手抄报、有能力的小朋友可以口述文章，请爸爸妈妈记录投稿等。

幸福的假期，是亲子关系建设的最佳时期。祝愿我们的宝贝们都能在爸爸妈妈的陪伴下，朝向独立自主的学习者更进一步。

班主任：王老师

附录二：

特质少年成长手册

如何使用本手册

欢迎，欢迎！每一个拿起这本手册的道尔顿学子都在走向多彩少年的路上迈出了很大的一步，也会在训练自己成为多彩少年的路上开始切实的实践。恭喜你开始思考自己，开始学习如何成为道尔顿小学多彩少年，并对自己进行训练，实施训练计划。

我是谁？

由于我的不同，我们不是造就你，就是毁掉你。我们怎么做，你们就会变成怎么样的人。正如萨穆尔·斯迈尔（Samuel Smiles）所说：播种思想，收获行动；播种行动，收获习惯；播种习惯，收获性格；播种性格，收获命运。

幸好你比我要强大，因此你能改变我。接受我，训练我，牢牢地掌控我，我可以帮助你：

● 控制自己的学习、生活

● 改善与同伴的关系

● 做出更明智的选择

● 更好地与爸爸妈妈相处

● 克服不良嗜好

● 确认自己的价值、识别生活中的重大事项

● 办事更高效

● 增强自信心

我是谁——习惯

任何时候你都能照着镜子对自己说："我可不喜欢自己的这个习惯。"你能将一个坏习惯变为好一点的习惯。有时这并不容易，但总是可能的。只要不时实践其中一些习惯，就能让你体验到超出想象的变化。在第一个 7 天里，你需要每天早上大声朗读《个人宣言书》。朗读的时候，要慷慨激昂，心中充满希望。在今后它能帮助你树立信心，渡过一切难关。

个人宣言书

从今天开始，我将学习怎样培养自己良好的习惯。我深知道，当我播下一个行动，并会收获一种习惯；当我播下一种习惯，便会收获一种性格；当我播下一种性格，便会收获一种命运。这是一切成功人士具备的最伟大的秘密。

要养成良好的习惯，我必须随时随地加以注意，躬行实践，这样才能收到好的效果。当我注意自己的行为，并且身体力行的时候，就已经掌握了良好习惯的根本技巧。当所有的好习惯都在我身上扎根的时候，所有的困难都会向我低头。

习惯仿佛就像一根缆绳，我们每天给它缠上一股新索，要不了多久，它就会变得牢不可破。我要进行自我管理训练，从现在开始，我立即行动。

宣誓人：

年　　月　　日

今后将如何在手册中完成智慧旅行呢？以下建议希望能帮上你的忙：

1. "今天值得记录的事情"，可以写自己今天所看、所闻、所思、所学的内容。也可以写一两句你想说的话，但应该让人看得到你自我管理的努力。

2. 贵在坚持！一开始不要写得太满，以至于到最后因没有时间而简略应付或干脆不写，这样会打击自己的自信心。

个人宣言书	第 1 天

今天是_____年_____月_____日　　　星期_____　　　　　_____点_____分开始记录

今天值得记录的：

提示：今天朗读个人宣言书了吗？

个人宣言书	第 2 天

今天是_____年_____月_____日　　　星期_____　　　　　_____点_____分开始记录

今天值得记录的：

提示：今天朗读个人宣言书了吗？

个人宣言书	第 3 天

今天是_____年_____月_____日　　　星期_____　　　　　_____点_____分开始记录

今天值得记录的：

提示：今天朗读个人宣言书了吗？

个人宣言书	第 4 天

今天是_____年_____月_____日　　　星期_____　　　　　_____点_____分开始记录

今天值得记录的：

提示：今天朗读个人宣言书了吗？

个人宣言书	第 5 天
今天是____年____月____日　　星期____　　　____点____分开始记录	
今天值得记录的：	
提示：今天朗读个人宣言书了吗？	

个人宣言书	第 6 天
今天是____年____月____日　　星期____　　　____点____分开始记录	
今天值得记录的：	
提示：今天朗读个人宣言书了吗？	

个人宣言书	第 7 天
今天是____年____月____日　　星期____　　　____点____分开始记录	
今天值得记录的：	
提示：今天朗读个人宣言书了吗？	

很好，你坚持了足足 7 天，怎么样，不难吧！

人生重要的事情是确立一个伟大的目标，并决心实现它！

——歌德

相信你还可以做好以下两件事：

1. 将你的个人宣言贴在自己的床前。

2. 在今后的 21 天里，至少坚持每天大声朗读宣言一次。

录取通知书

_____同学，经过 7 天的自我管理训练，

获得"道尔顿小学多彩少年"自我管理课程学习资格。

道尔顿小学学生活动中心

_____年___月___日

自我反省 寻找问题

下面是多年前某些专家对其领域的断言，当时听起来很有道理。随着时间的流逝，它们变得愚蠢透顶。从古至今五大愚蠢断言：

1. "没有理由让某个人在家中配备一台计算机。"（1979 年）——肯尼斯·奥尔森（Kenneth Olsen），DEC（数字设备公司）的奠基人和总裁。

2. "无论将来科学如何发达，人类不可能登陆月球。"（1967 年 2 月 25 日）——李·弗雷斯特博士（Dr.Lee Forest），三极管发明人和无线电之父。

3. "（电视）上市 6 个月之后，不可能还有市场。每天盯着个三合板盒子，人们很快就会厌烦。"（1946 年）——达里尔·扎努克（Darryl F. Zanuck），20 世纪福斯公司总裁。

4. "对于大部分人来说，吸烟是有益的。"（1969 年 11 月 18 日）——《新闻周刊》援引洛杉矶外科医生 G·麦克唐纳博士（Dr.Ian G.MacDonald）的话。

5. "地球是宇宙的中心。"（第二世纪）——托勒密（Ptolemy），古埃及天文学家。

看过这些，再看一些和你一样的同龄人所说的话。这些话你听见过，它们和上

面那些断言同样可笑：

- "我就是个笨孩子，怎么努力都没用。"
- "我是个注意力不集中的孩子，上课很难静心听讲。"
- "我老师总是挑我的错。"

上面两组断言的共同点是什么？它们都不准确，或不完整，虽然说这些话的人认为他们自己是对的。我们要学会自我反省，自我反省的目的就是找到自己真正存在的问题，然后采取有针对性的方法解决它。

富兰克林出身贫寒，只念了一年书，就不得不在印刷厂做学徒。但他刻苦好学，自学数学和4门外语，成为美国的政治家、外交家、科学家、发明家而闻名于世。富兰克林是个普通人，他是怎样走向成功之路的呢？富兰克林成功的秘诀是什么？就是善于自我管理。他做了一项小本子，用红笔在每页纸上画上表格，分别写上每周的7天，然后用竖线画出13个格。每天用黑点记载当天完成该项道德手册中的不足。这样不断反复练习，直至巩固为止。他每天检查自己的过失，目的就在于养成这些美德的习惯。

现在就让自我反省成为一个好习惯吧！自我反省会让我们发现问题，然后继续改进，这样就会让我们的学习、生活更加有效率，更加完美。

目标1：倾听小雁

当你对一个人说话时，看着他的眼睛，当他对你说话时，看着他的嘴。

——富兰克林

故事屋

曾经有个小国到中国来，进贡了三个一模一样的金人，金碧辉煌，把皇帝高兴坏了。可是这小国不厚道，同时出一道题目：这三个金人哪个最有价值？

皇帝想了许多的办法，请来珠宝匠检查，称重量，看做工，都是一模一样的。怎么办？使者还等着回去汇报呢。泱泱大国，不会连这个小事都不懂吧？

最后，有一位退位的老大臣说他有办法。

皇帝将使者请到大殿，老臣胸有成竹地拿着三根稻草，插入第一个金人的耳朵里，这稻草从另一边耳朵出来了。第二个金人的稻草从嘴巴里直接掉出来，而第三个金人，稻草进去后掉进了肚子，什么响动也没有。老臣说：第三个金人最有价值！使者默默无语，答案正确。

这个故事告诉我们，最有价值的人，不一定是最能说的人。老天给我们两只耳朵一个嘴巴，本来就是让我们多听少说的。善于倾听，才是成熟的人最基本的素质。

训练计划

1. 听力游戏：听词语分类；漏数或漏字；游戏"警察抓小偷"；游戏"你抓我逃"等。

2. 情景演练：看看我交谈时，能和对方保持多久对视。

3. 如果你很健谈，那就休息一下，选择一天的时间去听，只是在你该说话的时候再说话。

4. 到商城去找一个座位坐在那里，观察人们如何彼此交流，如何运用形体语言。

5. 网络搜索 TED 演讲《五种倾听方法》，专注倾听吧！

行动派

你现在即将开始，和全校的同学们举行一次关于倾听的竞赛。也许有的人会半途而废，但我相信你会坚持下去。人生的道路就是这样，坚持不懈，才能成功。坚持 7 天，你将被荣誉授予"☆倾听小雁"证书；之后的 7 天，向"☆☆倾听小雁"发出挑战，相信你会朝着一个富有智慧的少年迈进。如果你再次成功了，将被授予"☆☆倾听小雁"证书，那简直是一件太美妙的事情了；未来你还可以继续朝"☆☆☆倾听小雁"努力，你会发现你和爸爸妈妈的关系更融洽了，你的成绩悄悄进步了，你的好朋友越来越多了。

准备好出发了吗？送你一首小诗《请你听我说》，祝你成功！

当我请你听我说，

你却望向其他地方，

你并不了解我的心。

当我请你听我说，

你却说我不该那样想，

你已着手解我心锁，

你真是让我扫兴。

你在我眼中是那么陌生，

请听我说！我只要你听我，

请你什么也别做，只是听我说。

级别	行动指南
☆倾听小雁	1. 倾听时，停止自己正在做的事情，目光看着讲话的人 2. 不打断别人的话，耐心听他人把话说完
☆☆倾听小雁	3. 身体前倾，表示对谈话感兴趣 4. 以点头的动作和面部表情回应说话者
☆☆☆倾听小雁	5. 告别"走神、假装在听、时听时不听、听话只听声、以我为中心地听"这五种坏习惯，用你的眼睛、耳朵、心去听 6. 先理解别人的意思，再让别人理解自己

☆倾听小雁	第1天

今天是_____年_____月_____日　　　星期_____　　　_____点_____分开始记录

今天我的目标：

我的行动反思：

提示：今天朗读"☆倾听小雁"行动指南了吗？

☆倾听小雁	第2天

今天是_____年_____月_____日　　　星期_____　　　_____点_____分开始记录

今天我的目标：

我的行动反思：

提示：今天朗读"☆倾听小雁"行动指南了吗？

☆倾听小雁	第 3 天
今天是_____年_____月_____日　　星期_____　　_____点_____分开始记录	
今天我的目标： 我的行动反思：	
提示：今天朗读"☆倾听小雁"行动指南了吗？	

☆倾听小雁	第 4 天
今天是_____年_____月_____日　　星期_____　　_____点_____分开始记录	
今天我的目标： 我的行动反思：	
提示：今天朗读"☆倾听小雁"行动指南了吗？	

☆倾听小雁	第 5 天
今天是_____年_____月_____日　　星期_____　　_____点_____分开始记录	
今天我的目标： 我的行动反思：	
提示：今天朗读"☆倾听小雁"行动指南了吗？	

☆倾听小雁	第 6 天
今天是_____年_____月_____日　　星期_____　　_____点_____分开始记录	
今天我的目标： 我的行动反思：	
提示：今天朗读"☆倾听小雁"行动指南了吗？	

☆倾听小雁	第7天
今天是_____年_____月_____日　　星期_____　　_____点_____分开始记录	
今天我的目标： 我的行动反思：	
提示：今天朗读"☆倾听小雁"行动指南了吗？	

温馨提醒：

不断努力的道尔顿孩子，你好！7天结束了，身体力行的你一定收获很大吧！如能获得三位老师、两位小组同伴、一位家长对你努力认可的签名，那么你将被授予"☆倾听小雁"荣誉证书。快去请他们为你签名，见证你倾听能力的提高吧！

教师签名：	教师签名：	教师签名：
同学签名：	同学签名：	
家长签名：		

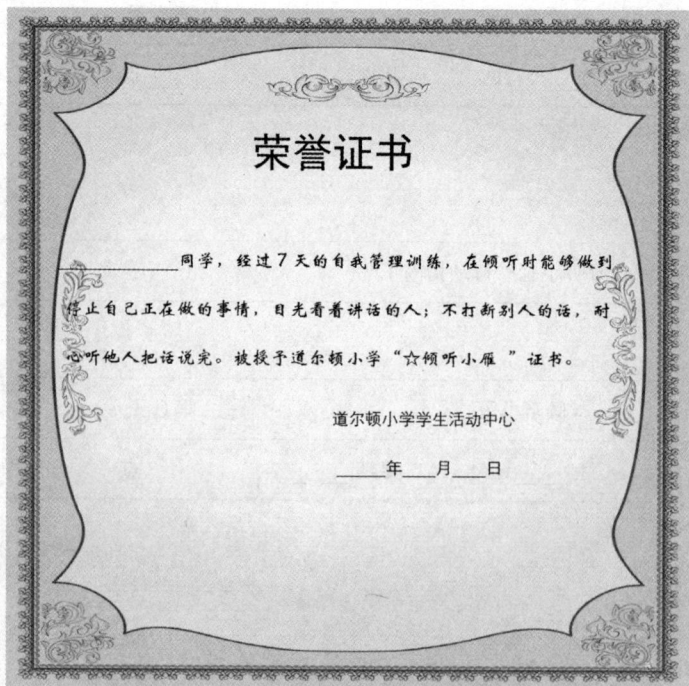

荣誉证书

_____同学，经过7天的自我管理训练，在倾听时能够做到停止自己正在做的事情，目光看着讲话的人；不打断别人的话，耐心听他人把话说完。被授予道尔顿小学"☆倾听小雁"证书。

道尔顿小学学生活动中心

_____年___月___日

贺你！请把你的"☆倾听小雁"证书保管好，这是对你的一个奖赏。放松一下，痛痛快快呼吸一下新鲜空气吧！

如果挑战失败也不要气馁，再来坚持7天，相信有志者事竟成！成功已在不远方向你招手。

未来一周我会继续巩固"☆倾听小雁"的成果，努力朝"☆☆倾听小雁"出发。

☆☆倾听小雁	第8天

今天是_____年_____月_____日　　星期_____　　_____点_____分开始记录

今天我的目标：
我的行动反思：

提示：今天朗读"☆☆倾听小雁"行动指南了吗？

☆☆倾听小雁	第9天

今天是_____年_____月_____日　　星期_____　　_____点_____分开始记录

今天我的目标：
我的行动反思：

提示：今天朗读"☆☆倾听小雁"行动指南了吗？

☆☆倾听小雁	第10天

今天是_____年_____月_____日　　星期_____　　_____点_____分开始记录

今天我的目标：
我的行动反思：

提示：今天朗读"☆☆倾听小雁"行动指南了吗？

☆☆倾听小雁	第 11 天
今天是_____年_____月_____日　　　星期_____　　　　_____点_____分开始记录	
今天我的目标： 我的行动反思：	
提示：今天朗读"☆☆倾听小雁"行动指南了吗？	

☆☆倾听小雁	第 12 天
今天是_____年_____月_____日　　　星期_____　　　　_____点_____分开始记录	
今天我的目标： 我的行动反思：	
提示：今天朗读"☆☆倾听小雁"行动指南了吗？	

☆☆倾听小雁	第 13 天
今天是_____年_____月_____日　　　星期_____　　　　_____点_____分开始记录	
今天我的目标： 我的行动反思：	
提示：今天朗读"☆☆倾听小雁"行动指南了吗？	

☆☆倾听小雁	第 14 天
今天是_____年_____月_____日　　　星期_____　　　　_____点_____分开始记录	
今天我的目标： 我的行动反思：	
提示：今天朗读"☆☆倾听小雁"行动指南了吗？	

温馨提醒：

不断努力的道尔顿孩子，你好！14 天过去啦！如能继续获得三位老师、两位小组同伴、一位家长对你努力认可的签名，那么你将被授予"☆☆倾听小雁"荣誉证书。快去请他们为你签名，见证你倾听能力又一次飞跃吧！

教师签名：　　　　　　教师签名：　　　　　　教师签名：

同学签名：　　　　　　同学签名：

家长签名：

荣誉证书

_____ 同学，经过 14 天的自我管理训练，在倾听时能够停止自己正在做的事情，目光看着讲话的人；不打断别人的话，耐心听他人把话说完；身体前倾，表示对谈话感兴趣；以点头的动作和面部表情回应说话者。被授予道尔顿小学"☆☆倾听小雁"证书。

道尔顿小学学生活动中心

真的很不错！你已经坚持 14 天了。祝贺你！请把你的"☆☆倾听小雁"证书保管好。最棒的奖赏你已经获得了，就是收获了倾听的好习惯。

如果挑战失败也不要气馁，再来坚持 7 天。世上无难事，只怕有心人！如果需要我们的帮助，请及时找我们，我们非常愿意与你携手并进。

我会巩固"☆倾听小雁""☆☆倾听小雁"的成果，努力朝"☆☆☆倾听小雁"前进。

☆☆☆倾听小雁	第 15 天
今天是____年____月____日　　星期____　　____点____分开始记录	
今天我的目标： 我的行动反思：	
提示：今天朗读"☆☆☆倾听小雁"行动指南了吗？	

☆☆☆倾听小雁	第 16 天
今天是____年____月____日　　星期____　　____点____分开始记录	
今天我的目标： 我的行动反思：	
提示：今天朗读"☆☆☆倾听小雁"行动指南了吗？	

☆☆☆倾听小雁	第 17 天
今天是____年____月____日　　星期____　　____点____分开始记录	
今天我的目标： 我的行动反思：	
提示：今天朗读"☆☆☆倾听小雁"行动指南了吗？	

☆☆☆倾听小雁	第 18 天
今天是_____年_____月_____日　　　星期_____　　　_____点_____分开始记录	
今天我的目标： 我的行动反思：	
提示：今天朗读"☆☆☆倾听小雁"行动指南了吗？	

☆☆☆倾听小雁	第 19 天
今天是_____年_____月_____日　　　星期_____　　　_____点_____分开始记录	
今天我的目标： 我的行动反思：	
提示：今天朗读"☆☆☆倾听小雁"行动指南了吗？	

☆☆☆倾听小雁	第 20 天
今天是_____年_____月_____日　　　星期_____　　　_____点_____分开始记录	
今天我的目标： 我的行动反思：	
提示：今天朗读"☆☆☆倾听小雁"行动指南了吗？	

☆☆☆倾听小雁	第 21 天
今天是_____年_____月_____日　　　星期_____　　　_____点_____分开始记录	
今天我的目标： 我的行动反思：	
提示：今天朗读"☆☆☆倾听小雁"行动指南了吗？	

温馨提醒：

　　坚持成就美丽！亲爱的道尔顿孩子，你好！21 天转眼过去啦！如能继续获得三位老师、两位小组同伴、一位家长对你努力认可的签名，那么你将被授予"☆☆☆

倾听小雁"荣誉证书。快去请他们为你签名，见证你拥有了倾听能力的神奇魔法吧！

教师签名：　　　　　　教师签名：　　　　　　教师签名：

同学签名：　　　　　　同学签名：

家长签名：

荣誉证书

　　　　　　　　　同学，经过21天的自我管理训练，在倾听时停止自己正在做的事情，目光看着讲话的人；不打断别人的话，耐心听他人把话说完；身体前倾，表示对谈话感兴趣；以点头的动作和面部表情回应说话者；告别了"走神、假装在听、时听时不听、听话只听声、以我为中心地听"这五种坏习惯，用眼睛、耳朵、心去听；能先理解别人的意思，再让别人理解自己。被授予道尔顿小学"☆☆☆倾听小雁"证书。

道尔顿小学学生活动中心

　　　　　　年　　月　　日

真的太了不起啦！你居然坚持 21 天了。祝贺你！请把你的"☆ ☆ ☆倾听小雁"证书保管好，我们可以去参加道尔顿的颁奖仪式，获得一枚倾听勋章了。祝贺你获得了最棒的奖赏，就是养成了真正倾听的好习惯。这会让你受益终生。

这个世界上要是没有上进心，是不可能完成伟大事业的。当每天朗读个人宣言书、朗读倾听小雁行动指南的时候，就会像有一个永不消逝的声音在空中飘荡。这个声音会敲击你的心灵。

也许有一天，你的演说词会打动每一位听众，人们能真实地感觉到在你声音里的那份真挚的情感，体会到努力的意义。

目标 2：整理小雁

把每一件简单的事做好就是不简单；把每一件平凡的事做好就是不平凡。

——张瑞敏

故事屋

东汉时有一少年名叫陈蕃，自命不凡，一心只想干大事业。一天，他父亲的朋友薛勤来访，见他独居的院内脏乱不堪，便对他说："孺子何不洒扫以待宾客？"他答道："大丈夫处世，当扫天下，安事一屋？"薛勤意识到陈蕃志向远大，于是当即教育他说："一屋不扫，何以扫天下？"陈蕃无言以对。

人人皆有潜能，只是很容易被习惯所掩盖，被惰性所消磨，被诱惑所迷离。打垮自己的不是别人，而是自己。成功首先从改变自己开始。改变自己的关键就是有坚定的信念，古之成大事者，不唯有超世之才，亦有坚韧不拔之志，是什么使拿破仑成为他那个时代里最伟大的征服者呢？最根本的原因是拿破仑对自己有着坚定的信念。他坚信宏图伟业一定会成功，征服世界的志向一定会达到，伟人来自他的信念。本月开始，让我们一起种下一个坚定的信念：做一个会整理的人。

行动计划

1. 将自己本学期所有的试卷分分类，放在相应的文件夹里。

2. 和同学们一起制定班级公共物品的摆放规则。

3. 画张物品整理思维导图，从时间和种类思考，什么时候需要整理？如何整理？

4. 了解日本藤麻理惠的整理术。

5. 观察身边特别会整理的同学，向他请教整理经验。

6. 准备一个"宝贝本"，把每门学科的错题分类整理到本子上。

行动派

怦然心动的整理魔法即将开始。让我们选择第一天作为我们"整理的庆典"，在老师引导下，用心地整理好教室里我们的个人物品和班级的公共物品。彻底完成整理后，焕然一新的教室一定会让我们眼前一亮，心生温暖。坚持 7 天，你将被荣誉授予"☆整理小雁"证书；之后的 7 天，向"☆☆整理小雁"发出挑战，相信你会朝着一个善于整理的少年迈进。如果你再次成功了，将被授予"☆☆整理小雁"证书，那简直是一件太美妙的事情了；未来你还可以继续朝"☆☆☆整理小雁"努力，你会发现你的生活变得井井有条，知识的掌握也越来越有条理了。

准备好出发了吗？送你一首小诗《如果》，祝你成功！

如果所有人都失去理智，咒骂你，

你仍能保持头脑清醒；

如果所有人都怀疑你，

你仍能坚信自己，让所有的怀疑动摇；

如果你是个追梦人——不要被梦主宰；

如果你是个爱思考的人——光想会达不到目标；

如果你遇到骄傲和挫折

把两者当骗子看待；

如果你能迫使自己，

在别人走后，长久坚守阵地，

在你心中已空荡荡无一物

只有意志告诉你"坚持！"

你就可以拥有一个世界，

这个世界的一切都是你的，

更重要的是，孩子，你是个顶天立地的人。

级别	行动指南
☆整理小雁	1. 下课铃响，理桌面，捡地面，桌椅一条线 2. 所有物品放在班级指定位置再做其他的事情
☆☆整理小雁	3. 每天把当天学过的知识进行复习整理 4. 每天睡前按功课表整理好书包和第二天穿的衣服
☆☆☆整理小雁	5. 公共空间的物品使用后，我会把它整理好放回原位 6. 每天制定个人努力的目标与计划

☆整理小雁	第1天
今天是_____年_____月_____日　　　　星期_____　　　　_____点_____分开始记录	
今天我的目标： 我的行动反思：	
提示：今天朗读"☆整理小雁"行动指南了吗？	

☆整理小雁	第2天
今天是_____年_____月_____日　　　　星期_____　　　　_____点_____分开始记录	
今天我的目标： 我的行动反思：	
提示：今天朗读"☆整理小雁"行动指南了吗？	

☆整理小雁	第3天
今天是____年____月____日　　　星期____　　　____点____分开始记录	
今天我的目标： 我的行动反思：	
提示：今天朗读"☆整理小雁"行动指南了吗？	

☆整理小雁	第4天
今天是____年____月____日　　　星期____　　　____点____分开始记录	
今天我的目标： 我的行动反思：	
提示：今天朗读"☆整理小雁"行动指南了吗？	

☆整理小雁	第5天
今天是____年____月____日　　　星期____　　　____点____分开始记录	
今天我的目标： 我的行动反思：	
提示：今天朗读"☆整理小雁"行动指南了吗？	

☆整理小雁	第6天
今天是____年____月____日　　　星期____　　　____点____分开始记录	
今天我的目标： 我的行动反思：	
提示：今天朗读"☆整理小雁"行动指南了吗？	

☆整理小雁　　　　　　　　　　第 7 天
今天是＿＿＿年＿＿＿月＿＿＿日　　　　星期＿＿＿　　　　＿＿＿点＿＿＿分开始记录
今天我的目标： 我的行动反思：
提示：今天朗读"☆整理小雁"行动指南了吗?

温馨提醒：

　　继续坚持认真倾听的你，7 天的整理结束了，我们又见面了。习惯成自然，如能获得三位老师、两位小组同伴、一位家长对你努力认可的签名，那么你将被授予"☆整理小雁"荣誉证书。快去请他们为你签名，见证你整理能力的提升吧！

教师签名：　　　　　　教师签名：　　　　　　教师签名： 同学签名：　　　　　　同学签名： 家长签名：

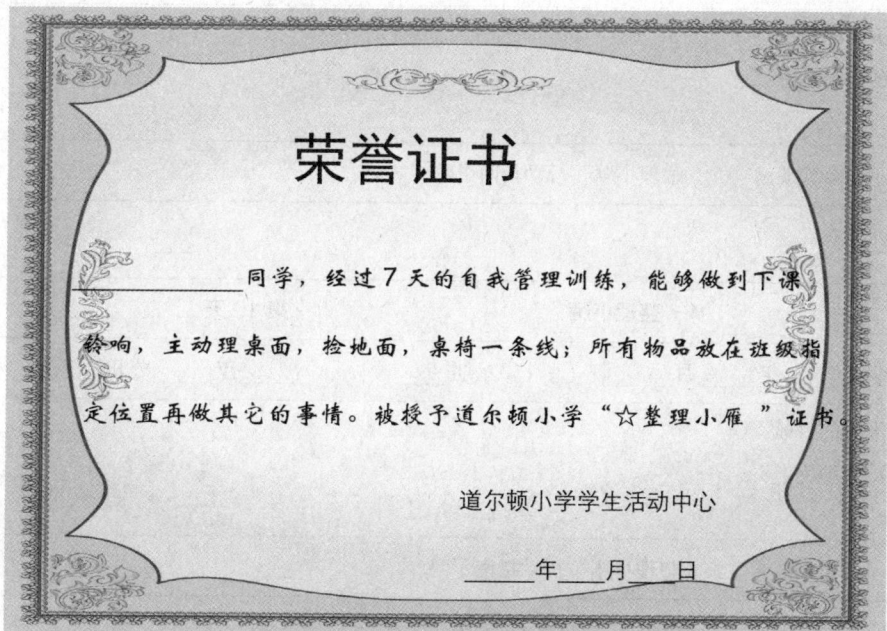

幻想在漫长的生活征途中顺水行舟的人，他的终点在下游。只有敢于扬起风帆，顶恶浪的勇士，才能争到上游。祝贺你！请把你的"☆整理小雁"证书保管好，这是对你的一个新奖赏。如果挑战失败也不要气馁，再来坚持 7 天，萤火虫的光点虽然微弱，但亮着便是向黑暗挑战。

未来我会继续巩固"☆整理小雁"的成果，努力朝"☆☆整理小雁"出发。

☆☆整理小雁	第 8 天
今天是_____年_____月_____日　　　星期_____　　　_____点_____分开始记录	
今天我的目标： 我的行动反思：	
提示：今天朗读"☆☆整理小雁"行动指南了吗？	

☆☆整理小雁	第 9 天
今天是_____年_____月_____日　　　星期_____　　　_____点_____分开始记录	
今天我的目标： 我的行动反思：	
提示：今天朗读"☆☆整理小雁"行动指南了吗？	

☆☆整理小雁	第 10 天
今天是_____年_____月_____日　　　星期_____　　　_____点_____分开始记录	
今天我的目标： 我的行动反思：	
提示：今天朗读"☆☆整理小雁"行动指南了吗？	

☆☆整理小雁　　　　　　　　第 11 天

今天是_____年_____月_____日　　　　星期_____　　　　_____点_____分开始记录

今天我的目标：

我的行动反思：

提示：今天朗读"☆☆整理小雁"行动指南了吗？

☆☆整理小雁　　　　　　　　第 12 天

今天是_____年_____月_____日　　　　星期_____　　　　_____点_____分开始记录

今天我的目标：

我的行动反思：

提示：今天朗读"☆☆整理小雁"行动指南了吗？

☆☆整理小雁　　　　　　　　第 13 天

今天是_____年_____月_____日　　　　星期_____　　　　_____点_____分开始记录

今天我的目标：

我的行动反思：

提示：今天朗读"☆☆整理小雁"行动指南了吗？

☆☆整理小雁　　　　　　　　第 14 天

今天是_____年_____月_____日　　　　星期_____　　　　_____点_____分开始记录

今天我的目标：

我的行动反思：

提示：今天朗读"☆☆整理小雁"行动指南了吗？

温馨提醒：

不断努力的道尔顿孩子，你好！14天过去啦！如能继续获得三位老师、两位小组同伴、一位家长对你努力认可的签名，那么你将被授予"☆☆整理小雁"荣誉证书。快去请他们为你签名，欣赏你井井有条的物品，日日用心复习整理的知识吧！

教师签名：　　　　　　教师签名：　　　　　　教师签名：

同学签名：　　　　　　同学签名：

家长签名：

荣誉证书

_____同学，经过14天的自我管理训练，能够做到下课铃响，主动理桌面，捡地面，桌椅一条线；所有物品放在班级指定位置再做其他的事情；每天主动把当天学过的知识进行复习整理；每天睡前按功课表整理好书包和第二天穿的衣服。被授予道尔顿小学"☆☆整理小雁"第三天证书。

道尔顿小学学生活动中心

_____年____月____日

天赋是埋藏在矿里的黄金，才能是挖掘矿藏的矿工。你真的很有整理才能！你已经坚持 14 天了。请把你新获得的"☆☆整理小雁"证书保管好，祝贺你收获了整理的好习惯。

如果挑战失败也不要气馁，再来坚持 7 天，不安于现状，不甘于平庸，就可能在勇于进取的奋斗中奏响人生壮美的乐章。

我会巩固"☆整理小雁""☆☆整理小雁"的成果，努力朝"☆☆☆整理小雁"前进。

☆☆☆整理小雁	第 15 天
今天是_____年_____月_____日　　　　星期_____　　　　_____点_____分开始记录	
今天我的目标： 我的行动反思：	
提示：今天朗读"☆☆☆整理小雁"行动指南了吗？	

☆☆☆整理小雁	第 16 天
今天是_____年_____月_____日　　　　星期_____　　　　_____点_____分开始记录	
今天我的目标： 我的行动反思：	
提示：今天朗读"☆☆☆整理小雁"行动指南了吗？	

创客班主任
激发学生自驱力的整理教育

☆☆☆整理小雁	第 17 天
今天是_____年_____月_____日　　　星期_____　　　　　_____点_____分开始记录	
今天我的目标： 我的行动反思：	
提示：今天朗读"☆☆☆整理小雁"行动指南了吗？	

☆☆☆整理小雁	第 18 天
今天是_____年_____月_____日　　　星期_____　　　　　_____点_____分开始记录	
今天我的目标： 我的行动反思：	
提示：今天朗读"☆☆☆整理小雁"行动指南了吗？	

☆☆☆整理小雁	第 19 天
今天是_____年_____月_____日　　　星期_____　　　　　_____点_____分开始记录	
今天我的目标： 我的行动反思：	
提示：今天朗读"☆☆☆整理小雁"行动指南了吗？	

☆☆☆整理小雁	第 20 天
今天是_____年_____月_____日　　　星期_____　　　　　_____点_____分开始记录	
今天我的目标： 我的行动反思：	
提示：今天朗读"☆☆☆整理小雁"行动指南了吗？	

☆☆☆整理小雁		第 21 天
今天是＿＿＿年＿＿＿月＿＿＿日　　星期＿＿＿　　　　　＿＿＿点＿＿＿分开始记录		
今天我的目标： 我的行动反思：		
提示：今天朗读"☆☆☆整理小雁"行动指南了吗？		

温馨提醒：

　　坚持成就美丽！亲爱的道尔顿孩子，你好！21 天转眼过去啦！如能继续获得三位老师、两位小组同伴、一位家长对你努力认可的签名，那么你将被授予"☆☆☆整理小雁"荣誉证书。快去请他们为你签名，见证你整理能力的提高吧！

教师签名：	教师签名：	教师签名：
同学签名：	同学签名：	
家长签名：		

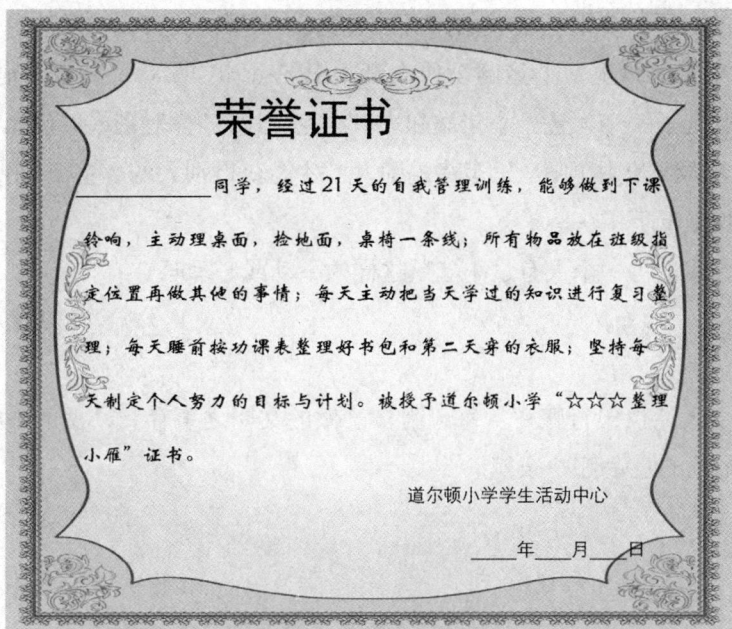

荣誉证书

　　＿＿＿＿＿＿＿同学，经过 21 天的自我管理训练，能够做到下课铃响，主动理桌面，捡地面，桌椅一条线；所有物品放在班级指定位置再做其他的事情；每天主动把当天学过的知识进行复习整理；每天睡前按功课表整理好书包和第二天穿的衣服；坚持每天制定个人努力的目标与计划。被授予道尔顿小学"☆☆☆整理小雁"证书。

道尔顿小学学生活动中心

＿＿＿年＿＿＿月＿＿＿日

真的很不错！你居然坚持 21 天了。祝贺你！请把你的"☆☆☆整理小雁"证书保管好，我们将再一次走上领奖台，尽情享受因个人努力而获得与众不同的荣耀。其实最棒的奖赏就是养成了理心、理身、理行的好习惯。

目标 3：文明小雁

礼貌使有礼貌的人喜悦，也使那些受人以礼貌相待的人们喜悦。

——孟德斯鸠

故事屋

从前有一只小老鼠，总觉得自己了不起，对别人很不礼貌。一次他去上学，一只蜗牛迎面走了过来，挡住了他的去路。小老鼠凶巴巴地说："小不点儿，滚开，别挡我的路！"小老鼠说着一脚踢了过去，把蜗牛踢得滚出去很远。

有一次，小老鼠到河边喝水，觉得河里的一条小鱼妨碍了他，于是，捡起一块石头就扔了过去。小鱼受到袭击，吓了一跳，慌忙躲避。小老鼠哈哈大笑说："知道我的厉害了吧！"。

一天晚上，小老鼠在回家的路上看见一只小猪躺在路边，就趾高气扬地说："谁给你这么大的胆子，竟敢挡住我的路！"说着，一脚踢了过去。"嘭"的一声，小老鼠正好踢到小猪的脚上，小猪倒没什么事，小老鼠却"唉呦，唉呦"地叫了起来，原来他的脚肿起了一个大包。小猪站起来对小老鼠说："你对别人傲慢无礼，不懂得尊重人，今天尝到苦头了吧！只有尊重别人，才能获得别人的尊重。"小老鼠看着受伤的脚，羞愧地低下了头。

想一想，我们每一个人有过小老鼠这样的举动或心理吗？

训练计划

1. 设计个人礼仪银行账户：每天为自己做的文明之事存款，做的不够文明之事扣款。每周看看自己的账户余额。

公共空间礼仪账户	礼仪规则	存款	扣款
一楼乐高区			
其他游戏区			
餐厅			
剧院			
图书馆			

2. 每天主动做一件让他人感到温暖的事。

3. 了解音量，学会给自己安装按钮。

　　声音 0：保持安静（早自习，写作业，图书馆，走廊，餐厅等）

　　声音 1：小声说话（小声读书，需要帮助）

　　声音 2：讨论（两人讨论，小组讨论）

　　声音 3：大声说话（发言，演讲）

　　声音 4：大喊（操场）

4. 阅读礼仪相关的书籍，观看和礼仪知识相关的视频，丰富自己的礼仪知识。

5. 组成志愿者小组，寻找校园内的不文明行为，对其进行帮助。

行动派

　　为你量身定制的绅士淑女养成计划开始启航啦。让我们和老师、同学共同探讨一下校园里的公共空间有哪些，然后逐一去了解每个公共空间的使用规则，严格遵守它吧。坚持 7 天，你将被荣誉授予"☆文明小雁"勋章；之后的 7 天，向"☆☆文明小雁"发出挑战，相信你会朝着一个绅士、淑女的少年迈进。如果你再次成功了，将被授予"☆☆倾听小雁"勋章，那简直是一件太美妙的事情了；未来你还可以继续朝"☆☆☆文明小雁"努力，你会发现你和他人的关系更融洽了，你的好朋友越来越喜欢你了。

　　准备好出发了吗？送你一首小诗《向着明亮那方》，祝你成功！

向着明亮那方

金子美铃

向着明亮那方。

哪怕一片叶子

也要向着日光洒下的方向。

灌木丛中的小草啊。

向着明亮那方

向着明亮那方。

哪怕烧焦了翅膀

也要飞向灯火闪烁的方向。

寒夜里的飞虫啊。

向着明亮那方

向着明亮那方。

哪怕只是分寸的宽敞

也要向着阳光照射的方向。

住在都会的孩子们啊。

级别	行动指南
☆文明小雁	1. 见到老师、来宾，我能主动问好，大胆与他人沟通 2. 我会尊重别人。说话前我先考虑：这样说正确吗？这样说有帮助吗？这样说够友善吗？
☆☆文明小雁	3. 不同场合我会选择合适级别的音量说话 4. 我会自觉保护环境卫生，坚持"不丢能捡"
☆☆☆文明小雁	5. 在公共空间里，我会轻声慢步、靠右行，自觉排队守秩序。 6. 我会尽力保护好自己和他人，牢记并遵守各活动场馆的规则，安全、合理使用活动设施

☆文明小雁	第 1 天
今天是_____年_____月_____日　　星期_____　　　　_____点_____分开始记录	
今天我的目标： 我的行动反思：	
提示：今天朗读"☆文明小雁"行动指南了吗？	

☆文明小雁	第 2 天
今天是_____年_____月_____日　　星期_____　　　　_____点_____分开始记录	
今天我的目标： 我的行动反思：	
提示：今天朗读"☆文明小雁"行动指南了吗	

☆文明小雁	第 3 天
今天是_____年_____月_____日　　星期_____　　　　_____点_____分开始记录	
今天我的目标： 我的行动反思：	
提示：今天朗读"☆文明小雁"行动指南了吗？	

☆文明小雁	第 4 天
今天是_____年_____月_____日　　星期_____　　　　_____点_____分开始记录	
今天我的目标： 我的行动反思：	
提示：今天朗读"☆文明小雁"行动指南了吗？	

☆文明小雁	第5天
今天是_____年_____月_____日　　　　星期_____　　　　　_____点_____分开始记录	
今天我的目标： 我的行动反思：	
提示：今天朗读"☆文明小雁"行动指南了吗？	

☆文明小雁	第6天
今天是_____年_____月_____日　　　　星期_____　　　　　_____点_____分开始记录	
今天我的目标： 我的行动反思：	
提示：今天朗读"☆文明小雁"行动指南了吗？	

☆文明小雁	第7天
今天是_____年_____月_____日　　　　星期_____　　　　　_____点_____分开始记录	
今天我的目标： 我的行动反思：	
提示：今天朗读"☆文明小雁"行动指南了吗？	

温馨提醒：

　　继续坚持认真倾听、用心整理的你，7天的时光又结束了。如能获得三位老师、两位小组同伴、一位家长对你努力认可的签名，那么你将被授予"☆文明小雁"荣誉证书。快去请他们为你签名，见证你的文明有礼吧！

教师签名： 　　　　教师签名： 　　　　教师签名：

同学签名： 　　　　同学签名：

家长签名：

荣誉证书

_____同学，经过7天的自我管理训练，能够做到见到老师、来宾，主动问好，大胆与他人沟通；温和说话，尊重他人。被授予道尔顿小学"☆文明小雁"证书。

道尔顿小学学生活动中心

_____年___月___日

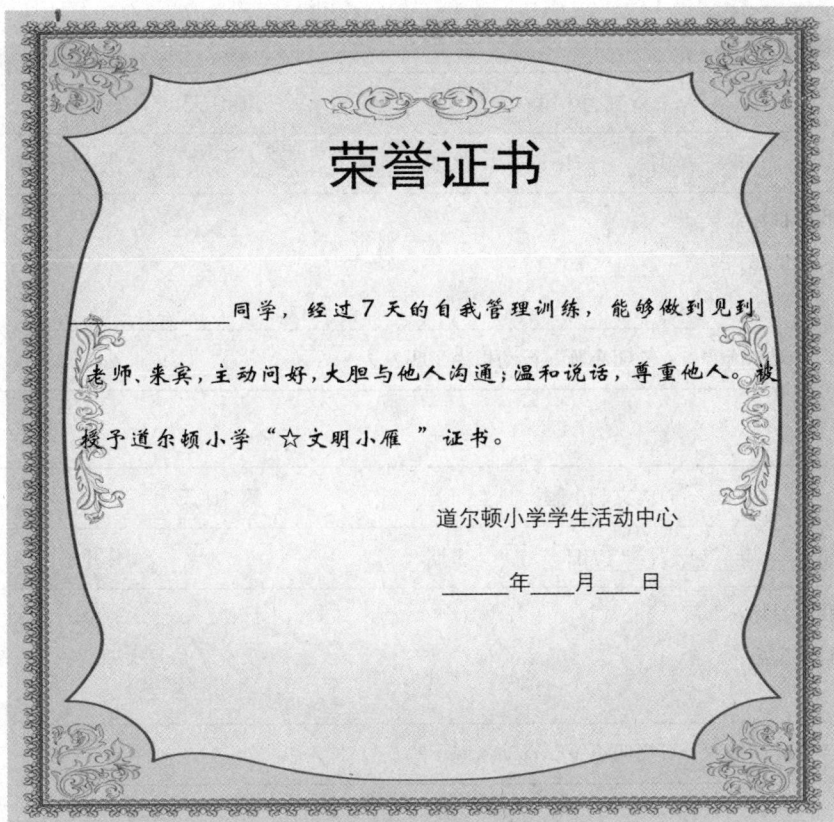

落落大方的行为举止，可以从"问候"这个礼节开始。你友善的微笑、点头到鞠躬、挥手，让这7天中收获了更多的喜悦。祝贺你！请把你的"☆文明小雁"证书保管好哦！

如果挑战失败也不要气馁，再来坚持7天，萤火虫的光点虽然微弱，但亮着便是向黑暗挑战。

未来我会继续巩固"☆文明小雁"的成果，努力朝"☆☆文明小雁"出发。

☆☆文明小雁	第8天
今天是_____年_____月_____日 星期_____ _____点_____分开始记录	
今天我的目标： 我的行动反思：	
提示：今天朗读"☆☆文明小雁"行动指南了吗？	

☆☆文明小雁	第9天
今天是_____年_____月_____日 星期_____ _____点_____分开始记录	
今天我的目标： 我的行动反思：	
提示：今天朗读"☆☆文明小雁"行动指南了吗？	

☆☆文明小雁	第10天
今天是_____年_____月_____日 星期_____ _____点_____分开始记录	
今天我的目标： 我的行动反思：	
提示：今天朗读"☆☆文明小雁"行动指南了吗？	

☆☆文明小雁	第11天
今天是_____年_____月_____日 星期_____ _____点_____分开始记录	
今天我的目标： 我的行动反思：	
提示：今天朗读"☆☆文明小雁"行动指南了吗？	

☆☆文明小雁	第 12 天
今天是_____年_____月_____日　　　星期_____　　　　_____点_____分开始记录	
今天我的目标： 我的行动反思：	
提示：今天朗读"☆☆文明小雁"行动指南了吗？	

☆☆文明小雁	第 13 天
今天是_____年_____月_____日　　　星期_____　　　　_____点_____分开始记录	
今天我的目标： 我的行动反思：	
提示：今天朗读"☆☆文明小雁"行动指南了吗？	

☆☆文明小雁	第 14 天
今天是_____年_____月_____日　　　星期_____　　　　_____点_____分开始记录	
今天我的目标： 我的行动反思：	
提示：今天朗读"☆☆文明小雁"行动指南了吗？	

温馨提醒：

　　彬彬有礼的道尔顿孩子，你好！14 天过去啦！如能继续获得三位老师、两位小组同伴、一位家长对你努力认可的签名，那么你将被授予"☆☆文明小雁"荣誉证书。快去请他们为你签名，欣赏你的成长，感叹你的蜕变吧。

教师签名：　　　　　　教师签名：　　　　　　教师签名：

同学签名：　　　　　　同学签名：

家长签名：

荣誉证书

_____同学，经过14天的自我管理训练，能够做到见到老师、来宾，主动问好，大胆与他人沟通；温和说话，尊重他人；不同场合会选择合适级别的音量说话；自觉保护环境卫生，坚持"不丢能捡"。被授予道尔顿小学"☆☆文明小雁"证书。

道尔顿小学学生活动中心

____年___月___日

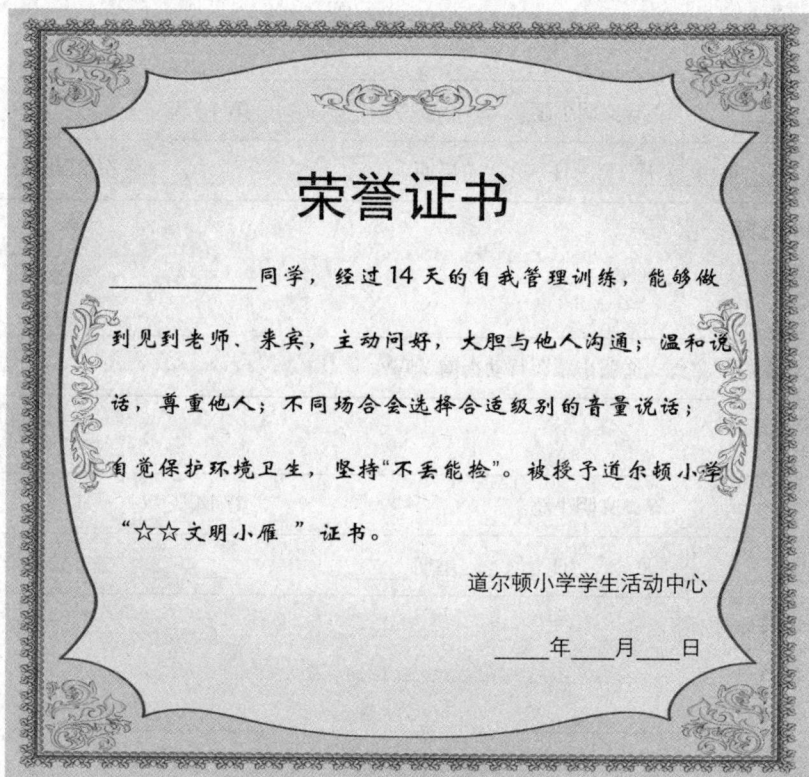

彬彬有礼、卓尔不凡的道尔顿"小绅士"，温文优雅、举止娴静的道尔顿"小淑女"，你已经坚持14天了。请把你新获得的"☆☆文明小雁"证书保管好，与爸爸妈妈分享自己进步和成就的快乐。你越来越有绅士淑女范了。

如果挑战失败也不要气馁，再来坚持7天，不安于现状，不甘于平庸，就可能在勇于进取的奋斗中奏响人生壮美的乐章。

我会巩固"☆文明小雁""☆☆文明小雁"的成果，努力朝"☆☆☆文明小雁"前进。

☆☆☆文明小雁	第 15 天
今天是_____年_____月_____日　　　星期_____　　　_____点_____分开始记录	
今天我的目标： 我的行动反思：	
提示：今天朗读"☆☆☆文明小雁"行动指南了吗？	

☆☆☆文明小雁	第 16 天
今天是_____年_____月_____日　　　星期_____　　　_____点_____分开始记录	
今天我的目标： 我的行动反思：	
提示：今天朗读"☆☆☆文明小雁"行动指南了吗？	

☆☆☆文明小雁	第 17 天
今天是_____年_____月_____日　　　星期_____　　　_____点_____分开始记录	
今天我的目标： 我的行动反思：	
提示：今天朗读"☆☆☆文明小雁"行动指南了吗？	

☆☆☆文明小雁	第 18 天
今天是_____年_____月_____日　　　星期_____　　　_____点_____分开始记录	
今天我的目标： 我的行动反思：	
提示：今天朗读"☆☆☆文明小雁"行动指南了吗？	

☆☆☆文明小雁	第 19 天
今天是＿＿＿＿年＿＿＿＿月＿＿＿＿日　　　　星期＿＿＿＿　　　　＿＿＿＿点＿＿＿＿分开始记录	
今天我的目标： 我的行动反思：	
提示：今天朗读"☆☆☆文明小雁"行动指南了吗？	

☆☆☆文明小雁	第 20 天
今天是＿＿＿＿年＿＿＿＿月＿＿＿＿日　　　　星期＿＿＿＿　　　　＿＿＿＿点＿＿＿＿分开始记录	
今天我的目标： 我的行动反思：	
提示：今天朗读"☆☆☆文明小雁"行动指南了吗？	

☆☆☆文明小雁	第 21 天
今天是＿＿＿＿年＿＿＿＿月＿＿＿＿日　　　　星期＿＿＿＿　　　　＿＿＿＿点＿＿＿＿分开始记录	
今天我的目标： 我的行动反思：	
提示：今天朗读"☆☆☆文明小雁"行动指南了吗？	

温馨提醒：

　　不断努力的道尔顿孩子，你好！21 过去啦！如能继续获得三位老师、两位小组同伴、一位家长对你努力认可的签名，那么你将被授予"☆☆☆文明小雁"荣誉证书。快去请他们为你签名，感受你谦谦君子之风范，雅雅淑女之气质。

教师签名：　　　　　教师签名：　　　　　教师签名：

同学签名：　　　　　同学签名：

家长签名：

荣誉证书

_____同学，经过 21 天的自我管理训练，能够做

到见到老师、来宾，主动问好，大胆与他人沟通；温和说

话，尊重他人；不同场合会选择合适级别的音量说话；自觉

保护环境卫生，坚持"不丢能捡"；在公共空间里，会轻声慢步

靠右行，自觉排队守秩序，能尽力保护好自己和他人，牢记并

遵守各活动场馆的规则，安全、合理使用活动设施。被授予道尔

顿小学"☆☆☆文明小雁"证书。

道尔顿小学学生活动中心

_____年___月___日

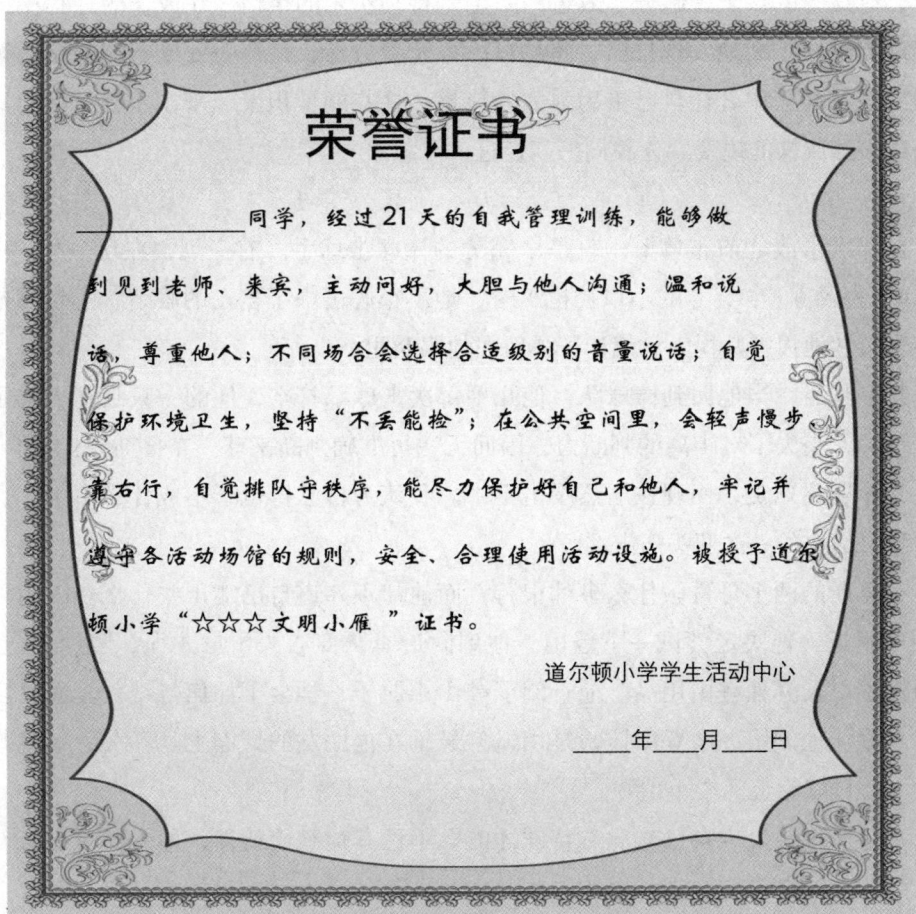

　　在美和雅的道路上，起步越早，人生受益的时间越长。孩子，愿你在这条人生的寻美之旅上，不懈前行，在时光里，成就那个最美好的自我。你居然坚持 21 天了。祝贺你！请把你的"☆☆☆文明小雁"证书保管好，祝贺你养成了理心、理身、理学的好习惯。

开发自己　做多彩少年

太为你的努力而自豪了，"倾听小雁""整理小雁""文明小雁"证书已被你陆续收入囊中。你为迈向"道尔顿多彩少年"的阶梯踏踏实实走好了每一步。和你这么努力、有毅力的孩子一起分享故事，一定是特别快乐的事情。在成长的过程中，我们就需要这样不断地发现自己，超越自己，完善自己，在每一处成长的驿站，都或主动或被动地汲取着让自己更为强大的能量。这些能量积聚起来，才有可能会让我们完成破茧成蝶的蜕变。让我们一起走进一个故事。

在那次事故之前布鲁斯一直是个完美的棒球击球手。有一天，在玩一把 BB 枪（子弹为直径 0.175 英寸的小口径枪）时，他不小心击中了自己的眼睛。医生害怕手术会永久性地损害其视力，就让子弹留在他眼睛里。

几个月后，当他回到棒球队，他几乎每次击球都打空，他的一只眼睛丧失了大部分视力，丧失了对距离的判断力，因而无法再准确判断来球。布鲁斯说："前一年我还是全明星球员，而现在居然屡击不中。我认为自己再也干不成什么事了。这真是对我自信心的一次迎头痛击。"

布鲁斯的两个哥哥做什么事都很行，而他却不知道自己能干些什么。因为住在蒂顿山附近，他决定尝试一下登山。他到附近军队商店买了尼龙绳、竖钩、白垩、登山钢锥以及其他登山用品。他查阅了登山小册子，学会了如何打结、套绳以及用绳索悬垂。他的第一次登山体验是用绳索悬垂在他朋友的烟囱上。不久，他就开始攀登大蒂顿峰附近几个小山峰。

布鲁斯很快发现自己对此有特殊才能。不像其他登山伙伴，他的体重很轻，但身体强壮，看来天生是登山的料。

布鲁斯训练了几个月。最后独自登上了大蒂顿峰，花了两天时间。这次达标使他信心大增。登山伙伴很难跟上他，所以布鲁斯开始独自训练。他经常开车到蒂顿山，跑步到登山营地，登山，然后开车回家。有一天，他的朋友吉姆说："嗨，你应当努力去打破大蒂顿峰的登山纪录。"

他告诉布鲁斯所有信息。一个名叫约克·格利登的登山者，跑去跑回用了 4 小时 11 分钟，创造了蒂顿峰的登顶纪录。布鲁斯想："这是根本做不到的，不过我倒很想见见这个家伙。"但是随着布鲁斯不断地跑步、登山，他花的时间也越来越少，而吉姆也不停地说："你必须打破这个纪录，我知道你可以做到。"

布鲁斯在一次集会上终于遇见了约克，那个创造了不可思议的纪录的超人。布鲁斯和吉姆坐在约克的帐篷里，吉姆自己也是个登山好手，他对约克说道："这个家伙正想着要打破你的纪录呢。"约克看着布鲁斯 125 磅重的身材，大声笑着，好像在说："放明白一些，你这个小矮子。"布鲁斯感到沮丧，但是很快就恢复了。而吉姆继续鼓励他："你能做到，我知道你行。"

1981 年 8 月 26 日清晨，布鲁斯带着一只橘色小背包和一件崭新的夹克，他跑着登上大蒂顿峰再跑回来，只用了 3 小时 47 分 4 秒。他只停了两次，一次是取出靴中的石子，一次是在山顶签名登记以证明他的到达。他觉得真太美妙了！他居然真的打破了纪录！

几年之后，布鲁斯接到吉姆的一个电话："布鲁斯，你听到消息了吗？你的纪录刚刚被打破了。"当然，他又加了一句："你应当去把它夺回来。我知道你能做到！"一个名叫克雷登·金的人在 3 小时 30 分 9 秒内完成登顶，他最近还获得了科罗拉多州派克山峰马拉松跑的冠军。

1983 年 8 月 26 日，他最后一次攀登蒂顿山的两年之后，也是他的纪录被打破的 10 天之后，布鲁斯来到大蒂顿峰山脚的鲁派恩草原（Lupine Meadows）停车场，穿着崭新的跑鞋，焦急地等着再次打破纪录。与他在一起的有他的朋友、家人和吉姆，还有当地电视台的人，他们要把这次登山拍摄下来。

和以前一样，布鲁斯明白，登山中最困难的是思想上的准备。他可不愿意成为每年攀登蒂顿峰的牺牲者之一。《鲁塞尔周报》（Russell Weeks）的体育记者这样描述攀登大蒂顿峰："从停车场看去，可以看到大约九、十英里曲曲弯弯的山路，要通过一个峡谷，登上两个冰河淤积而成的堆石，穿过两个凹谷，越过两山之间的一条缝隙，最后是 700 英尺的路——登上蒂顿峰的西坡到达顶峰。从鲁派恩草原到山顶来回的垂直距离大约是 15,000 英尺。单单是最后 700 英尺的路，雷·奥登堡（Leigh Ortenburger）的《蒂顿山脉登山指南》（Climber's Guide to the Teton Range）中列出的登山时间是 3 小时。"

布鲁斯跑着出发。当他向上攀登，心跳剧烈、双腿好像在燃烧。他全神贯注，最后 700 英尺只花了 12 分钟。他在 1 小时 53 分内到达了顶峰，把证明卡放在一块岩石下。他明白，如果要破纪录必须立刻下山。下山的路是如此陡峭，有时他一步就要跨越 10 ~ 15 英尺。他超越了许多老朋友，后来他们告诉他，当时他的脸色由于缺氧而发紫。另一群登山者可能知道他要破纪录，因为当他超越时，他们叫道："加油！加油！"

布鲁斯在欢呼声中回到鲁派恩草原，膝盖流着血，跑鞋开了口，头痛得要命。3 小时 6 分 25 秒。他完成了不可能的业绩！

消息迅速传播开去，布鲁斯被认为是最佳登山运动员。布鲁斯说："它让我成为一个人物。每个人都想因为某事而被承认，我也一样。我的登山能力给了我一项事业，让我能为之努力，并获得自尊。这就是我表现自我的途径。"

今天，布鲁斯是一个很成功的公司的奠基人和总裁，公司为登山者和登山运动员生产高质量的背包。最重要的是，布鲁斯干着他喜欢干也擅长干的事，以此谋生；他用自己的才能为自己以及其他许多人的生活带来幸福。

顺便说一句，这个纪录现在仍然保持着（可别生出什么疯狂的念头哟）。而且那颗 BB 子弹还在他的眼睛里。

所以孩子们，你需要在每个日子里增强自信心，甚至假期里也需要继续努力，今天就开始。你立刻会感觉到变化。

1. 连续 3 天在计划起床的时间起床。

2. 确认一项必须今天完成的容易的任务，并决定何时去做。如把要洗的衣物放在一起、作为英语作业阅读一本书。现在信守自己的诺言，把它完成。

3. 今天做一件匿名好事，如写一个感谢条、把垃圾袋拿出去或为某人铺床。

4. 看看周围有什么事，你能完成它而让自己有所改变。如清理附近的一个公园、自愿到老年活动中心服务，或者为某个视力不佳的人读书读报。

5. 列出你希望今年能有所发展的才能。写下发展才能的特殊步骤。

我希望今年有所发展的才能：

如何做到这点：

6. 列出你最欣赏的其他人的才能

人名：欣赏的才能：

对待自己要宽容

7. 想想生活中你觉得自己表现较差的领域。现在深深吸一口气，对自己说："这不是世界末日。"

8. 尝试一整天都不要有关于自己的负面想法。每次发现有负面想法都记下来，你必须用三个有关自己的正面想法来替换这个负面想法。

9. 决定一个能振奋自己的有趣的行动，而且今天就做。例如，放音乐跳舞。

10. 感到瞌睡了？立刻站起来，绕着小区快步走。

11. 下次父母问起你的情况，告诉他们所有的事情。别忽略一些信息以误导或欺骗他们。

12. 整整一天，尝试别夸大，也别修饰！

提前祝你暑假快乐！不断努力的道尔顿多彩少年！

帮助申请书

_____老师：

  您好！我是____年____班学生_____，在使用《道尔顿小学七彩少年自主管理手册》过程中，我遇到了以下困难：_____

_____

_____

_____

  我希望获得如下帮助：_____

_____

_____

  感谢您的帮助。从今天开始，我将努力完成道尔顿小学多彩少年自我管理手册，因为在这本手册中，隐藏着一个巨大的秘密，世上能领悟并执行它的人终将成为智者。

  每当我完成了一天，也就意味着向多彩少年迈进了一步，也将向未来的志者靠拢。从今天开始，我绝再不浪费一天，因为时光一去不复返。失去的日子将不再来临。

  我要用勤奋摧毁懒惰的习性；我要用信心驱赶怀疑；我要用真诚埋葬虚伪；我要加倍努力。我的潜力无穷大，只要稍加开发，就能超越以往任何的成就。

  不管我昨天的成绩如何，我将全身心地投入到自我管理手册中，炼就自己钢铁般的意志。因为在这个世界上，唯有毅力是无法用任何能力取代的。只有毅力，是无所不能，所向披靡！

  我要进行自我管理训练，从现在开始，我立即行动。

学生：_____

____年____月____日

参考文献

［1］蒋先福.契约文明：法治文明的源与流［M］.上海：上海人民出版社，1999.

［2］［美］约翰·杜威.民主主义与教育［M］.北京：人民教育出版社，2001.

［3］叶澜."新基础教育"论——关于当代中国学校变革的探究与认识［M］.北京：教育科学出版社 2006.

［4］江光荣.班级社会生态环境研究［M］.武汉：华中师范大学出版社，2002.

［5］华国栋.差异教学论［M］.北京：教育科学出版社，2001.

［6］邓志伟.个性化教学论［M］.上海：上海教育出版社，2002.

［7］王斌华.校本课程论［M］.上海：上海教育出版社，2000.

［8］朱永新.新教育［M］.桂林：漓江出版社，2014.5.

［9］候长缨.勇气，在课程中绽放［M］.海口：南海出版社，2014.6.

［10］朱永新.走在新教育路上［M］.北京：中国人民大学出版社，2012.2.

［11］闫守轩.中小学生命教育课程开发的理论与实践［M］.北京：中央编译出版社，2016.

［12］魏巍."疑难问题解决"丛书——小学校本课程开发与实施案例［M］.宁波：宁波出版社，2013.

［13］钟志农.探寻学生心灵成长"路线图"［M］.北京：教育科学出版社.2012.

［14］张化万.我的语文人生［M］.北京：高等教育出版社，2004.12.

［15］苏霍姆林斯基.给教师的建议［M］.北京：教育科学出版社，2003.10.

［16］吴增强.现代学校心理辅导［M］.上海：科技文献出版社，2004.4.

［17］陶行知.学生自治问题之研究［M］.陶行知全集（第一卷）成都：四川教育出版社，1991.

［18］庞维国.自主学习学与教的原理和策略［M］.上海：华东师范大学出版社，2003.

［19］赵昭正.自主管理：实践与探索［M］.北京：中国经济出版社，2011.

［20］冯建军.学校公共生活的建构［J］.西北师大学报，2014（9）.

［21］黄正平．文化建设：班主任专业化的灵魂［J］．中小学教师培训，2007（6）．

［22］徐国东．语文考试命题应与新课程相适应［J］．小学教学设计2007．第3期．

［23］蒋寿军．例谈小学语文作业与练习的设计［J］．小学教学设计2007．第2期．

［24］陈玉英．浅谈小学生的自我教育［J］．教学与管理，2007（7）：12.

［25］高洪源．对中外中小学"自主管理"的几点比较与思考［J］．比较教育研究，2008（8）：54.

［26］王珍珍．小学生自主管理模式的实践研究［C］．宁波：宁波大学硕士学位论文．2014.

［27］刘筱婉．元认知策略在思想政治课程中的运用研究［C］．南京：南京师范大学硕士学位论文．2013.